中国城市化发展战略研究工程系列丛书

我的城市化

顾　晴　主编

金德钧　蔡义鸿　副主编

中国城市出版社

图书在版编目（CIP）数据

我的城市化 / 顾晴主编 .— 北京：中国城市出版社，2017.12
（中国城市化发展战略研究工程系列丛书）
ISBN 978-7-5074-3110-0

Ⅰ . ①我… Ⅱ . ①顾… Ⅲ . ①城市化—研究—中国 Ⅳ . ① F299.21

中国版本图书馆 CIP 数据核字（2017）第 287693 号

责任编辑：陈夕涛 张惠平 徐 浩
责任校对：芦欣甜 王 烨

中国城市化发展战略研究工程系列丛书
我的城市化
顾 晴 主编
金德钧 蔡义鸿 副主编
*
中国城市出版社出版、发行（北京海淀三里河路 9 号）
各地新华书店、建筑书店经销
北京京点图文设计有限公司制版
北京圣夫亚美印刷有限公司印刷
*
开本：787×1092 毫米 1/16 印张：17 字数：245 千字
2019 年 7 月第一版 2019 年 7 月第一次印刷
定价：38.00 元
ISBN 978-7-5074-3110-0
（904082）

序

三十年来，城市化在公众视野内一直是各种指标数字、图表系数，顶多愿意让大家看到的是道路、广场、簇新的城市中心照片，这一切让城市化这个话题变得遥远、“专业”和难以触动心灵。作为一个规划师，身在其中 20 年，竟有十几年不曾成长的感觉——每个城市无非是不同阶段下的要求雷同的项目而已，我们设计出的城市本身与我们的工作一样乏味和重复。

伴随城市化历程，作为规划师的专业成长有三个阶段：第一阶段刻意追求空间变化，所谓快城、慢城的节奏，所谓收放的视觉组织，所谓功能的契合变化，凡此种种……每每看到城市的真实生活和设计完全不搭调，就如同交上一篇自认为优秀的作文而内容完全不能感动自己和老师，心中忐忑。第二阶段开始关注自然和产业、经济、地方文化的影响，让设计增加不少合理性，然而行政精英加上技术精英决策城市发展的格局未变，尽管我们一门心思希望建立城市特色，完全一致的教育背景和趋同的价值观难以掩饰地让我们手里的城市呈现“千城一面”，我们以为新思想就能改变这一切，我们以为大师能够改变这一切……

直到有一天我们认真关注生活在其中的人，他们的生活故事让城市真实的一面鲜活生动，他们手里的账本和城市建设年鉴的对照瞬间暴露我们在建设目标上的心口不一，他们的故事让这个城市的面貌有了依据和时间坐标，也让我找回了工作的乐趣及意义。

2009 年开始，受奈斯比《十一个未来定见》中社会跟踪研究案例的影响，我开始希望能接触和选择跟踪几个有特点的家庭，了解城市化对不同人群的影响，包括边远贫困地区的贫困人群。张海健因为夫妇均下岗无业，有两个女儿，我们的接触从帮扶贫困儿童就学开始，在我的印象里他从不提要求，一方面是他的质朴和要强，另一方面他也不相信会有人真正关心他们这群人。他的电话只是问一些问题，他的问题总是很难回答和让人心痛：“我们应该买养老保险么？买了现在日子难过，不买老了怎么办？”“孩子在学校受欺负了，老师偏袒家庭条件好的同学，我告诉孩子，都怨爸爸没本事，不然不会让你受委屈……还能跟孩子说别的么？”2012 年 7 月，我和朋友去青海旅游，我顺便去看望了他们一家，他的妻子卓玛是个美丽的藏族姑娘，两个孩子非常的漂亮可爱，孩子们穿着我寄去的衣服，开心地让我看他们家的照片。在这个数码信息泛滥的时代，这个家庭只有 4 张照片，有三张是张海健的妹妹来玩给孩子们拍的，其中一张是张海健消瘦和一脸胡须地坐在家里破烂的床边拍的。我问难得拍照为什么不收拾一下，卓玛说，那一年他去煤矿背煤，老是听说煤矿出事，害怕他出事孩子都记不得爸爸长成什么样了，就借来相机匆忙拍了一张……每次张海健打电话让我印象最深的就是说：“我们现在好多了，比前些年好多了……”

李燕是个简单爽快的人，他们在上海十年下来有了房有了车，最主要的原因不是懂得精明和投资理财，而是得益于她对生活困境直接的反映让他们赶上了能买得起房的时机。这两个早年失去母亲的孩子更早和更直接地意识到只能自己料理自己的生活，李燕有个账本，精细记载家庭花费，筹划怎么改善生活，只是每每从这个宏伟的大都市发展蓝图看过去，那是非常遥远和没有交集的两本账……

这是 2012 年我为发起《我的城市化》栏目写的开篇词，希望通过记录那些走向城市的人们的故事，进而检讨城市规划专业未能周全之处。当时与《城市化》杂志编辑部商量，希望作者讲故事的时候，最好能记录当年的出行方式和成本、日常支出、食品价格、家庭关系、居住面积、消费活动场所、求医求学历程，等等，我们私下计划 5 ~ 10 年后，将这些内容在一个时间年表上按顺序记录整理，这样可以看到城市的成长和发育的脉络……

但是，5 年过去，看到《城市化》杂志编辑部寄来的累计稿件，各种不同的人的故事、海量的信息，扑面而来的真实滚烫，远远超出预设的可以归纳统计的方式。从每个故事中都能感觉到，城市在改变着这些人的人生，也被这些人改变，并且这个过程不会在规划描述的某种状态中静止并呈现出有意义的百分率，而是一直继续着，并按照超出想象的丰富的可能性演化，这也许才是城市“化”的关键所在。

“大地的第一面是第一空间，五百万人口，生存时间是从清晨六点到第二天清晨六点。空间休眠，大地翻转。翻转后的另一面是第二空间和第三空间。第二空间生活着两千五百万人口，从次日清晨六点到夜晚十点，第三空间生活着五千万人，从十点到清晨六点，然后回到第一空间。时间经过了精心规划和最优分配，小心翼翼隔离，五百万人享用二十四小时，七千五百万人享用另外二十四小时。”

——郝景芳《北京折叠》

在获得雨果奖的科学幻想小说《北京折叠》中，城市空间被折叠起来，人不能穿越阶层，社会被时间、空间撕裂和固化。在我看来，这个故事恰恰反映了从功能规划角度对城市的片面理解，和空间规划前置于社会、经济、文化发展带来的危害。从本书这些故事我们可以看到，有历史的城市从来就是折叠的。城市就像一个完整的苹果，因为人的能动性连接，空间和功能呈现耦合的关系。现行的空间规划是将完整的苹果做功能切片，每一片苹果都要占一个位置，最后一个苹果占了 10 个苹果的位置，还破坏了人在其中缔结的连接，可以说正是空间规划在制造城市蔓延并稀释城市文化的浓度。

读这些故事，常常能体会到一种强烈的感受，就是每个人都感到所在城市并不属于自己，但是回望出发的“伊甸园”，人们还是义无反顾卷入各种城市生活——在那里，也许是地狱，也许是天堂。

吴文媛，深圳市雅克兰德设计有限公司总经理，

中国国际城市化发展战略研究委员会委员

2017 年 8 月

目 录

序 …… 吴文媛

一、城·乡 …… 001

上海，中国近代城市化的缩影

——从我父母亲的“城市化”说开去 …… 002

我曾是“留守儿童” …… 007

我的六十年，家族的百年 …… 014

一个家庭五代人的城市化 …… 018

一个农村娃的城市化 …… 023

一个 50 后北京人的城市化故事 …… 029

搬家引起的思考 …… 032

我的理想城 …… 035

我的户口我的城 …… 044

一生只上半年学，半年影响一辈子

—— 一位农村老太如何过上城里人的生活 …… 051

母亲逼我们走出农村，我们逼母亲留在城市 …… 057

龙潭内石壁洞 …… 061

我的学生时代 …… 067

一个华北平原农村孩子的城镇化 …… 071

走出去，海阔天空 …… 076

我与城市的二三事……079
景津成就了我的城市梦……082
农村的消失可惜吗？……084

二、城·漂……087
从鱼米之乡辗转到首都北京……088
一个“城漂”的感受……096
北京，过往的第一座城……102
心有多大，舞台就有多大……107
心的城市化……112
进京证办理的无奈……118
为了儿子……122
我的教育理念……129
寻保姆记……133
买房变形记……136
我的城市梦……140
记取我的 2015：逃离霾都……143
逃离北京后的不安……148
我们这八年……150
我的生活五味谱……155
纠结的中国人事档案：进不来 出不去……164
为梦想而努力……167

三、城·业……171
从中国西北农村走上国际医疗救援舞台……172

医生，一生的责任 ……176
我为什么要做农民 ……181
回首创业路：我的二十年，历史一螺旋 ……187
一个普通农民的创业史 ……194
跟着母亲学创业 ……200
面对女儿，我很愧疚 ……203
我的进城与创业之路 ……213

四、公益·人生 ……219
公益之路，幸福之路 ……220
我为什么要成立友成基金会 ……225
老兵怀表记 ……230
一个在公益界行走的追梦农民工 ……234
骑进大浪，拥抱活力
——我和自行车有关的公益之路 ……240
我的公益之路 ……246
为梦想，破茧成蝶
——记录我在深圳的成长与蜕变 ……252
感恩公益，让我能够活在幸福之中 ……256
公益，我的大学 ……259

一、城·乡

上海，中国近代城市化的缩影

——从我父母亲的“城市化”说开去

秦佑国　原清华大学建筑学院院长、教授、博士生导师，
中国国际城市化发展战略研究委员会建筑产业现代化专委会专家顾问

如果要研究中国的城市化历程，尤其是近代的城市化，应该去研究上海。在近代工业背景下，我国快速的城市化进程应该发生在 1928 年到 1937 年的长江三角洲，其中以上海最为典型，因为上海作为一个通商口岸已经开始了城市化进程。当时整个长江三角洲地区也已经出现了近代民族工业，特别是蚕丝、丝绸业，蚕房已经不是一家一户自个儿在做，而是形成了一定规模的产业。费孝通做乡村调查也差不多是在那个时代。随着上海工业的发展，上海周边省份的农村人，主要是江苏、安徽、浙江，稍微远一点的还有福建、山东，他们开始进入上海。那时出现了第一代、第二代农民工，出现了棚户区，甚至出现了“逆城市化”……

我父母亲的城市化

我的父亲是辛亥革命那年（1911 年）在苏北江都出生的，14 岁到了上海，开始做裁缝学徒。我的母亲 1912 年出生在苏南宜兴，很小的时候就在养蚕场帮人干活，15 岁时她也去了上海，在纺织厂做工。这样看来，我的父亲母亲都是十四五岁从农村到上海打工，这正是上海 20 世纪 20 年代中期开始的“城市化”。当时，大量江苏、浙江、安徽农村青年进上海“打工”，其中以苏北人为最底层，“江北人”是上海人对苏北人的蔑称。

我父亲生活的那个村子是贫农村，一共才十几户人家，凡是家里田地少的，

男性都陆续去城里打工。这样算下来，全村 80% 的家庭有男劳力出去打工，老婆孩子基本上留在村里（我母亲除外，因为她不是当地人）。那些留在村里的人大部分都是留守妇女、留守儿童、留守老人。如此看来，“留守”问题在那个时代就已经存在了。家里农忙时，在外打工的男劳力有的会回乡下帮着收割庄稼，忙完农活再回到城市里打工。当然，在外打工的人肯定会回去过春节的。

以我父亲那一辈为例，弟兄四个，我大伯最先到上海去学做裁缝，接着我父亲去了上海，后来我四叔也去了上海，我还有一个三叔实际上也到上海混过，但是因为他读了几年书，吃不了那个苦，后来回村当了私塾先生，虽然留在农村，不过也没种田。

1937 年抗日战争爆发，日本人攻占上海，我的父母亲回苏北老家避难，在农村住了两年。等时局平稳一些后，他们又去上海，把我哥哥留在老家，与我的祖父母住，后来我姐姐出生，也留在老家，他们俩独自在上海打拼。留在乡下的两个孩子后来得白喉（一种急性传染病）夭折了，之后生下的三个孩子就开始留在上海，留在身边了。

我父亲虽然有点手艺，能做一些事情，但他们在城市的日子并不好过，为了挣钱他们几乎什么活都做。我记得他们偶尔会说起来，太湖洞庭山的枇杷熟了，他们会去贩来拿到上海卖，母亲有时也去给人家当佣人（就是现在的保姆）。

后来，我父亲租了一间铺面房开裁缝铺，虽然房子很小，地点却不差。因为父亲手艺还可以，人也比较聪明，那时的主顾中已有不少是有钱有地位的人，听父亲说起过有欧阳予倩、于右任、傅雷等。

在我记事时，我们住在上海新乐路一条名叫“亨利坊”的弄堂里。白天卸下门板开门就是铺子，晚上门板一上就是打烊。一张案板，摆在门口，白天他和我四叔（当时 15、16 岁）在上面做活，晚上就是四叔的床。案板里面是一张木板搭的床，我们家 4 人睡（父母亲、我和妹妹），床再往里是一个木楼梯，通向一个阁楼间，楼上住着一个在纱厂做工的广东独身老妇，我们叫她“楼上阿婆”。

案板和床靠左侧墙，右侧墙靠外是一个煤球炉，烧水做饭，靠里是一个自来水池。

棚户区：进城农民生活居住的真实状态

上海在城市化过程中有一个非常大的问题，那些从农村进入城市打工的，很多人都没地方住，只能集聚到棚户区，那里居住条件是极其简陋的。

像我父辈那一代“农民工”，很多都是单身出去，男的在外打拼，女的留在家里；到第二代也就是我的堂兄堂姐这一代，很多是夫妻两个在外面打拼，就不想回农村了，他们慢慢在打工的城市安家住下来。开始是在黄埔江边占一个江滩地，把大毛竹劈成两半，弯成一个拱形架在地上，上面铺上芦席，人就可以钻进去住了，这就是黄浦江边的“滚地龙”（地窝棚）。后来他们搬到南市区的棚户区。

我记得小时候去我堂姐夫家，就是低着头钻进去的，那就是滚地龙。后来在南市区的棚户区，我也去过他们家，那已经是 1968 年了。他们夫妻俩加上一个儿子和一个女儿，四个人怎么住？一张双人床上面搭一个加层，变成双层床，分性别住，儿子和爸爸住在下铺，女儿跟妈妈住在上层。床摆上后，屋里的宽度只能靠墙放一张小方桌，一边人坐在床上，侧面放两个凳子，正好能坐着吃饭。桌子里边是一个大立柜，门边就是一个煤球炉，所有的家当就是这些。屋里没有水管供水，要到外面公用水龙头提水。没有厕所，每家只能自己用马桶。街道是卵石铺的，边上有一条明沟用来走脏水。那个地方是苏北人的聚居地，说的都是苏北话。从那个地方到繁华的南京路只有两公里，小孩子是不会到南京路去的，他们的生活范围就那么一点大。

这种生活状况一直到“文化大革命”期间依然如此！从 20 世纪 30 年代算起，80 年过去了，上海城市化进程中留下的棚户区、贫民区问题，依然是存在的。前些年，俞正声任上海市委书记期间去视察棚户区，痛心地说了八个字：水深火热，暗无天日！俞正声表示本届政府最重要的任务是改善棚户区。他这话我一直记着，上海最重要的建设，不是建设浦东的大楼，而是改善棚户区的生活环境。所以，我们不光要看到在浦东建设了那么多大楼，还要看到棚户区改造还没有完成。

我 2009 年写过一首诗：

上海苏北人聚居地

八十年前农民工　涌入上海欲脱穷
可怜人讥江北佬　栖身江边滚地龙
八十年后棚户区　说话未改苏北音
“暗无天日”书记语　百姓期盼早日晴

“逆城市化”不是新事物

我的父亲是中式裁缝（“本帮裁缝”），只会做长袍、旗袍。新中国成立后，由于学苏联，男人不穿长袍，女人不穿旗袍，而是改穿列宁装和布拉吉，中式裁缝的生意日渐清淡。我大伯和四叔也是中式裁缝，先后改行，进钢铁厂当了工人。我母亲也进羊毛衫厂当了工人。然而我父亲不会做“红帮裁缝”的西式服装，也不愿改行，在上海生活就艰难了。1952 年先是把我送回乡下，后来又先后把我妹妹、弟弟送回老家。1956 年回乡过春节后，父亲便没有回上海。那时的农村正实行合作化，父亲毕竟在城里见过点世面，被选为村干部，先是做杭家庄初级农业合作社的社长，后来又做高级社的社长，从此再也没有去上海。

1958 年，我国开始实行户口管理制度，将城乡户口严格分开。由于我父亲人不在上海，就没有了上海户口，等到他再想回上海就回不去了。我母亲一个人留在了上海，有上海户口，由于没有房子，她就住在工厂宿舍。而我大伯、四叔包括我堂哥、堂姐夫都在上海，哪怕住在贫民区、棚户区里，也都有上海户口。

1962 年我国进入三年困难时期，当时国家经济萎靡，城市为了卸包袱，开始下放工人回农村。为了解决国家经济困难，将三千万城市职工“下放”回农村。

我母亲就是被厂里动员回乡的。厂里说："你全家都在农村，就你一个人在上海，你符合回乡的条件。"当年我母亲50岁，尽管她15岁去上海，在上海工作生活了35年，还是回乡了。同样"下放"回农村的还有我四叔，因为他老婆孩子都在农村，虽然他在上钢三厂当了工人，他也回来了。我们生产队一下子下放回来十几个人。原来的城市户口被取消了，他们就再也回不了城。但后来的"文革"期间，这些人利用城里工业"停产闹革命"的时机，开始了农村乡镇工业的先河，我们村的铸造厂就是这样办起来的，现在已是产值过亿的规模工业了。

一方面，城市把像我母亲、四叔这些从农村进城但是在上海没有家庭的人，动员回乡下，疏散到农村；另一方面，城市把没考上大学需要就业的孩子送到新疆兵团农场去，将人口疏散到大西北。城市家长最发愁的是孩子考不上大学。那时候上海开通到乌鲁木齐的知青专列，整个上海火车站都是家长送孩子去新疆的，哭声一片。我1960年高中暑假去上海看我母亲，她厂里许多同事都在谈孩子毕业后去农场的事。

当新疆生产建设兵团容纳不了那么多人时，同时因为上海到新疆路途太远，上海就在崇明岛利用长江的滩涂办农场，后来又到苏北的盐城海滩地上办农场，容纳上海知青、无锡知青、南京知青。知青"上山下乡"不是文化大革命才有的，五六十年代就开始了。而我1968年离开清华，到解放军农场劳动锻炼一年零八个月，去的正是崇明岛农场！

中国的农村是一个大口袋，一旦城市出现问题，就把城市人口"下放"到农村，让农村收留和容纳，这就是中国曾经出现过的一种"逆城市化"。我真心希望类似的事情在中国不要再发生。

2015-04-21

我曾是“留守儿童”

秦佑国　原清华大学建筑学院院长、教授、博士生导师，
中国国际城市化发展战略研究委员会建筑产业现代化专委会专家顾问

出生后，我当了 9 年的城市儿童

1943 年 12 月 29 日（腊月初三），我出生在上海，小时候住在新乐路亨利坊（现 44 号弄）。为什么我会有一段在上海生活的经历呢？因为我的哥哥、姐姐留守在农村，染上急性传染病白喉，双双病死了。我父母的悲痛和悔恨可想而知！所以当我出生时，他们就把我留在了身边。

我是 1949 年春上小学（春季班），在陕西南路的一个弄堂里，是一个“打工子弟”学校，一间房，屋里很暗，一个教师，教十几、二十个孩子。1949 年 5 月上海解放，在陕西南路、新乐路路口的阜春小学公开招生，我父亲给我报了名，我们弄堂有 6 个小孩报名。要考试，有看图写字，我记得有个图是一座拱桥，我把“桥”字写出来了。发榜那天，我四叔一早去看，回来大声说：“毛头（我小名）考上了。”

我们弄堂 6 个小孩中就我一个考上了。阜春小学早先是一个富家子弟的学校，“都是汽车接送”（我父亲说）。

解放初期，经常有台湾的国民党飞机来上海轰炸。有一天，同学们正在聚精会神地听老师讲课，突然响起了空袭警报，老师立即停止了讲课，让同学们不要慌乱，听从指挥。这期间，夜间也经常有国民党的飞机来轰炸，当空袭警报响起之后，往天空上望，能看到探照灯的光束在天空中跟着飞机来回晃动，看到高射炮向天空炮击的火光。后来，我美术课画的一张画是高射炮打飞机，炮口喷出的火，除了红色，我还画了蓝光，这是晚上实际看到的，得到了美工

老师的表扬。

1950 年我的弟弟出世，加上我、爸妈、妹妹，总共 5 个人，家里仅有的一张床实在睡不下了，尽管这样还是凑合过了两年。到 1952 年，我三年级没读完，就被送回苏北农村老家。

10 岁，我成了“留守儿童”

记得我虚岁 10 岁是在农村过的。回到乡下，我和祖父母一起生活，自然也成了“留守儿童”。

因为我哥哥、姐姐的夭折，祖父母对我十分地爱护，以致村里有一家人为他们的独子请和尚道士做法事祈福时，我祖母还出点钱去“随份子”，让和尚道士顺便也给我“祈福”。但我还是得了疟疾（打摆子），几天高烧不退，祖父母吓坏了，三叔说上县里医院吧。二姑父用独轮车把我推到江都县人民医院，开了奎宁药片回来吃，那药好苦。病是好了，但落下了耳鸣，周围安静时，听到耳中蝉鸣似的尖声，伴随了我一生。

我回到老家，先在村里私塾读，小学四年级到邻村王家桥小学。校舍原来是一地主的家院，土改被没收，成了小学。一个大房间，一个教师，四个年级二三十个学生在一起，复式教学。初小毕业，随我当小学教师的三叔到邗江县杭集镇小学读五年级。三婶生了孩子，我只能回老家，在离村三里地的曹王小学上六年级。我先后上了 5 所小学，1955 年小学毕业。

1954 年夏长江发大水，秋粮减产。第二年春天，青黄不接，政府发救济粮：米糠榨完油后的糠粕。我已在曹王（寺）小学读六年级。一天，镇上邮局把一个包裹送到学校，交给我。打开一看，是一包大饼，我父母亲从上海寄来的。寄到村里，怕我收不到。

1955 年春，小学六年级时我加入少先队。7 月小学毕业后，我考取了县城的“江都师范附设初中班”，读了一年，被统一转到新办的“大桥中学”。

1958 年初中毕业，我被保送到“江苏省扬州中学”读高中。从初中到高中，我一直都住校。

1961 年我高中毕业填志愿，语文老师吴和先生（同学背后叫他吴老头，苏南人，吴方言口音很重，他很喜欢我）动员我考文科，但我没有答应。我想的是，文史我喜欢，成绩也不错，但不能作为我终身从事的工作，只能是业余爱好。最后是班主任张世观先生把我第一志愿从北大无线电系改为清华建筑系，定了我终身的专业领域。

考上清华，我从苏北农村到北京

高考后回家等通知。那天，我正在自留地里拔草，邮递员骑着自行车过来，问道：“谁是秦佑国，有你的信。”我一看，是清华大学的录取通知书。拿给我父亲看，他只是淡淡地说，什么时候动身。我考上清华，村里也没有多少人知道，村里人只知道，我在外面上学。

离家那天，父亲和我一早起来，到砖桥公路边招手拦长途客车，十点钟时遇到了一辆有空位的过路车，把行李卷扔到车顶上，我自己一个人上了车。车到镇江对岸的长江边停了，我搭轮渡过江，到镇江火车站托运了行李，再搭乘去南京的火车。在南京下车，我又乘轮渡去浦口，在车站过了夜。第二天再坐上慢车，夜里三点到济南，德国人造的济南火车站给我的印象很深刻。第三天中午 12 点，我上了一辆“学生列车”，是专门为在北京上大学的上海、江苏学生放暑假增开的慢车。我上车后，找到一节车厢，都是清华学生。凌晨 2 点，列车到了北京站。

车站外有清华的车在接新生，我跟着大家上了车，感觉开了好久，车子开进了一座被昏黄的路灯照亮的校门。夜色朦胧，车在行道树的灯影下穿行，两旁是低矮的平房（当时的新林院和照澜院），周围的景象让我讶异：“这就是清华大学？”车停稳，下了车，进入了一个高大的建筑，是大礼堂，坐在座位上，等候天亮，看着头顶上的穹顶和墙上“人文日新”的匾额，终于有了一种大学的感觉。

那个时代，上大学不交学费，也没有住宿费，只有伙食费（每月十二块五）是要交的，家境困难的可以申请助学金，全额助学金是每月十五块五，交了伙食费还有三块钱零用。我入学后，因为母亲在上海工厂当工人，每月可以寄一点钱给我，所以我没有拿全额助学金。大一下学期，1962 年 5 月的一天下午，校长办公室让我去一趟，我很讶异：校长办公室找我干什么？原来是我母亲工厂来函，说要动员我母亲“下放”回乡下农村，让清华通知我，学校决定把我的助学金提高到全额。于是，我失去了家庭经济来源，此后的大学期间，家里没有给过我一分钱，就靠每月十五块五的助学金（1964 年毛泽东“春节讲话”后，伙食费提高到十五块五，全额助学金也提高到十八块五）。一个月助学金，交了伙食费，只剩三块钱，读建筑学，除了书本费，还要买纸、笔、颜料，要花的钱很多。

大三时，我想买一本英汉字典（我高中学的英语，大学外语还是英语，我们班学英语的不到三分之一），没有钱，就晚饭不吃菜，舀一碗大桶里不收费的菜汤，啃窝头（当时粮食定量中白面只占 30%）。这样可以省下一毛钱。这事让（赵）大壮发现了，他找到几个同学，凑了钱，买了一本《英华大字典》（5.20 元），在 1964 年春节送给我。他在扉页上写下：“秦佑国同学：穷且益坚，不坠青云之志 建七一全体同学 64. 春节”。这本字典现在还在我书橱里。

那时大学里对家境贫困的同学没有什么看不起，家境好的同学也不炫耀，整个风气是强调“艰苦朴素”。我自己也没有自卑感，尽管“穷”，但不“土”，聪明、知识面广，人又瘦，得了个“教授”的外号。

大学的前几年我们经历了“困难时期”，随后是“批判苏联修正主义”，“阶级斗争为纲”，个人“斗私批修”。1965 年 10 月，在“大学生要参加‘四清’”的指示下，我到延庆县下板泉村当“四清”工作队员，直到 1966 年 6 月“文革”开始，回到清华。

1968 年 9 月，我们在推迟一年后毕业离校，在清华共 7 年时间。我们班都被分配到基层：县建筑公司、工厂基建处，还有同学到部队农场劳动锻炼，也有同学下农村插队。我和我们班另外 4 人到上海崇明岛部队农场。

大学毕业后，我在山沟待了八年

1970 年 5 月我离开农场，被分配到湖北阳新县邮电部的三线工厂——536 厂。我到厂里时，还是荒山一片，住在芦席棚里。“先生产，后生活”，我们测量地形，规划总图、道路，平整场地（台地），先建厂房，后建宿舍。因为厂里的干部是邮电部调来的，招的工人中还有干部子弟（进三线厂可以不上山下乡），我们设计人员也是厂里的人，所以，虽在表面上要应对湖北省三线工程指挥部的“干打垒精神”，但还是给邮电部打报告，要求考虑大家的生活。例如，供水到每家厨房，而不是集中使用的水龙头；每层楼设水冲公用厕所，而不是旱厕；底层做水泥地面，顶层瓦屋顶下做吊顶等。后来住宅也装了纱窗。

我做总图规划，道路与场地设计，建筑设计，也做结构设计（多层厂房，单层厂房 20 吨行车，18 米钢屋架）。电镀车间通风系统（画到钣金展开图），冬天画图要戴口罩，否则呼气会弄湿硫酸纸；夏天，手臂上汗流，只好悬臂画图。还要测量放线，算土方，验基槽，盯现场，带领民工施工，经历了建筑的全过程。

民工施工队第一次做平屋顶防水贴油毡，第一次做水磨石地面，第一次做水刷石墙面……都出问题，都是我去解决，虽然对我来说也是“第一次”，但我现场观察能分析出问题的原因。厂里的汽车吊司机不愿意来工地吊楼板，因为司机在厂区出车没有补贴，我就让他把车开到工地，你走人，我来吊。三个操纵器，推杆操纵吊杆斜度，转盘操纵吊杆旋转，开关操纵吊钩升降。一台混凝土搅拌机用了六年，搅拌桶外的齿轮条磨损了，要更换。我在厚图纸上画足尺的图样（内径是 120° 圆弧，外侧查机械手册，画渐开线轮齿），画好后，剪下来，拿到木工车间，告诉厚度，做成一个木模齿条，送到铸工车间浇注 3 个，拿回来，装上搅拌机，转起来了。

我就这样在山沟里干了 8 年，“文革”也结束了。

35 岁，我重回清华

1978 年恢复研究生招生，给了我重新回到清华的机会。

我还记得，1977 年初冬，我到北京出差，顺便回清华，来到建筑物理教研组，问车世光先生招不招研究生。他说：“招啊！你来考啊！”

回到厂里，我到厂图书室去找书开始备考。当时，我白天要应对厂里的工作，主要是在建的单元住宅楼和金属材料仓库，晚上就自学普通物理，还要把丢了十来年的英语和高等数学捡起来，而且要“往前进”，英语要从 20 世纪 60 年代中国式泛政治化的英语转向学术性英语；高等数学也需从建筑学专业的教学内容“前进”到一般理工科专业的教学要求。时间很紧，第二年 5 月就要考试，只有半年时间。

这么短的时间要学那么多东西，只能强记硬背。我在通读了普通物理教材和理解了基本原理后，把教材上从力学、运动学、热力学到电学、电磁学的好几十个公式背了下来。

1978 年 5 月中，我到工厂所在的湖北阳新县的县城去考试。我们厂离县城 30 多公里，头天傍晚进城，在一个小旅社住下。5 月中的湖北，天气已很热，躺在旅馆的床上，辗转反侧，不能入睡，心里倒也不怎么紧张，就是睡不着，直到天已蒙蒙亮才迷糊了一会儿，这还是我生平第一回这样。

考完回厂，就是等待考试结果。一个多月后，接到了招生办公室寄来的考试成绩通知函。拆开一看，专业课是 85 分，外语 80 分，政治 60 多分，数学 59 分。通知让我来清华参加复试，悬着的心总算放下了一半。

几天后，来到清华，见到车世光先生。没想到他说：“你数学考得不错啊！”原来全清华考这门数学的考生的平均分不到 50 分，我考了 59 分。第二天上午闭卷考试，考建筑物理。我考了 84 分，应该可以录取了。临走时，车先生把我叫到办公桌前忽然问我："你来北京读研究生，你爱人的户口在湖北，怎么办？"坐在对面的詹庆旋老师说："你招研究生，管人家爱人户口干吗？"车先生说："怎么能不管呢？我招他来当研究生，将来就是要留下他，如果他爱人户口在湖北，调不进北京，两地分居，最终他还不是要走掉。"我一下愣住了，只好说："我们厂是邮电部的厂，不属于湖北县里头，将来也许可以想办法把她调进北京。"

我回到厂里，终于等到了清华大学录取通知书。1978 年 10 月，我撇下老婆孩子在湖北山里，回清华读研究生去了，那年我 35 岁。

1980 年春节过后，我爱人被调进北京邮局设计室工作，我们拿到三个进京户口指标（还有两个儿子）很是幸运。1981 年 4 月，我研究生毕业留在清华大学。

回忆往昔，许多事都历历在目，甚至连细节都记得起来；而我 35 岁回清华后的日子总感觉过得很快，"找不到坐标点"，没有太多"记忆"，只是一些"记录"，没有太多"生活"，只有太多"工作"。

2015-11-20

我的六十年，家族的百年

赖文鑫　中国国际城市化发展战略研究委员会副主任、
中华两岸和平发展促进会主席

沧桑砥砺60年，我从乡村走进城市，带领家族实现了社会阶层的大跨越。相比奋斗的不易，其间的心路历程更难为人道。每当夜半梦醒时，回想一路走来的艰辛、幼年遭受的欺凌，常眼眶泛红、心有不平。因此，我尽力使子孙懂得，不可只对今日之圆满坐享其成。适度的磨炼才能守得住今天的繁盛。也希望我的故事能带给年轻人——尤其是贫困家庭出身的年轻人正能量，愿他们树立风雪。

风雨飘摇的家

我的曾祖父是抗日烈士赖来，1913年因领导台中东势角起义而献身，在卢沟桥抗日战争纪念馆台湾同胞名录中，仍能找到他的名字。东势角事件几乎给我的家族带来灭顶之灾，我父亲7岁丧父，与祖母二人逃进山中存活下来。

1952年6月1日，我出生在台湾苗栗县大湖乡的一座小村庄中，家境贫困，请不起医生，祖母又已失明，是父亲依照祖母的口令把我接生下来的。祸不单行，3年后的一场台风吹走了我们栖身的简陋房屋，一家人开始了居无定所、寄人篱下、四处漂泊的日子（先在舅公家寄居，后又搬到义和村淋漓坪的租屋中）。直到1966年，父亲和祖母才在公墓旁的山坡地上，用别人拆房的剩料建了一座茅草屋。

我在这方狭小的天地中成长，没有机会接触村庄以外的社会，曾以为全世界只有客家人，不知道有“普通话”（我到小学3年级才学会讲普通话），更不敢奢望自己家中有财产、有土地。年迈的祖母生病，使这个风雨飘摇的家庭再一次陷入困境。父母为此四处举债，却未能留住祖母。祖母过世时，我们已家徒四壁，买不起棺材，就用我和祖母的床板做了一口薄棺。我和父亲端着香炉，将油漆都未刷的棺木葬在了家旁的公墓中。

为祖母医病欠的外债和5个子女的抚育，成为压在我父母身上的一副重担：小学毕业后，我以优异的成绩考取初中，因家中付不起学费，只能到农校学习农业经营；祖母仙逝半年后，我最小的弟弟也上学了。为了撑起这个家，父亲务农之余四处打零工，母亲带着我和弟弟去做扫马路的临时工，生活还是捉襟见肘，这意味着必须有人做出牺牲，而我排行最大。1967年，我带着全家拼凑出的20元新台币（折人民币3.9元），一路辗转到了台北。

那一年，我初中还未毕业，不满15岁，身高不到1.4米，体重不足30公斤。邻居们说，如果这个孩子能够活着回来，就算是福大命大了。

少年当自强

少小离家、孤身在外，所经历的种种如今已不愿再回想。还记得我刚到台北时，因为付不起租金，常常夜宿火车站；有时舍不得吃饭，也会去火车站，待到半夜会有工作人员前来把我带走，这样第二天的早饭就有着落了。

坚持到可以服兵役的年龄，我入了伍，不必再为衣食忧心。军队生活平复了我从小到大因贫穷、受欺侮而产生的自卑感：在军队中，大家一起吃饭、穿同样的衣服、有各自的津贴，只是别人的津贴可以自己零用，而我的津贴要寄回家，因为我还有4个弟弟需要照顾。就这样，我以自己有限的能力，让4个弟弟顺利读到高中毕业，并帮助家庭还清了多年累积的债务。

虽然这时的生活有所改善，但我深知，要改变自己与家族的命运，还需奋发图强。台湾有两套升学体系，一套是通常的从小学、初中、高中读到大学，再读硕士、博士的体系；另一套是同等学历考试。我在服兵役期间，拿到了高中同等学历，这使我具备了参加台湾公务人员考试的资格。1976年是我服完兵役的第二年，我考取了初等公务员。按照台湾公务人员考试规定，初等公务员需自修三年才能参加高等公务人员考试。1981 年，我考取了台湾土地行政管理专业高等公务员的第一名。

在台湾，高等公务员求职时可比照大学毕业生，考取优等或状元者可比照硕士、博士。我是优等的第一名，拥有比其他人更多的选择机会：既可以做公务员，也可以去学校教书，还可以到企业应聘。最终，我选择了企业。

积跬步行千里

事实上，自从退伍之后，我一直在电子公司工作。我所在的公司有 600 多人，无权势无背景的我，从工厂生产线的工人做起，一直做到人事处主任的位置，当时已经有了一定的积累。此外，无论做教师还是公务员，都只有一份工作的收入，受制度制约，无法兼职；而在企业工作，我晚上还可以去兼课教书，这样就有了更多的收入。

我吃过贫穷的苦，从 14 岁离家起就暗下决心要出人头地、回报父母。我深知，在电子公司为别人打工不是我人生的终点。在公司，我努力工作，以普通生产线作业员为起点，逐步成为仓储助理员、推销员，乃至公司经营管理顾问。工作之余，我发奋自学，不仅考取了财政税务专业的高等公务员，还先后取得了注册会计师等多项资质证书，掌握了企业管理、股票操作等多领域的知识。这些知识储备为我后来的人生进阶打下了坚实的基础。

1985 年，我创办了自己的土地事务所，专门从事地产事务，并获得了 2 座建筑金厦奖。后来，我又创办了自己的财税事务所、股票投资公司等多家企业。在这个过程中，原本的公司经营管理顾问职务逐渐变成我的兼职，聘请我的公司也变成了我自己事务所的客户。1990 年，我用事务所盈利收购了这家公司，成为公司法人，并将这家公司经营至股票上市（2015 年，这家公司刚刚度过第 39 周年年庆）。1992 年，我得到国家土地管理局聘请，成为第一批受聘到大陆的台湾土地规划访问学者；此后，我又先后受聘成为两岸数所大学的客座教授与访问学者……

在实现了自己年幼时立下的志向，扭转了家族命运后，我知道，还有太多与我少年时同等处境的孩子仍在孤军奋战、艰难前行，我愿意尽一己之力为他们提供帮助。我与其他企业家共同出资建设的江西井冈山华忆科技学院应运而生，连续多年为贫困学生提供奖学金，如今有的学生已自主创业成为老板。教书育人、支撑家族，这些带给我终身的成就感。

子孙若如我

一程风雨一程路，今年的我已60岁有余，身体尚可、家族兴旺，儿孙膝下绕。儿子儿媳、女儿女婿至今与我同住一栋楼，5个孙辈健康可爱，他们跟着我风餐露宿走过来，非常珍惜今天的好生活。在与孙辈的相处中，我时常想起带我长大的祖母。临终前，她把父亲和我叫到床前，叮嘱父亲一定要把5个孩子抚养成人；交代我一定要努力功成名就。今时不同往日，我的儿孙不必再如我幼时一般艰辛，然而我仍会有意识地让他们吃一些苦，因为“打江山易，守江山难”。

我成立自己的事务所成为老板时，3个孩子都在读小学。大女儿每天牵着弟弟妹妹们走路去学校，即使遇到大风大雨，孩子们也是步行上学，我开车跟在后面，从未让他们上过车。现在，接送孙辈们上学用的是摩托车，冬天亦如此。

虽然当时的我已经是个成功人士了，但是孩子们大学毕业后全部从工厂工人做起，没有得到过任何特别优待。孩子们对此从无怨言。这让他们得到了一定的磨炼，我想这对他们的人生也大有裨益。

2016-10-03

一个家庭五代人的城市化

李迪华　北京大学建筑与景观设计学院、北京大学景观设计学研究院副院长、
中国国际城市化发展战略研究委员会城市可持续发展专委会专家顾问

说到城市化，于我的家庭而言，是一个涉及前后五代人、横跨百年的生命故事。

从农村走出的铁路世家

曾祖父是当地颇有名气的私塾先生，还是远近有名的种田能手。直到今天去给曾祖父上坟，当地老人（族亲）还会以赞赏的口吻提及曾祖父是个“泥秀才”。遗憾的是，在祖父1岁半时，只有28岁的曾祖父染天花过世，留下上千现洋和田产。田产放租每年有14担谷和40块银元收入，依仗这样的条件，曾祖母独自把一儿一女拉扯大，终身未再嫁。

或许因为受益发达的早期现代教育，在中国近现代城市化处于启蒙时期，祖父甚至更上一代人外出务工或者创业是稀松平常的事情。记得小时候，他骂人常用“没有出湖的玩意儿”，这应该表达出了当地人一种外出打拼、外出长见识的诉求。我邻居嫂子娘家就和齐白石同一个自然村，从我们家出发，翻过一座小山，走不到一小时就到了；附近还有堪称奇迹家庭的“黎氏八骏”，他们不过是“出湖”的代表人物罢了。

祖父民国27年（1938年）去了国民党在长沙成立的新河农业试验场工作。一年后，第一次“长沙保卫战”爆发，他一路逃命南下，身无分文回到湘潭。他带回的一棵梨树，种在祖父临时栖身的姑公公家（爷爷姐姐的婆家）老屋旁，我小时候见过，是一棵小老头树。

姑公公的父亲是粤汉铁路衡阳站站长，借助这个关系，祖父在1940年成为

衡阳火车站的一名装卸工人。他把在湘潭的房屋、田土出租，带着曾祖母、伯父和两个姑妈去了衡阳定居，祖母和父亲留守在舅爷爷家。1944 年日本人打到衡阳，祖父带着全家逃命，途中遇到日本人袭击，丢掉了所有携带，再次身无分文辗转回到湘潭老家。这时的祖父只好携全家寄居在祖母的娘家。衡阳这四年，大姑妈出嫁，姑父是林姓铁路工人，伯父先后当过皮匠、餐馆小工后成为铁路工人。

1945 年抗战结束，同年祖父重病瘫痪无法回衡阳，这让一家生活逐渐陷入困境。裹过脚的祖母表现出难得的决断力，携二姑妈和伯父去衡阳投亲，二姑妈嫁给了一位黄姓铁路工人，伯父到一家餐馆当学徒。不久，失去联系一年多的大姑夫从广州找回衡阳，经他介绍，伯父 1947 年成为衡阳铁路局刘姓局长的家庭厨师。局长母亲受过系统的现代教育，对伯父要求严格，每天教伯父读写白话文；遵照局长母亲的意愿，伯父既照顾局长一家生活起居，还是局长的文秘。1948 年伯父随衡阳铁路局南迁去了广州，新中国成立后在政治处工作，后因处事不当得罪上司调去机务段，除两次援助越南外，在这个岗位上从技工干到厂长直到退休。伯父新中国成立前在铁路工作期间，为中共地下党提供了他掌握的大量内部资料，为新中国成立后顺利接手铁路立下汗马功劳，这样的经历让他在“文化大革命”开始时差点把命都丢了。

从那时起，我们家就成了一个地地道道的铁路世家。我的父辈（含 4 个姑妈的家庭）和平辈，20 世纪 90 年代初比例最高时有超过 20 人供职于铁路系统，占到家庭全部人数的 60%。

父亲的三次求学

坦率地说，在随父亲离开老家之前，我对他并没有什么特别的概念。他每隔数月出现一次，多在农忙时节，到家后忙于各种农活；偶尔问问我的学习情况，一起说话的时候并不多。在我的记忆里，似乎把家里干不完的活都干得差不多了，父亲就消失了。在父亲的一生中，他的求学经历一直和家庭的变迁紧密相连。

1943 年，父亲冒充同姓亲戚的孩子在湖伦小学（后来的衡阳铁路小学）读了一年书。这是他第一次入学。1944 年，父亲随祖父投奔祖母娘家避难，读书不得不中断，改为给外婆家看牛。

1947 年，父亲勤快能吃苦，深得亲戚的赞赏。他给邻居帮工做竹纸，总是收集竹尾竹枝，主家非常高兴，每季都分给他三担纸。到 1951 年底父亲还积攒有 50 担纸，当时每担纸可以卖 20 块大洋。病愈的祖父善心大发，把父亲这些纸全部借给了四亲六眷，后来分文未收。1950 年开始，伯父定期从广州寄钱回家补贴家用，家庭境遇逐渐得到了改善。

1950 年“反高利贷”，造纸作坊停工，父亲一边干农活，一边断断续续上了一年农民夜校，这是父亲第二次上学。这一年开始土改，原本自家租种的高产良田被农会分给别人，被划为贫农的我家只分得数块相隔距离甚远的边角冷水田和一个叫黑瓦屋地方的 1 间房子。1951 年土改复查，父亲跑去找工作组，提出“把土地房屋还给毛主席”，工作组核实后，认为前一年做法不妥，把在坝塘冲预留给抗美援朝志愿军家庭的一处房屋和土地分给了我们，全家欣然接受，搬到这里，一直定居到现在。

1951 年春，父亲去八都（地名，现今晓霞山、白石铺、中路铺一带）烧木炭，脚被柴刀砍伤，静卧养伤一个月。这期间，父亲意识到，自己没有文化，未来可能是死路一条，于是萌生了读书的想法。因为年龄大，他希望直接读初中，却发现所有初中招生都需要有高小文凭。碰巧一位家境还算殷实的姨表弟想插班读五年级二期，请父亲陪他去花石参加插班考试，父亲趁机也报名参加。凭借着前面两次的读书经历，以及祖父平时教的《论语》和《算术》，兄弟俩都考上了。1952 年，父亲在获得高小文凭后，又报考了人数相对较少的衡山第三中学，以第三名的成绩被录取。

第三中学每学期要交 36 元学杂费，父亲获得 10 元助学金，12 元奖学金。每个周末，父亲都要从 60 里开外的衡山脚下步行回到家里，把积攒的各种农活干完，寒暑假担柴、楠竹去花石镇卖掉，获得些收入补贴学费。他往往周日半夜就要启程赶到学校，以便上星期一的早课，这样才不至于因为他读书而增加家庭负担。这样的“好日子”延续了两年。1954 年全国粮食统购，家里的副业收入来源断绝，父亲难忍少吃的压力，退学去广州投奔伯父。伯父希望父亲留在父母身边，他定期给家里寄钱，这样的好意被父亲拒绝。年底，父亲回到衡山，谢绝了学校挽留，办理了肄业证和户口迁移证重回广州。

父亲在回忆这段历史时，常提到第三中学右侧的岳云中学校园里的“百步云梯”直通衡山。20 世纪 90 年代初，我带学生到衡山进行土壤与地质实习，为节省门票钱，好几次与学生一起从这里绕过门票站上山。数年后，媒体报道当地重新“发现百步云梯”。

一家人的城市化

1955 年，父亲通过参加公开考试成为广州北站的一名正式工人，完成了他的城市化旅程。应祖父要求，1952 年上学时父亲和母亲举办了婚礼，用父亲的话说，“爷爷是担心父亲跑到外地不回来了，所以必须在老家成亲”。1958 年广州至武汉增开了客运列车，需要新招收乘务员，分给广州北站两个指标。广州北站领导考虑到父亲各方面业务能力强，希望能够解除他的后顾之忧，讨论后给母亲入职的机会，开出证明和火车免票寄回老家办理户口迁移手续；因为工作压力大，父亲不能亲自回去。母亲是大炼钢铁的积极分子，在各方的阻止（和压力）下，母亲放弃了这次进城的机会。这一次放弃，意味着未来二十年连考虑这件事情的机会都没有了。如果不是为了写“我的城市化”，我不会知道所谓“将农民固定在土地上”，实际上是从此时开始的，并非悠长历史。

1976 年“文化大革命”结束，1978 年全国形势走向开放，重新燃起了父亲将全家“城市化”的想法。这一年夏天，父亲把我带到城里。以后数年，全家户口迁移反复多次在满怀期待时铩羽而归。城市户口在当时是紧缺资源，只要能够沾点边的，都会挖空心思去取得，这样的结果今天看来太正常不过了。1983 年 9 月，我们一家取得了梦寐已久的城市户口，全家终于实现了“城市化”。对于母亲来说，这只具有象征意义。25 年前，她是先拥有在城里的工作，却为了“顾全大局”放弃了户口迁移。这次迁移了户口，她却永远不可能在城里获得固定工作的机会。

1985 年，我们家在湘潭城里分到了新房，简单装修后，全家高高兴兴地搬进了新居。中秋节，父亲把奶奶从老家接到城里一起生活，老人住了不到一个月，因为“放心不下家里的猫和狗”，一天早上收拾好自己的全部行装，要求父亲马上送她回家。父亲没有忤逆奶奶的要求，随即安排母亲把奶奶送回老家。直到终老，老人再没有离开过我出生的那个屋场。

2010 年，母亲遭遇一场健康危机后，和父亲决定定居老家。如今两位老人只是偶尔进城看看孙子和老朋友，田头地里过着和 100 年前祖辈们差不多的生活。前不久回家探望父母，一起畅谈乡村、城市这几十年的变化。我说“现在乡村也挺好的，有养老金、有医疗保险，吃住不愁，还有各种国家农村补贴”，母亲笑着搭话说，“就我什么都没有！”原来母亲没有在城里工作过，因此没有养老金；2009 年国家实施“新型农村社会养老保险”政策，所有乡村老人在国家政策安排下都一次性地拥有了养老金，母亲成为一个“特例”，她既不属于城市，也不属于乡村。

2016-06-11

一个农村娃的城市化

李迪华　北京大学建筑与景观设计学院、北京大学景观设计学研究院副院长、中国国际城市化发展战略研究委员会城市可持续发展专委会专家顾问

童年：在偏远山村中自由生长

我1967年出生在湖南省湘潭县最南边，南岳衡山七十二峰之一的紫荆山脚下坝塘冲。家乡属于望山不走山的浅山丘陵地区，“冲”是对当地地形和百姓生活的形象描绘。孩提的最早记忆是坐在舅舅肩上，大年初二沿着弯曲的乡间小径去外婆家拜年。这样的记忆随着年龄的增长逐渐变得丰富起来——原来是舅舅背着我走过那条泥泞小路伴我上小学。早春时节，撑着雨伞艰难地走在这条路上，往往人走了，雨鞋留在泥里了，于是一手拎着鞋，光着脚丫走回家里。到了家，全身都是泥浆，书包里的书湿透了。晚上覆满泥浆的衣服和淋湿的课本一起在柴灰火笼上烘干，第二天早上拍去衣服上的泥再穿上，烘干的书再装进书包，又上学去了。

外婆有5个女儿、1个儿子。小姨出嫁和舅舅成家时我已懂事。每年正月初二去外婆家拜年是姨表亲们的大聚会。初二那天一大早，舅舅会由远及近出入相邻的冲里，把我们这些外甥们接到外婆家。我们姨表兄弟姊妹有16人，满满当当两桌。外祖父是当地小有名气的大厨，饭菜自然做的是一流的好吃。所以，儿时的记忆充满了盼着去外婆家拜年的憧憬。现在姨表亲们见面，提及最多的话题也是在外婆家吃红烧肉和扣肉，只是现在无论我们自己还是我们的孩子，都没有了当年的胃口和为了多吃一块肉大打出手的情景。

紫荆学校，我上的第一个学校，是我11岁前见过的唯一的两层楼房，一栋典雅的白墙青瓦四合院建筑，天井里有两棵巨大的罗汉松。十多年前因为学校合

并，这栋曾经是当地标志的百年老建筑弃用失修，后来被拆了。我曾寻访了很多人，希望找到一张照片，搞清楚这个学校的历史，然而获得的信息寥寥，只知道是新中国成立前胡姓地主建的。老人们回忆，土改时斗地主，当地人不忍心，将枸骨叶上的尖刺剪掉才打他，他还是不堪其辱吞金自尽了。他的后人现多侨居国外，近年回家探访过。在我家直线距离一公里范围内，除我以外，还有两位邻居孩子毕业于北京大学。在这个方圆 30 公里至今找不到一个工厂烟囱的偏僻山村，想找一个家庭没有大学毕业生是件不太容易的事情。现在每次回家探望父母，路过紫荆学校旧址、胡姓老宅旧址，我都心存感激进而陡生凄怆。

从煤油灯到电灯，是我儿时最深刻记忆之一。20 世纪 70 年代，老家爆发了一场“毁林开荒”运动。农闲时，全村男女老少还有城里来的支援，把漫山遍野的树木砍掉、树蔸子挖掉，然后在光秃秃的红土岭上种上杉树和梓树。人工种植的小树还没有长起来，漫山遍野就地已经长出了一种叫山苍子（Litsea cubeba）的树。山苍子油是特别常见的清凉油、万金油的主要成分，当时据说是非常重要的航空燃料。采山苍子和熬山苍子油成为“大队”（“文革”前公社下面的行政单位，相当于今天的行政村）一项重要的“副业”收入来源。“大队”因为有基本固定副业收入，于是建起了柴油发电站。“文化大革命”还没有结束，家家户户已经用上了电。和邻村相比，我们村每个工分价要高出数倍。有电后，收入更高了，这让村里大哥们娶回来的新媳妇都是远近闻名的漂亮。

那时，没有公开的农贸市场，私下的农贸交易却一直没有间断过。距离我家公路 10 公里外的涓水盆地，常年缺少柴火燃料和生产用的木柴与楠竹。往涓水盆地集市送货是冲里很重要的事情。农闲时，凌晨 3 点前，结伴出发挑一担干树蔸子、扛一根杉木或者一段楠竹，到花石街上（花石镇，一个汉代文献就有记载的古镇、古集市，附近还留下了“汉城桥”古迹）卖掉，能赚 4 元钱左右，相当于 4 个工、一个壮年劳动力两天的收入。暑期结束前，我也会跟大人一起背一段竹子或者挑两个树蔸子，最多时一次赚过 1 元钱，一般都是七八角钱。所有这些交易都要在天亮前完成，感觉那时人很好，都是一口价，没有人有过被杀价的记忆。把东西卖掉之后，到街角包子铺买个两分钱的红糖包子或者 5 分钱的肉包子，一边吃着一边走路回家；记得有一次，我还被包子里流出来的糖把嘴烫出泡。

尽管我从没有玩过一件来自商店里的玩具，可是记忆中男孩子着迷的“枪”就有麦秆枪、禾秆枪、竹唧筒、带机关的木头手枪、自行车辐条手枪、冲锋枪式样弩、竹弓箭、木弓箭，当然少不了各种自制的弹弓；除了在宣传画上没有见过真正的气球，鸡嗉囊或者是猪膀胱是我玩过的第一只气球；由于经常和小伙伴们一起比赛爬竹子，让我上初中后一直是爬竿冠军；在高高的楠竹梢上将竹枝编一个摇篮，就可以在半空中或坐或躺尽情摇摆弹起落下，今天的游乐园的乐趣亦不过如此吧。

我在这里自由地成长，度过了今天的孩子们完全无法想象的童年。

乡村：让我受益匪浅的百科全书

儿时记忆几乎没有零食的概念，这并不意味着没有“饱过口福”，直到今日我还可以一口气数出那时吃过的十几种各家种的野果，春有蔷薇嫩茎、桑葚；夏有酸模嫩茎、多种树莓、李、桃、无花果、五味子；入秋后有各种梨，壳斗科植物的果好多种“栗子”，如锥栗、苦珠、板栗、圆锥栗，乌饭树果、牛奶子、木通果、猕猴桃、野酸枣；入冬后有糖罐子、乌柿子；地下有百合、野白薯、思茅根；春夏秋不同季节有各种蘑菇，能够添加到糯米粉里做成各种粑粑的植物嫩芽、花蕾……真是数不胜数。

祖父的伤科草药颇有点名声，他有自己的草药园。我从小就喜欢跟着爷爷屁股后面跑，爷爷有“百草都是药”的用药理念，我从那时起认识的植物远不止园中那十几种草药，眼中一草一木都被赋予特殊的生命含义。这个经历后来在关键时刻让我受益匪浅，因为认识植物，大学基础课程《植物学》几乎考满分，饶有兴致地认识 200 多种植物（课程要求认识 100 种），深得植物课周朴华老师信任。

1989年夏天，大学毕业分配普遍要求必须下基层，我却得以留校任教，与时任教务长的周老师的举荐有很大关系。

1978年8月，11岁的我随父亲进城读书，生命的旅行距离也从10公里进入到50公里的范围！尽管直至此时离开老家，我没有读过什么课外书籍，但一本关于乡村的百科全书却一直在影响着我的思考、生活与事业。让我惭愧的是，这时的我只会讲普通话，不会讲家乡话。那时五六岁的孩童都要学会一件农活——扯秧，我手拙，怎么都学不会打活结，有人拿到我捆的打死结的秧就高声骂脏话。祖父说“迪伢子（我的昵称）天生不是干农活的”，把我拉回家，过了好几年我才重新参加扯秧栽秧劳动。虽然地里的活干得不好，家里的活诸如挑水、扯猪草、拾狗粪（那时珍贵肥料）、砍柴、做一家人的饭菜，我还是上手的。

读书：实现我的城市化

1978年8月，父亲把我带到城里，从乡村到湘潭东站铁路子弟学校入学，需要参加插班考试。我语文成绩考得还好，由于我尚未学过数学，因此只得了20多分，学校让我降级学习，但我宁愿回老家也不肯降级，于是同意我试读。边读边自学，到学期中，我的成绩就赶上去了。

第二年，我已经在计算着参加初中升学考试了，父亲却突然把我转学到河西月塘小学，寄住在堂叔家里。婶婶是这个学校的校长，一位声望颇好的数学老师。堂叔的父亲和我的祖父在众多堂兄弟中关系最好，两家交往甚密。我的初中升学考试成绩几乎满分，按成绩可以上当地最好的学校——湘潭市第一中学，但却因为农村户口而落空，退而求其次上了口碑还不错的湘潭市第四中学，继续寄居在叔叔家。

1980年秋，我转学到离家较近的湘潭市第七中学。七中在外名气不如四中，师资却非常不错，校风也很好，聚集了一群很好学的学生，我有种如鱼得水的感觉。两年后参加中考，我和另外两位同学的成绩都达到了湘潭市第一中学的分数线，由于高中被要求淡化重点中学，分片就近录取，我再次与一中无缘。在初中老师和学校领导的慰问下，我们一干同学决定继续在七中就读。

父亲反复考虑后，认为老家湘潭县第四中学的口碑和高考升学率不错，而且高中只读两年。凭借湘潭市中考的优异成绩，我辗转拿到了湘潭县第四中学的录取通知书。今天的四中，仍然是一所“乡村寄宿学校”，出了校门就是山林和农田，距离最近的集镇有 3 公里。这种相对的孤立和封闭，给了师生非常独特的教学环境与交流机会。在这里，我遇到了一批在“文化大革命”中挨过批斗、刚刚恢复工作和荣誉的老教师，他们重新焕发青春，言传身教，非常感染人。我后来把教书当作人生第一选择，就与他们中的一位、我的班主任周佑瑜老师对我的影响有很大关系。

四中的两年，我的意外收获是学会了讲家乡话。1980 年春，我到四中时，全家人已经搬到湘潭城里，只留下奶奶一人在老家。只要天气合适，我每周都会回去和奶奶住一个晚上，听她讲以前从爷爷那里不知听过多少次的家族故事，于是自然而然地学会了讲家乡话。每个月，我要从家里扛 36 斤大米交给学校食堂。从学校到家大概 14 公里，那时没有公交车，只能步行往返。每周六午餐后，全体同学像是有人指挥似的，排着长队熙熙攘攘走向校门，出了校园，队伍分为 3 列，很快就消失在公路上、田野中。

1984 年高中学制从两年改三年，我怀着试一试的想法参加了高考。由于离本科线差几分，我复读了一年。1985 年再次参加高考，我被湖南农学院录取。这让父亲颇有些恼怒，因为那时上大学还有强烈的“跳农门”观念。他非常期待我能够上长沙铁道学院，而我选择填报了“土壤与农业化学”（入学后更名为土壤与植物营养专业）。一方面，这是从字面上让我非常感兴趣的专业，另外一种想法是，那时就读农业院校可以享受国家助学金，可以少向家里要钱。

1989 年，我毕业留校在农学系土壤教研室工作，算是在城里有了稳定工作，我个人的城市化告一段落。

尾声：一起在路上

1992 年考到北京大学读研究生，1995 年 7 月研究生毕业再一次留校任教。1999 年初，我在北京成家，不久后有了自己的住房。夫人户口在江苏，按照当时的政策，她的户口可以很方便地迁到北京，但我俩坚信中国的户籍政策一定会改变，就没有去办理户口迁移。2000 年孩子出生，他的出生证成为一个新的历史“标本”——出生地北京，籍贯湖南，户籍江苏。孩子懂事后，笑称自己是“江湖山人”（孩子外祖父山东人）。2005 年秋，孩子要上小学了。我们决定“屈服”，将母子二人的户口正式迁到北京。至此，我们一家三口在户口本上实现了“团圆”。

2017-02-21

一个50后北京人的城市化故事

朱启臻　中国农业大学农民问题研究所所长、
中国国际城市化发展战略研究委员会委员

我出生在北京房山张坊镇的大峪沟村，父亲是农村小学教师，母亲是全职的家庭妇女。小的时候，生活条件非常艰苦，缺衣少食，但在一个纯粹的、善良的、和谐的乡村长大，养成了我淳朴的性格和坚持实事求是的品格。

1974年高中毕业后，我当了四年的农民。上午毕业回乡，下午就被社员们推选为生产队长。当时，人们生活在非常贫困的状态，我们生产队干一天活只有几毛钱的收入，有的生产队甚至只有几分钱的收入。那时候，大家都在探索，怎样才能让人们吃饱肚子。我作为生产队长，也是这样，总想着如何带领农民摆脱贫困，当时的摆脱贫困就是能吃饱肚子，虽然衣服没得穿、房子住的也十分简陋，但这些在挨饿面前似乎都是第二位的。所以，我很理解当时小岗村的农民为什么会按手印包产到户。那是一个极“左”的时代，宁要社会主义的草，也不要资本主义的苗，饿死事小，失节事大。宁可挨饿，也不能搞资本主义，谁搞资本主义，就要进监狱，甚至被杀头的危险。现在有人怀念那个年代，在我看来，那个时代有一个好处，就是大家身材很苗条，不用费心思减肥。

其实，每个老百姓心里都明白，只要把地分到自己名下，就能吃饱肚子，就能够多产粮食；只要大家都搅和在一起，就是挨饿。那个时候，因为不敢包产到户，害怕被抓，我们想方设法地变通，悄悄地搞了包产到组。我们生产队只有30多户，每六户分成一组。每组自己决定怎么干，高产了，给国家交完公粮，生产队留完提留，剩下的大家就自己分。小岗村那个时候也是这样：“交够国家的，留足集体的，剩下是自己的”。只要做稍许这样的改革，农民便爆发出空前的劳动积极性。

可惜的是，很快这种举动就让人民公社知道了，刚刚开始的尝试，一个生长季都没下来，不得不终止了。然后，大家还是像以前一样，集体一起干，还是吃不饱。直到 1983 年北京市实行了家庭承包，农民才吃饱肚子。当时我已经是大学毕业生了。

由于在当时严格的二元体制下，农民是不允许流动的，只能被束缚在土地上。尽管作为北京郊区的农民离北京很近，想来北京看看也是奢望，很多人活了八十多岁也没来过北京。1978 年恢复高考，我才有机会考大学，进入城市。虽然我就在北京郊区，但村里绝大部分人都没来过北京。

那个时候，要来北京，外地人需要有县级人民政府介绍信，要有全国通用粮票，才能够离开本地到外地去，农民没有这些，哪儿也去不了，完全束缚在土地上。而农村生活又太苦了，没有电，没有洗澡水，吃不饱，出行困难，也没见过世面，所以，对于每一个农民来说，都想离开农村、离开土地，进入城市。城市的那种繁华、便利，对我们所有人都太有吸引力了。我们那代人，谁逃离了农村，都是最幸福的，梦寐以求的事情，哪怕进城做清洁工、建筑工、火葬场工人，都是被村里人羡慕的。

尽管当时的城市条件也十分有限，和农村相比也是天堂了。我刚参加工作时，住在简易的防震棚，家人来北京看我住的防震棚，说还不如回农村，在农村可以盖个大房子。但那个时候，有了铁饭碗，有了粮票，社会地位也不同了，由一个农村人变成了城市人，还是很有成就感的。

那个物质短缺的年代一去不复返了，但乡村和城市差别依然存在。城市，永远都会对年轻人构成吸引力，全世界的年轻人大都向往城市，这是一个普遍规律。但是必须看到，乡村不会因为城市的繁荣和对乡村人的引力而消失，因为乡村具有城市不可替代的功能。当城镇化发展到一定程度，城乡会达到一定平衡，像欧洲那样，乡村可能比城市还舒适。最近有句话“城市让生活更美好，乡村让城市更向往”，反映了未来城市和乡村的关系。

像我这样，当过农民，学习的是农业，大学毕业后一直从事的是农业和乡村问题研究的人可能不多。但是农民的经历和乡村的生活实践，使我对乡村有着特殊的感情，并没有因为在乡村出太多的苦而嫌弃乡村，而是把乡村的印记镶嵌在了骨子里，把乡愁融进了血液中。因此，总想着为中国的乡村、中国的农民和农业做些实实在在的事情，这可能就是我们这些人的社会责任和乡土情怀。这也是我这么多年坚持思考“三农”问题的原因之一。河北农大教授李保国，也是20世纪50年代的人，35年如一日扎根太行山区，为山区群众脱贫致富呕心沥血，奔波忙碌，直至生命的最后一天，赢得了百姓的由衷爱戴。中央号召向他学习，中央电视台为他做节目，主持人采访我，问为什么李保国会有这种精神？我说，我们这代人都有这种精神，充满着社会责任感，有很强的事业心，都想为老百姓做点儿事情。我们学者没有权力、没有资金，甚至也没有李保国那样的实用技术。我们这些社会学者凭着一颗赤诚的心，努力在现实和实践中发现问题、寻找规律，为乡村发展、为农民的利益、为农业的健康发展提供我们的智力支持。作为学者，我是崇尚讲实话的。有人说，现在很多学者不敢讲实话，其实不是学者不敢讲实话，讲实话、反映真问题是学者的天性，但是有些学者实在是不知道哪些是实话。因此，要讲实话首先就要知道什么叫实话，所以，探讨事物自身规律，成了我们的追求。李保国就是这样，他是研究果树生长的，每天在山上和果树打交道，对果树生长规律了如指掌。他对当地果农说，听我的没错，不听我的就倒霉。他之所以敢说这种话，有这个底气，就是因为他掌握了规律。我们研究社会问题，研究三农问题也必须掌握规律，有这样的说实话的底气。

2016-12-22

搬家引起的思考

陈愉庆　专业作家、大连市文联副主席、中国作家协会第四届理事、中国作家协会辽宁分会副主席

我曾经住在北京南四环附近一个叫宣颐家园的小区。那时候，我们刚刚回国，一眼就看上了这个小区：这里完全是粉墙黛瓦的徽派建筑，有很多小四合院，两层的、一层的，小巧玲珑。每家都有亭子、鱼池、太湖石。院门外有一对石狮子，院门里有镂花的影壁。带飞檐回廊从门口一直通往客厅大门。那时候房价没有这么高，非常便宜，所以，立刻就把房子买下了。可是，走出这个社区后，外面的环境简直一塌糊涂，乱到不能再乱的地步。我们憧憬着，等三五年可能会变好。五年后，那儿通地铁了，小区的房价迅速飙升，从一百多万元升到五六百万。与此同时，周边开始大拆迁。这里是城乡接合部，拆迁后，附近的农民忽然拿到了大把补偿款。不过，报纸随后刊登的两起杀人案，就出现在这个小区附近。其中一个人拿到大概五六百万元的拆迁补偿款之后，怕老婆、孩子、甚至父母和妹妹会分钱，就把全家杀了，逃到了海南三亚，成为轰动全国的血案。在地铁站旁边，随着一个叫作朗润园的高楼拔地而起，我们从小区开车出门到路口没有十分钟是出不去的。马路对面的超市里人山人海，想在超市停车场泊车难如上青天。别忘了，还有 30 多万拆迁人口没搬过来呢，如果他们再搬过来，这地方会怎么样呢？我和老公商量说，这地方没法住了，逃吧。

在这时候，凑巧看到中央电视台的一个报道，说许多城市都在上演“空城计”，大造新城，但住户不足，许多小区成了“空城”。城市是怎么形成的？是人为造出来的，还是自然形成的？我想，一个城市的形成是有很深的文化根源的，是人群聚居以后慢慢形成的，绝不是人为造出来，人们就会搬进来。这一点本身就违

反城市学原理。

从央视的报道中，我们得知京津之间有一座京津新城，将要建8000栋别墅，现在已经建了4000栋。房价非常低，都是两层的别墅，每套房子一百多万元至一千万元不等，入住率不到百分之十。我们特别好奇，就想去看看。来到京津新城，我们看到，这是一座非常辉煌的空城，周围是沼泽地，水系非常丰富。而且这里还是一个农业地区，没有任何工业，空气清新而温润。潮白河的支流被引入社区，河流就从后花园穿过。夏天，河面上有荷花、鱼儿在荷叶间穿梭，还有蓝蜻蜓、绿蜻蜓和红蜻蜓。我特地上网查找，发现蓝蜻蜓对水质的要求特别高，如果清洁度不够，它就会断代。所以，只有水质特别好的地方，或者说环境特别好的地方才会有这样的蜻蜓。于是，我们就搬到了这里。后来，很多朋友到我们家做客，也都很喜欢这里，有十来家亲友陆续搬到了这里。

在时间上，尽管从京津新城进入北京，需要在高速路行驶100多公里，一个小时左右的车程，但从北京高速入口处到东四环，往往也需要1个小时。现在，这里的房子全卖出去了，但是住的人非常少，只有十分之一左右，因为周围没有就业机会，只适宜退休族们颐养天年。我们觉得好像走进了世外桃源。

住进京津新城以后，有一件事让我难以释怀。附近农民的土地被征收以后，就在附近给他们建了六层的小楼，每一套房子大概八十多平方米，根据每户农民原来的居住面积折算分给他们相应的房子。这里的农民原来住的房子很可能非常破旧，但至少有单独的院落，有猪圈、鸡圈、菜地、果树，可能还有几口大缸存着腌好的菜、发好的酱。现在，他们上楼了，生活方式突然间变了。过去他们用的是自家的井水，现在连喝一口水都要花钱去买，更不用说柴米油盐，青菜萝卜……可是，钱在哪儿呢？有一小部分农民到社区当上了园林工人，可这只是凤毛麟角。还有那么多失去土地的农民怎么办？都涌进城市去当农民工？我们也不禁要问，城镇化的过程应该这样吗？有没有更好的途径？记得去年春天，我们请附近农民指导我们在院子里种菜下种。有个农民到我家院子后，从前到后走了好儿圈。看了半天，他说："你们家的房子和院子就是我们家原来的苹果园啊，这儿原来是我家的啊。就给了我们一套八十多平方米的房子，一亩地给我们几千块钱，就把我们打发了。原来我们种的是自己家的地，现在来给你们种地了。"说真的，他的话让我听得毛骨悚然，让我想起了陈胜吴广。城镇化过程要让农民受益，如果不解决好这些问题，会种下可怕的祸根，这绝不该掉以轻心。

2014-06-16

我的理想城

孙静　河北省保定市易县旅游文物管理局副局长

引子

楚人有卖其珠于郑者。为木兰之柜，薰以桂、椒，缀以珠玉，饰以玫瑰，辑以羽翠。郑人买其椟而还其珠。此可谓善卖椟矣，未可谓善鬻珠也。

2011 年是如此特殊的一年，漫长而又短促。由于求学的需要，我所有的日程都以周为单位进行了严格的划分。我每周往返于北京与故乡之间，身体已经适应了这种快速的空间转移，大脑也随之调整了学习与工作的效率，每一天都过得紧张而充实。临近年底盘点一年来的收获，最大的莫过于穿梭城与乡或者大城与小城之间，无限的思绪。

昨日入城市

我出生在华北平原上毫无标识的一个小村，没山没水，就是土地面积也小的可怜，全村仅有八九十户、三四百口人。最早关于城的记忆，就是七八岁时去的县城。父亲每天骑自行车到二十里外的县城去上班,在一家事业单位烧锅炉。学校放假的时候，我经常坐在父亲自行车的大梁上和他一起去上班，引来同伴们艳羡的目光。出了村子一路向东，亮光光的土路两旁是平坦坦的庄稼地，就像是哪位贤惠的媳妇铺的新炕被一般平整。远处有高高的土城墙，像一位威猛的汉子忠实地守护着我们的家园。顺着红旗渠的渠沿，在白杨树的轻吟浅唱中我们穿过土城墙的豁口，不一会儿就上了柏油马路，视野陡然宽了起来，却又感觉什么都入不得眼，所以我经常会睡着了，直到父亲摇起清脆的铃铛，我才发现已经到了。在地上狠狠地跺一会儿脚，才能缓解双腿的麻木，然后我就开始看院子里的花花草草，隔着铁栅栏看路上偶尔开过的汽车、拖拉机，看衣着时髦的俊男靓女来来往往。父亲不忙的时候会带我逛服装店、书店、影院，宽阔的街道、繁忙的人群、琳琅的商品，城里的一切一切虽让我感到新奇和惊喜，但小时候逛街的累至今都没歇过来，每每说起逛街都心有余悸。到了下午，对于城市的欣喜消耗殆尽，我频繁地催促父亲回家。在落日余晖的映衬下，我们甩掉了城市的喧嚣，轻快地穿过那没有栏杆的漫水桥。父亲每次都在桥边的烧饼铺给我花两角钱买一个红豆沙的烧饼，一路上那红豆沙的香甜伴着我们，穿过一个个村庄的炊烟，穿过清凉的晚风，穿过黑漆漆的夜幕，带着那星星闪烁的顽皮回到我们温暖的家。只有第二天和小伙伴们一起快乐地分享那进城的回忆，城市才变得幸福而有意义起来。

十二三岁的时候父母去了市里。每年的寒暑假，我都要带着如山的行李去父母那里。母亲想吃的自家产的白面、玉米面、挂面、粉条，父亲想送朋友的核桃、花生、红薯、时令蔬菜，和我一起坐叔叔的三马车到临时客运点，经过两个多小时的颠簸到市长途汽车站，打个车才能到父母的宿舍。那时的我对城市已有了强烈的抵触情绪，城市虽繁华却不热闹，城里人虽时尚却不热情，城里的物品虽丰富却不实用。

十五六岁我到县城上高中。为了考大学的缘故，我们每天“禁闭”在学校里，只有购物、下馆子才出学校门。我属于贪玩的，经常到校外。早自习之后，校门口两侧全是卖小吃的摊点，煎饼、馅饼、油条、老豆腐……热气腾腾里是一眼望不到边的穿红校服的学生。每个人都有自己熟悉的几家摊点，我和同桌很喜欢吃“眼镜大哥”家的煎饼，饼薄果子脆再刷些香辣酱，撒些绿生生的香菜葱末，我们俩感觉从来都没有吃饱过。当时想等长大挣钱之后一定要吃三四套煎饼果子。校门口两侧的沿街门店除了小饭店就是各种百货店，精美的贴纸、卡通的文具倾听了我们多少年少无知的梦想，承载了我们多少敏感脆弱的情感。

高二的暑假，我第一次选择留下来，没有去父母那。拿着爷爷给的十五元钱，到附近的村子里买桃子然后到县城的农产品批发市场去卖，挣到了我人生的第一桶金。二六的自行车，两百五十斤水蜜桃，二十多公里，一天三趟，早四点到晚九点，那大太阳下的汗水啊，那大暴雨里的哭声啊，那被人驱赶的尴尬啊，一切的疲惫辛劳、艰难苦痛在劳动收获面前都烟消云散。1999 年两个月的暑假，我挣了将近 1 万元，是父母亲一年的收入。从此我的生活里没有了恐惧，没有了慌乱，没有了迷茫，只有对未来无比的坚定与自信。那一刻，我长大了。

十七八岁上大学，我的户口由农业转入非农业，第一次完全淹没到城市里。入学第一周的周末，我便在市内找到了一份旅行社的兼职，顺利地完全超出了我的预想。城市让我感到亲切而充满了机遇。接下来的两年，我变得更加勤奋踏实，精明干练。

二十岁来到北京，从国企到外资。在建的五环，窒息的公交车，10 平方米的房子，暂住证，小偷，警察，在一场“非典”中立刻就遁形了，原来城市是如此的脆弱。

二十一岁选择离开北京回到家乡，最初是家人的期望，最后是我自己理性分析后选择的人生。从月薪过万到年薪六千，当时的选择让众多人费解，“没出息”“上大学都就饭吃了”之类的话不绝于耳，这其实表达的是人们对城市生活多么美好的向往啊！时至今日，幸福的家庭、稳定的工作，我在小小的县城生活得有滋有味。

二十九岁选择回到北京深造，也许还不能说回到，我只是一个匆匆的过客。千里之行始于足下，每一次前进必定是先踏上一只脚的。也许不久的将来，离京十年之后，我选择回来。

我在一个个大城与小城之间的奔波中迎来了我的而立之年。回首凝望，我突然醒悟每个城都在我身上打上了它们独特的烙印，我的每一次成长都有它们无声的滋养。

往事越千年

在大城与小城间不停地奔波，时间越久越发现我并不了解它们。在刘易斯·芒福德思想的指引下，我迫切地想亲近我的家乡，我的城。

易县，古称易州，因易水而得名。位于河北省保定市西北部，总面积2534平方公里，辖28个乡镇，469个村，总人口57万，有汉、满、蒙、回等22个民族。地势西高东低，是“七山一水二分田”的山区县。在960万平方公里的大地上，她是一个毫不起眼的小黑点。

地域不宽却乾坤无限。易县虽仅2000多平方公里，但山川秀美，生态良好，自古为宜居之地。地处太行山东麓与华北平原交接处，地貌类型多样，境内西部有狼牙山、洪崖山、云蒙山、千佛山等山岳，拒马河、北易水、中易水、南易水、漕河5条主要河流，大中小型水库17座，其中易水湖每年都向北京供饮用水1亿立方米。东部则是坦荡的大平原。全县林木覆盖率达48.3%，其中清西陵范围内有树龄300年以上的古松16000多株，是华北最大的古松林。2009年被确定为“国家级林业科技示范县”和“全国林业标准化示范区”，是太行山脉最绿的地方。

经济落后却特产丰饶。易县2011年的财政收入4亿元，人均纯收入4000元，属于省级贫困县。这些干瘪的数字一点都减损不了她的丰饶多产。易水砚、大叶烟、磨盘柿称为“易县三宝”，旧为皇家贡品。易县毛白杨，是易县特有的植物品种。矿产资源丰富，已探明矿产30多种，金矿和铁矿储量可观，为“万两黄金县”；“中国石材之乡”，西部山区特有的浅粉色花岗岩，1998年用于天安门广场铺装，被誉为“中华第一石”，天然板岩储量2500万平方米以上，是全国最大的天然板岩生产基地，年出口量占全国70%以上。是全国最大的磨盘柿生产基地，被中国农学会评为“全国磨盘柿之乡”，是国家农业部确定的“国家商品瘦肉型猪基地县”，是北京真正的“肉篮子菜篮子”。

声名不广却奇迹无数。谈起易县，知之者甚少。但只要稍加盘点，你就会发现原来她一直都是焦点。8000年以前的北福地遗址见证了易水河畔最古老的雕刻技术和农耕文明；公元前21世纪，有易氏部落在易水两岸定居，留下了“王亥仆牛”的故事；公元前311年，燕国即以此为都城，距今已有2300多年；公元581年（隋开皇元年）置易州，公元596年置易县迄今已1400多年，2006年被联合国命名为“千年古县”。县内有世界文化遗产1处——清西陵，是中国最后一个封建王朝的陵墓群之一，有14座陵寝，内葬有雍正、嘉庆、道光、光绪4位皇帝及其他皇族80余人。“一座西陵，半部清史”是对它的高度总结与评价。全国重点文物保护单位6处——清西陵、燕下都、紫荆关长城、老子道德经幢、北福地遗址、荆轲塔。燕下都，战国七雄之一燕国的都城，它严谨的城市功能分区、先进的城市地下管网、精美的建筑构件，是现代城市发展无穷的智慧宝库。紫荆关长城，十大名关之一，素有“一夫当关，万夫莫开”之美名，是“太行八陉”的第七陉，称为“蒲阴陉”，历史上一直是抵御北方各民族南侵的门户和通往塞外的咽喉，重要的地理位置，使其位居“畿南第一雄关”。老子道德经幢，是我国现存较好且形体最大的石刻道德经幢。唐玄宗最崇道教，当政期间在朝廷首次设置的玄学博士官职，每年进行考试。在设玄学博士的第二年即唐开元二十五年（公元737年）在易县“奉敕”竖立此碑。此碑是研究唐代行政、教育制度及校译老子《道德经》的重要实物资料，且经文由苏灵芝书写，对研究唐代书法艺术有重要参考价值。荆轲塔，“五塔镇燕山”之一，是舍生取义的经典，成为燕文化的重要组成部分，也是当今易县精神的灵魂。省重点文物保护单位9处（城内清真寺、观音禅寺塔、千佛宝塔、云蒙双塔、丛葬墓群、狼牙山五勇士跳崖处、镇国寺石佛、燕南长城、七里庄遗址），县重点文物保护单位25处，等等200多处古文化遗存遍布全县。3项国家级非物质文化遗产（东韩村拾幡古乐、摆字龙灯、易水砚传统制作技艺）、3项省级非物质文化遗产（后山文化、燕子古乐、绞胎瓷制作技艺）是悠久历史文化的活化石。

北福地遗址出土的刻陶面具、磨光大石耜、和田玉，见证了这块土地上的人们的勤劳与智慧。燕国的国都，是解读燕文化的密钥，“千金买马骨”“高筑黄金台”“於期献首”“荆轲刺秦”等历史，书写了它的尊贤重义、慷慨豪迈。“千年古县”，“五塔镇燕山”“羊左之交”多为崇德济困之举；儒释道三教融合，多民族和谐共生；“乾坤聚秀之区，阴阳交会之所”这里是藏风纳水的上吉之壤；她是革命老区、红色热土，无数共产主义战士在这里洒下汗与血；她还是世外桃源，为历代文人墨客争相游历和吟咏，同时也培育出了一大批杰出人才。

这一切的一切都是文化内敛之后散发的光芒。

问苍茫大地

时至今日，易县莫说外人，对于易县人自己来说，城市离我们还很遥远。当2011年易县新一届领导班子提出“千年古县 绿色易州 中等城市”的发展定位与“京南生态旅游文化名城”的发展目标时，一片哗然。城市？易县是城市吗？易县能成为城市吗？就像“一千个读者，就会有一千个哈姆雷特”一样，一万个居民，就会有一万个对于城市的定义与需求。

改革开放几十年来，在技术文明的推进下，城镇化飞速发展。当快速路越来越多，路面越来越宽，立交桥越来越高，通勤却越来越堵，行走却越来越不便，于是事故越来越多，非正常死亡居高不下。现在诸多城市都开始反思，并有意识地调节城市的发展速度和发展方向。城市是为“人”服务还是为“车”服务？城市是一个没有意识的空壳，还是一个能动的有机体？站在历史的拐点上，我们需要做出睿智抉择，我们的城市将向哪里去，我们的人民将向哪里去。也许我们已经在过度追求城市的“躯壳”中，丢失了城市的“灵魂”，在极度宣扬“个性”与“特色”过程中，迷失了自我与本色。

作为一名土生土长的易县人，作为一名在城市规划与设计的象牙塔里求索的学子，我该如何认识城市，理解城市，管理城市，引领城市？

城市是属于它的管理者，还是使用者？如何定义城市，如何检验城市？城市的实体是它的框架肌理，还是它所包容的鲜活的人民与文化？城市有没有容量，城市发展有没有极限？

这一切都还没有明确的答案。

但从一些事例中，我隐约的感觉有些城市其实犯了“买椟还珠”的错误。

其一：从前佛在世时，琉璃王带了大兵，去打迦毗罗卫国，佛曾亲自去见琉璃王，请求和平解决，结果和谈不成。佛就叫释迦族人防守自卫，不要攻击。琉璃王的军队攻入城来，到处乱杀人民，这时神勇广大的目连尊者，运用神勇将释迦族人，摄入一钵之内，送至天宫避难。等到战争停止后，再去拿来一看，钵中之人尽成血水。虽然此故事在佛教中的作用是用来说明因果的不可逆性。但我认为它也很好地说明了：人民故去，城将不城。

其二：二战后的德国成为一片焦土。一千多万人流离失所，国民财富的一半以上毁于战火，基础设施瘫痪，物资奇缺，民不聊生，经济完全崩溃，政治影响完全丧失。但十几年之后，60 年代德国国民收入达到 4978 美元，仅次于美国位居世界第二。剔除了其他方面的原因，我们不得不承认德意志民族不屈的民族精神——尊重事实、自我克制、严谨守纪，是德国实现“经济发展奇迹”的强大动力。

今日向何方

易县早在战国时期就是燕的国都，如果一个国家的都城都不能称之为城市的话，那么还有什么地方能够担当城市的重任。她曾经声名赫赫，威震神州，统领一方，具备城市政治、经济、文化和社会的功能。千年以来，她铅华洗尽，繁华与荣宠日渐消散，她沉入泥土沉寂静候，如同一粒睡莲的种子。改革开放三十年来城镇化进程日益迅猛，首都北京的核心吸引，让她重新站在了先锋岗位。当祖国大地上正在反思“千城一面”的城镇化发展弊病的时候，她还素颜朝天；当诸多古城在“大拆大建”中体无完肤时，她还锥处囊中；当首都在超负荷运转中“扩散磁力”时，她正蓄势以待……

当易县将她的发展目标定位于“京南生态旅游文化名城”时，我庆幸易县的幸运，我庆幸易县人民的幸运。

城市必须是宜居的、宜人的，脱离了生态本底，城市无从发展也终将成为空中楼阁、海市蜃楼。没有了清洁充足的水源、没有了清新的空气，城市将成为大地上寄生的毒瘤，吸尽周边区域的所有“营养”，以实现自己的畸形发展。感谢物华天宝的易县，她既有智之山也有仁之水，“乾坤俱秀无美不收”。她哺育的人民既拥有脚踏实地的勤奋刻苦精神，又拥有心怀天下的尊贤重义气质。

文化，它像磁场一样，既不容易衡量也不容易把握，但它就是这样实实在在的强力地影响着我们的生活。城市最大的功能不是居住、不是经济，而是流传文化和教育民众。就像一个浅显的道理，人不吃饭一定不能活，但活着一定不是仅为了吃饭。一个良性运转的城市除了应该具备的基础功能之外，一定是充满文化魅力，孕育优良传统，流传人类文明的圣地。其实生态和文化分别是城市本质的基础和高端，中间是人工环境。虽然易县的发展目标里没有涉及此项，但是当今是最不缺乏人工环境建设的，个别地区甚至已将“人工环境建设”定义为城市的本质。这是城市衰落的根源。

从我个人成长的经历来看，我姑且认为城市的建设不是始于道路的开辟、楼盘的林立，商业的繁荣，它始于对思想的引导，对心灵的教化。城市最震撼的坐标不是高大的建筑，而是民风，是文化。“燕赵大地自古多慷慨悲歌之士”，易县人尊贤重义、崇德济困，讲政治、顾大局，这种种赞誉都是文化内化之后散发的光芒。借用美国社会学家刘易斯•芒福德关于城市的描述，城市是文化的器皿。“如果说在过去许多世代里，一些名都大邑，如巴比伦、雅典、巴格达、北京、巴黎和伦敦都曾经成功地主导过它们各自国家民族历史的话，那首先是因为这些大都城都始终能够成功地代表各自的民族历史文化，并将其绝大部分留传给后世。”

城市的规划与建设不仅仅决定城市的功能区平面分布与纵向的延伸，它更决定了生活在这里的每一位居民的生活方式与生活质量。它那婆娑疏影背后是鲜活的生命，它那阡陌交通上面是艰辛的生活，它那钢筋水泥之中是心灵的家园……城市规划一旦落地，建设一经开工，可逆性极差，可能会影响一个城市上百年的发展，一个城市几代人的生活。

所以，城市一定是心灵的家园吸引着每一个人灵魂的回归；一定是思想的学校引领着每一个人心灵的纯化；一定是世俗与神圣荣辱与共的理想高地。

2013-04-26

我的户口我的城

丁章林　中国以老养老银族创新工程课题组副组长、
中国正信集团监事会主席

近来，中央一些文件特别强调推进户籍制度改革，就是说，城市户口与农村户口的差别将逐步缩小，户口迁移将随着人们生活或工作的需要减少控制。这不由勾起我的许多回忆。

50 年代：户口从市区迁到乡镇

我生于 1954 年。在那个年代，对户口的迁移管理并不十分严格，我的一些同学和亲友的家庭，就是在那个年代或由农村进入城市，或由城市进入农村，“迁徙自由”写在共和国的第一部宪法中并作为公民的一种权利。很幸运，我就是那个年代出生在广西桂林市的。

当年，桂林市还是桂林地区行政公署的驻地，我父亲是行署机关的一名干部，他一个人的工资就足以养活全家 7 口人。照今天的话来讲，我母亲当年是“全职太太”。不过，当我记事的时候，母亲已经离开市区，到 24 公里外的雁山公社水泥厂当车间主任，父亲也因为历史和现行问题被下放到雁山以南 10 来公里的六塘中学当总务主任。半年后，他被打成“右派”兼历史“反革命”送到柳州新兴农场劳改。桂林城中只留下了我尚在读中学的兄长，我和两个姐姐随着继奶回到了老家良丰街，户口也由市区迁到了乡镇。虽然不是农业户口，仍属城镇户口范畴，但处于郊区的城镇户口要想再迁回桂林市区，确非易事。

良丰，距桂林市区 22 公里，如今桂林的许多大学都搬到了良丰，这里还是雁山区政府驻地，十分繁华。但在 1958 年，良丰还十分偏远和贫穷。记得当地每家都集中到“公共食堂”吃饭，我随继奶要绕过一座铁桥到对河的食堂打饭，返回途中要在铁桥头歇下来，每次我都会掀开菜篮说：“奶，我今天是偷点你的饭吃还是偷点我的饭吃？”继奶总是笑呵呵地说：“孙子啊！随你偷！”后来，食堂合并到了雁山街，就由我随大姐每天两次到两公里外的雁山街食堂打饭回良丰，返回途中，我大姐也会让我“偷”点饭菜吃。不久，继奶病逝，我和两个姐姐随母亲住进了雁山水泥厂的茅草房。再后来，水泥厂撤销，母亲就以雁山为中心，在公社食堂当炊事员，到良丰农场一队当农工，到公社蔬菜队当农民，到雁山基建队做建筑工……在那个年代，我印象最深的有两件事：一是饥饿，我家可以将我在公社幼儿园分到的两根猪骨头熬到不剩一点骨渣！二是搬家，一年搬几次家已是常态！

那时，我感到城市离家十分遥远，能生存下来是第一重要的事。

60年代：户口从城镇迁到学生集体户口

我对户口的最初印象是在1963年春节后的一个晚上，刚度过饥饿之后的雁山街在街委会重新登记户口，我那时正读小学一年级，碰巧凑上这份热闹，也碰巧见我二伯父在对登记的民警说，“我家老四的小仔就写丁小狗得了！”我父亲排行第四，他有三个兄长，四兄弟在新中国成立前生的五个儿子按“仁义礼智信”排列取名，我胞兄排行第五就叫丁章信。只有我这个男孩是生在新中国成立后，不再搞排序，父母因我生在桂林给我取名“丁章林”。二伯父不知道，信口给我取了“丁小狗”！我一听急了，但不敢与二伯父辩驳，忙跑回家带着哭音跟母亲说！母亲也急了，跟着我跑到街委会，笑着对二伯父说：“二哥，老四的小仔叫丁章林！读书就用的这个名字！”二伯父有点为难，“我都报给警察写上了！”这位警察很好讲话，“就按读书的名字重新登记！叫丁小狗也太难听了！”在众人的笑声中，警察翻出我家户口登记底册，划去“丁小狗”，写上了“丁章林”，还在上面盖上了一个小方红印，以示更改合法。但我悬挂的心，直到领到新户口本，见上面真写着“丁章林”时才落地！

待我真正长大时，才懂得这次户口重新登记的重要意义：不仅关系着我是否有一个能叫出口的姓名，而且还关系到我全家的生存——我家是被划为“非农业户口”,而生活在雁山公社的绝大部分人都是“农业户口”。我家为什么能得到“非农业户口”，也许与我母亲当年在公司食堂当炊事员有关。虽然我家户口是核定居住在远离桂林市区的雁山公社雁山街，但仍像城市人口一样，每月都有定量的粮油供应，享受城镇人口待遇。这在当年，至关重要。

我真正对出生地桂林市有印象是在 1964 年。那时，被劳改 6 年的父亲刚回到雁山街上，与母亲都在桂林市建筑工地做临时工，我兄长领着我到父母工地住了几天，带我看了电影，在市少年宫愉快地玩了半天。此后，我到桂林的次数就多了。但印象最深的还是 1965 年的农忙假，因为掏不出 5 角 5 分的公共汽车票钱，我们兄弟俩步行 24 公里到母亲所在的工地。为抄近路，我们壮着胆子走过横跨小河的水渠，水渠面宽不到 20 厘米，长有十几米，万一失足就会掉到距渠高 7 米多的小河，结果可想而知！至今回想起来，我还心生寒意！

1966 年初夏，“文革”开始了。也在那一年，母亲将我从雁山小学转到了距离父母工地不远的桂林市区大庆路小学（如今恢复原名观音阁小学了)。遗憾的是，小学期间就没正经上过几天课，1967 年毕业的时候连班上的同学都认不全。直到 1968 年的冬天才按区域划片把我分配到桂林五中读初中。这是一个动荡并禁锢的年代，我的家庭一下子被划分成了五块——根据“我们也有两双手，不在城里吃闲饭”的口号，雁山街的城镇居民全部要下乡当农民，由于父亲戴着“右派”兼历史“反革命”的帽子，只好回到祖籍湖南乡下当农民，躲过批斗的进一步升级，因我有一个堂侄在祖籍当大队书记；母亲和胞兄到离雁山 4 公里的大埠公社当农民；大姐因是技校生，幸运地分到桂林市区工厂当学徒工；小姐初中毕业下到临桂县当知青（农民)；雁山街户口本上剩下的我，被迁到了五中的学生集体户口本上。

桂林五中有近千名学生，住校生不到30人，我是其中之一。待到周六学校放假，20多人的男生宿舍里就剩下我一个人。家中唯一有工资收入的大姐用每月仅有的20来元，肩负着她和我的生活费。常环绕在我头脑中的是如何解决吃饭问题，实在没心情读书上课。好在那个年代也不认真教学，而且学农学工学军的日子还特别多，动不动就打起背包出发。熬过一年多初中毕业，由于不满16岁，我没被安排上山下乡当农民，而是直升高中。我赖在母亲和胞兄插队的农村不进城，天天钓鱼摸虾，既能改善生活，又充满乐趣。但母亲不放任我自流，找到五中讲情，班主任很好，给了我最高助学金每月6元。这样，我又回到了校园，仅领了一个学期的助学金，就因为自尊受到伤害，主动申请取消了。

当时政策略有宽松，母亲和胞兄带了一些农民进城搞建筑，手头总算有了一点现金，生活稍有了一些改善。我经常找出种种理由请“霸王假”，在他们的工地上打些短工，挣点零花钱。由于学习成绩不错，加上学校管理也不严，高中顺利毕业。至今想来，我的全日制就读加起来也就7年。

70年代：从黑人黑户到两个户口

高中毕业也没逃过上山下乡当农民的命运，我被分在良丰农场当农工，但我没有服从分配，跑到母亲和胞兄当农民的生产队去当知青了。也因此，学校将我的粮油关系迁出悬挂有6年之久，并卡住我的户口长达4年，当年知青下乡的一应补助我也都没有。但我当时顾不得在乎这些，已经到最底层当农民了，户口对我有何用？！当年，只要有生产大队证明就能外出务工，而我在生产队如鱼得水，干了不到一年的农活就让我带着青年农民进城搞建筑副业。由于我有搞建筑当泥工的底子，第一次当头带农民承包工程，就自报4级泥工并顺利过关，领到了每天2.13元的工钱（如要得到口粮和工分，每月要交给生产队30元）。

由此以往将近三年，我跑遍了桂林周边的城乡村寨，泥工木工油漆工样样拿手，在插队的大埠公社小有名气！1975年，农业学大寨要搞农业机械化，公社把我安排在公社农械厂搞农机研制，每月发我33元工资，这是我第一次领到固定工资，至今记忆犹新。当时，我对农机一窍不通，只好开了农械厂介绍信到桂林图书馆办阅览证自学。没想到农械厂是公社的，级别太低不给办。我找到大姐叫她在她的国有工厂开一张证明，就这样，我用大姐丁章华的姓名，附上我的照片办了一张阅览证。泡在图书馆一个多月，我自学了农机知识并结合实际绘制了全套图纸，提出要搞全市第一台用手扶拖拉机做动力的动力脱粒机。这一建议不仅得以通过，后来还真让我成功制造了出来，轰动一时。借此，我还学会了车、刨、磨、铣、钻等机床的使用，技多不压身啊！

此时，父母和胞兄将户口重新迁回雁山当城镇，政策得到落实并回到基建队搞建筑。我想，我已在农械厂工作，就到学校申请将户口迁回雁山街，以便将悬挂多年的粮油关系落上。桂林五中很痛快地给我开了户口迁移证，但这次碰上的警察没我当年改名时的警察好说话，要我补办的手续很多，忙了近一年也没能在雁山街落户，没户口自然落不上粮油关系。在那个年代，没有粮票油票，光凭钱是买不到米和油的。此时，我真成了黑人黑户。

城市与户口，都不属于我了！

人的命运往往在瞬间得以改变。这句话，也许很多人不信，但我信！我这人自小就兴趣广泛，其中，写作和无线电爱好始终伴随着我的成长，并多次改变我的命运！一次偶然的机会，因为共同的无线电爱好（其实也就是业余安装收音机），我认识了雁山派出所一个姓秦的警察，当他得知我的户口没能落户时，很随意地说可以给我办好。不到5天，他真办好了。事隔多年，我总算是有了户口，但粮油关系还是没能在粮所落上，因我的粮油迁移证是1972年开的，超过一年就过期了，得重新补开。这是在1976年，一个改变中国的年代。这一年，周恩来、朱德、毛泽东相继逝世，还爆发了举世闻名的唐山大地震，华国锋为首的党中央一举粉碎了“四人帮”……这都是全党全国全军全民要参与的大事，这些大事往往淹灭了个人的小事。

虽然粮油关系没落上，我个人的命运却发生了变化。由于桂林市城区一位领导看中我的写作能力（自 1975 年起，我开始业余写作电影剧本并给电影厂投稿），将我安排到桂林市红星城区公社政工组当政宣干事（如今的桂林市秀峰区政府）。总算可以把户口迁进城了，我高兴地找到秦警察，他立刻给我开出了户口迁移证，还告诉我粮油关系干脆回到桂林市再补办。就这样，我在 1977 年 6 月有了桂林市区户口并开始当政宣干事。没到 3 个月，就出大事了！当年做政工干事要进行严格的外调政审，坐在我办公桌对面的政工组组长是参加外调政审人员之一。他说，我的问题不仅父亲是“右派”兼历史“反革命”（我父亲 1979 年春得到平反、恢复工作并作为老干部离休），主要问题在于我有两个户口。原来好心的秦警察忘了注销我在雁山街的户口底册，而我在桂林市又有了新的户口，从无户口到有了两个户口，这是人生难得的奇遇，也因此，秦警察受到了批评，我的转干泡汤，虽然还从事政宣工作，只让我成为集体职工，属于以工代干！

受此冲击最大的是 1977 年恢复高考后的首届考试，整个秀峰区只有 10 人上线，我是其中之一。其他 9 人都上了大学，唯我例外！后来上线的人太少，又补给秀峰区十几个上线名额，他们都去上大学了，我还是无缘（我后来是读“五大”得到大学文凭的）。当我办好 1978 年第二次高考证时，一位参加高考政审的青年同事再次提及我父亲问题以及我两个户口的问题，他说，你考得再好也难通过政审上大学！我气得没参加第二次高考，约上两个同事，打报告离开机关，创办了桂林市第一家无线电服务部。直到 1982 年，我已在桂林地区文化局当创作员（俗称专业作家。我于 1980 年年底因自由投稿连发 3 篇小说和 1 部电影剧本被桂林地区行署 1981 年破格使用仅有的两个国家指标招收到文化局工作）。当时有个文件说，1977 年恢复高考首届成绩上线但未能进入大学的考生可上调一级工资，文化局一位副局长带我到市教育局查我当年高考成绩，发现我当年的平均成绩是 64.5 分！这个成绩连教育局管档案的干部都惊异，“当年平均考 50 分的都可以上大学。你怎么回事？！”我只能是苦笑，“漏销了一个户口！”这话能让人信吗？！后来，我才得知，户口问题的最终责任并不在我，真正原因是派性！要我到城区工作的领导与管我政审的领导是不同派别，我只是个牺牲品！好在户口之祸并没有阻挡我的成长，我不仅重新寻找到出路，事后还得到多加一级工资的补偿。也就是自 1977 年 6 月开始，我有了理应属于我的城市户口，随着工作的需要，在不同的城市自由迁移。

我受累于户口也得益于户口！户口曾使我远离城市在乡村受到磨难，但最终得益最多的还是我自己，不仅促进了我的成长与进步，还让我成了桂林五中毕业生中的第一个博士和第一个教授！

呵呵……我的户口我的城！

2016-05-04

一生只上半年学，半年影响一辈子

—— 一位农村老太如何过上城里人的生活

王秀兰

导读：

“至今我们还是农民的身份，但我们却像退休老干部一样，每天过着城里人的舒适生活。”

一位 68 岁的农村老太太讲述自己的“城市化”故事——农村生活贫困，自己虽只上过半年学，但没有放弃过学习；为了养家糊口，尝试着走出农村，把东西带到城里卖；虽然农村人生活艰难，仍坚持让孩子们上学。如今，她的孩子们都幸福地生活在城里。有时候，真正的“城市化”需要两代人甚至几代人来完成。

农村生活贫困，只上过半年学

我生于一九四七年，到一九五四年秋季我八岁该上小学时，父亲的肝病已经很严重了。我们兄妹五个，大姐出嫁了，哥哥和妈妈要上地里干活，我排行老三，下面还有两个妹妹，大妹五岁多正调皮不懂事，最小的才一岁，一天到晚我得抱着，还要在家伺候父亲。村里的小伙伴们大都去上学了，我天天眼巴巴地看着他们背着书包上学、放学，心想啥时候我也能去上学呀。

到了腊月十六，父亲就去世了，那时家里好像天塌了一样，一家人哭得死去活来，多亏街坊邻居帮忙把父亲草草埋葬了。父亲一去世，我又想起上学的事，就背着小妹到村里的学校，站在教室外面听老师大声讲课，虽然只是听听，心里也觉着高兴。

过了几天，我背着小妹从学校回来，一进门就看到妈妈正要上吊自杀，大妹正抱着妈妈的两条腿在哭，我赶快放下小妹，抱着妈妈的腿也放声大哭。我说妈妈你不要这样，你死了我们咋办呀，妈妈说孩子们你们各逃生路吧，妈也养不活你们了。父亲去世对妈妈打击太大，再加上家里本来就不多的粮食也卖光了，她觉得实在没有活路可走。看着妈妈绝望的样子，我赶快跑到邻居家叫人来解劝妈妈。她们好说歹说才把妈妈劝住，可是她整天都以泪洗面，我看在眼里，心里像刀扎一样难受，也只好每天陪在妈妈身边，再也不敢想去学校的事。

转眼到了除夕，村子里鞭炮齐鸣，我们家里什么也没有，妈妈只好拿些干柴棒生一堆火，全家人围着火盆啃红薯面窝窝头。那时候家家日子艰难，会手艺的条件稍好一些，刚吃过晚饭，北院织绸子的二娘给我们拿了两块牛血，东院篾匠二哥给我们送来了一升杂粮面（黄豆掺小麦玉米磨的细面），我妈用杂粮面和牛血、萝卜包了饺子，我们总算是过了大年。但是最难过的还是开春的时候，家里没有粮食吃，全家人只好到荒地里找秋收时漏下的坏红薯头和碎薯块，收到家里洗净后，用石碾轧成粒，再掺野菜一起煮成野菜粥，全家顿顿就靠这填饱肚子。到了三月份荒地春种以后，连坏红薯头和碎薯块也无处可找了，我们只好到县城郊区的蔬菜队，帮他们摘菜、绑扎、装车，回来的时候把那些烂菜叶子带回家，挑些干净的煮煮吃，连盐都没有。我印象中有一次连续十几天没有吃过一点米面，全是靠这些烂菜叶子活命。日子就这样艰难地过着，唯一让我觉得欣慰的是，村里上过学的小伙伴们用过的一二年级旧课本，虽然都是半拉不全的（那时农村人上厕所缺纸，见书就撕），但只要到我手里，我都像宝贝似地收藏着，见着上过学的人就向人家请教学习。

一九五八年秋天开始吃大锅饭，我家不用为填饱肚子发愁了。到了开学的时候，大队干部和小学老师到我家对妈妈说：新中国成立前咱们是个穷国，也是个文盲国。解放了，毛主席号召全国，无论大人小孩都要扫文盲，都要达到初中文化程度，听说你的孩子都十二岁了还没有上学，这次我们来一定要让她上学。这时妈妈哭着说：我不是不让孩子上学，家里没钱，也实在离不开她呀。

妈妈说的是事实。一九五八年人民公社先是大搞水利建设，动员群众修水库、打井、挖干渠。后来又大炼钢铁，棒劳力砍树伐木、烧炭炼钢，弱劳力到河里淘沙、运沙，妈妈、哥哥和男劳力一样吃住在工地上，十天半月才回来一次。我在家要拾柴做饭、洗衣服、纺棉花、照顾两个小妹妹。

大队干部听了妈妈的话，说今后不给你派远处的活，无论如何也要让这个女娃上学，妈妈这才答应了。这时候我心里别提有多高兴了，当天夜里都激动得睡不着觉。过几天，老师和两位同学到我家领我去学校，一进教室老师和同学们都哗哗地拍手，当时把我吓坏了，同学们都哈哈大笑。领我的老师说，你不要害怕，大家是在欢迎你呢！今后在课堂上要遵守纪律，互相帮助同学，见到老师和同学要有礼貌。老师说完就正式上课了，我第一次坐到了日思夜想的教室里，心里感觉就像喝了蜜一样甜。看到前面有些同学交头接耳、做小动作，或者打瞌睡，我真是想揍他们一顿，觉得他们实在是身在福中不知福。

毕竟我以前零零碎碎自学过一年级的课本，不到一星期我就全部把新发的一册和借来的两册学会了。到了第二个星期，我找老师说我要上二年级，老师听了我以前自学的事很吃惊，考问了一些难题，就去找校长汇报，回来就安排我上二年级了。

二年级的功课我学得还是很轻松，上了一个月零八天，我又找校长要求上三年级。校长说我知道你是个聪明的孩子，可三年级的语文和算术难多了，到时候你接受不了再回来，可别怕同学们笑话。我说我今年都 12 岁了，个子这么高，有些调皮的男同学还骂我笨蛋，这么大了才上二年级，我想叫他们看看我是不是笨蛋。听了我的话，校长就让我跟着他去三年级的教室找座位了。

三年级的功课确实难了很多。但越难，我学习越有劲，拾柴时边走边看，回家做饭时默写生字，睡觉前还点灯学习。在学校，一下课我就追着老师问问题，课堂上老师也总是提问我，没过多久，我就赶上了全班同学，后来同学们还选我当班长、中队长兼学习委员。

我上三年级没几天，妈妈又被派到水库工地上干活了，好多天不能回家，我趁机向老师请假，说我要照顾妹妹不能上早、晚自习了。其实，不只是要照顾妹妹，我还利用早上的时间去偷偷卖瓜。我家门前有一大片荒地，妈妈辛辛苦苦种了很多南瓜，一吃食堂，各家各户不准自己做饭，连铁锅都没收了，我家的南瓜也被食堂一个个拿走了。看着自家种的瓜被摘走，我心里很难受，就决定拿去卖了，可是我怕被大队发现了连累妈妈，也不敢告诉她，就趁着天还没亮的时候，用箩筐挎着一两个南瓜，用草盖着拿到城郊去卖。

尝试走出农村，到城里卖东西挣钱

城郊离我家有二三里路，我听老师们说过城里人的粮食也不够吃，我想他们肯定愿意买。第一次，我碰到一个六十多岁的老头，问他要不要，他挺高兴的给了我两毛钱，我也不知道是多还是少。后来，去的多了，知道的人也多了，有给三毛的、有给四毛的，早早地就有人去城边路上接我。就这样，在两个多月里，除了队里食堂吃的瓜，其他的都被我拿去卖钱了。除了卖瓜，每天下午一放学我还去割草卖钱。城郊有一个集体养牛场，收草的价格是 2 厘钱一斤，我每天天黑前都能割五六十斤草，几乎每天都能挣一毛多钱。

冬天到了，天气越来越冷，妈妈从水库工地回来了。我把几个月来积攒的 70 多元毛票拿给妈妈看时，妈妈一下惊呆了。等我把这段时间干的事告诉她后，她搂着我放声大哭，边哭边说这要卖多少瓜、割多少草啊。有了这些钱，过春节的时候，我们家第一次过了一个肥年，人人添了新衣服，买了鞭炮、买了肉，全家人都把我当成大功臣。

虽然上学期间要卖瓜、割草、做家务、照顾妹妹，但到期末考试时，我的数学、语文成绩还是排到了全班前三名，我在学校还被评为学习模范和劳动模范。当学校老师和同学们把用大红纸做的喜报送到我家时，妈妈激动地流着泪，嘴里却说这孩子命苦啊，今后也不一定能上成学。老师对妈妈说，你放心吧，国家会照顾的，一定会让孩子好好上学。

可是，妈妈的话却不幸言中了。到了下学期开学，刚发了书本，哥哥突然受风瘫痪了，父亲去世的打击再加上哥哥的厄运，妈妈绝望得就像抽了魂一样。没办法，我只好离开了学校，陪着妈妈到处找土医生为哥哥看病，一天到晚给哥哥熬草药、热敷、洗腿、按摩。老师几次到我家里想劝我上学，但看到我家的情况也不再说什么，走的时候摇头叹息说，这孩子真可惜了。

虽然不上学了，但是支持我活下去的还是学习。我不但学完了三年级的课程，还找来四年级的书本自学。四年级语文我还能自学，可是数学没有老师讲我怎么也学不会，没办法，我只好抽空就去找同学，同学还讲不明白，我就去找老师。这位多次去劝我上学的老师见了我很生气，说你不上学了还找我干什么。我哭着说，老师，我找到这些书本可不容易了。看到我这样，老师马上说，对不起孩子，我不应该埋怨你，这不是你的错，今后你任何时候来我都教你。就这样，我一直坚持学到 1960 年。那时候，食堂里连饭也吃不饱，每天都饿得半死不活的，我就再也不提学习的事了。

生活再艰难也要让自己的孩子上学

改革开放之前，做生意被叫作投机倒把、挖社会主义墙角，一旦被发现就要被捆起来游街示众，可是每天一个劳力挣的工分只有八分钱。所以，一直到了八十年代初，农村人的生活都很艰难。这时候，我的四个孩子都陆续上学了，高中初中小学育红班都有，一到开学的时候，我就要到处求人借钱凑学费。有一次，实在借不来了，我托人贷了 200 元的高利贷，月息八分。也不知是不是我为孩子们上学的苦心感动了老天爷，正在我为还贷发愁的时候，公社信用社主任到了我家，问我是不是为孩子上学借了高利贷。听说高利贷不合法，我支支吾吾不敢说实话。主任说，你还想瞒我，大家都传开了，说你王秀兰小时候上不起学，自己有了孩子，拼了命也要让孩子上学，连八分息的高利贷都敢贷，全公社也就出你一个人。我是受你感化给你贷款来了，我做你的担保人。听了主任的话，我真是感激万分，最后我贷了 300 元，月息只有二厘五。

还了高利贷，我用余下的钱开始做小生意。多亏上过半年学，做生意需要的识字算账我都能应付。一开始本钱少，我和爱人一起换大米、卖馍，后来自己做童装、卖服装，到过镇平周边的唐河、桐柏、内乡、淅川等方圆一二百里的地方。后来，年纪大跑不动了，就开杂货店、玉器店。做小生意虽然没日没夜地辛苦，但有了一定的经济条件，我的几个孩子都上了大学。

如今，我的孩子们都在城里生活，一个在大学当教师、一个在县里当公务员，一个开公司做生意，一个在中学当教师，都有房有车，过得很幸福。孩子们都很孝顺，不但细心照料我和老伴的生活，还经常带我们到处旅游。虽然我们还是农民的身份，但我们却像退休老干部一样，每天过着城里人的舒适生活。

2016-03-09

母亲逼我们走出农村，我们逼母亲留在城市

郭其锋　郑州大学综合设计研究院可再生能源应用设计所所长、
中国国际城市化发展战略研究委员会委员

我是我们村子第一个考上大学的人，随后在我的影响下，弟弟妹妹也陆续考上大学脱离了农村，因此，村子里的乡亲们都觉得我们家的房子风水好。后来我们全家都搬到城里住，老宅空下来后有几家邻居都抢着去住，说是要沾沾好风水转转运，让自己的孩子也能考上大学。对此说法，我们兄妹几个都觉得很好笑，风水可能也不错吧，但我们自认为能考上大学，决定性的因素都是受母亲的逼迫。

母亲小时候因为天灾人祸，仅仅上过半年学，后来自学了小学的全部课程。即便这样的学习经历，在村子里也成了有威望的“知识分子”，一生中在村里主持红白喜事、解决家庭矛盾、调解邻里纠纷无数。对于自己的光辉成就，她自认为是比别人多上学的结果。也正因为这样的价值观，她对我们兄妹几个的上学大事真可谓是不惜代价、痛下本钱——为交学费，即使是月息八分的高利贷也毫不犹豫去贷款。在对我们的学习监督管理方面，她基本上是参照古人“头悬梁、锥刺股”的执行标准，我们稍有懈怠就会遭到母亲的大声斥责，至今我还留有被母亲满院子追打、弄得鸡飞狗跳的深刻记忆。

我们兄妹几个从来不敢在母亲面前流露出一点点自满情绪，因为母亲虽然只上过半年学，但她一学期就连升四年级，这一战绩被她描述无数遍。在她看来，如果有正常学习的机会，清华北大都能被她轻易拿下。虽然她为我们提供了学习的机会，可是我们兄妹几个都没拿下清华北大，因此也就失去了骄傲的资本。在母亲的影响下，我们几个从来都是夹着尾巴做人。

一晃三十多年过去了。父亲去世后母亲变得更加郁郁寡欢。从河南镇平县城

老家接她到郑州生活，我和妹妹带她到处游玩，但她总是唠叨自己就这样混吃等死，无所事事，活着有啥意思呀，不想在这大城市待。怎么能留住母亲，给她找点事儿干，成了我们兄弟姊妹费尽心思的难题。

有一天，为了小外甥总是打游戏的问题，母亲又说起她一学期连升四年级的辉煌历史。我说现在的孩子都不珍惜学习的机会，想当年您上学的经历那么曲折，那么富有正能量，不如干脆把它写出来激励激励年轻人吧。母亲说我哪会写呀，多少年都没有提笔写字了。我说您可以用电脑写、不会还可以查字典、您也可以问我们，反正您整天说没事干活着没意思，当作家可有意思吧。人家农民作家高玉宝写《半夜鸡叫》，还上了小学课本呢。您要是写得出来，我给您出钱正式出版，不但可以挣稿费，将来也可作为传家宝世代相传哩。您要是不小心当了作家，那在咱老家可是名扬十里八乡、光宗耀祖的大喜事。

母亲一向爱面子，显然对于名扬十里八乡很是心动，当即就让小外甥找了一本崭新的语文作业本、一只水笔开始行动。我在作业本封面上写下了大大的标题"一生只上半年学，半年连升四年级"，作者——农民作家王秀兰。我说，小时候您是如何逼我们学习的，现在您也按照同样的标准严格要求自己吧。这段历史您给我们讲过无数遍，现在只不过是写出来而已，不会有太多困难。我每天下班回来检查写作进度，至少要完成一页纸。有正经事可干，母亲很兴奋，立马踱来踱去，倒是不知道从何写起了。

第一天回来检查作业，一看到母亲沮丧的样子，我就知道进展不顺。只见作业本上写了不到半页纸，有好几处"力透纸背"把纸都戳破了。几乎每行都有白字、错字和圈圈。母亲赌气地说不写了，没想到写字比干活还累。半天时间锄地也能锄 2 亩地，你看我写字倒写不满半页纸，心里想到就是写不出来，憋也快把我憋死了，照这样估计到我死了也写不完呢。

我知道母亲这辈子遇到过无数的难题，从来没有退缩过、屈服过，这只是她在发泄情绪而已。我说这里有老年大学，想学什么都有人教，要不咱报名上大学吧。

她问学费贵不贵，又说都是活不了几天的人了，再花钱上学可不干。我说，小时候您为我们上学贷款，现在我也贷款给您上学。一说到花钱她立马决定还是自学成才，继续在家里当“坐家”了。

一旦下定了决心，任何困难在母亲面前都不存在了。她慢慢学会了查字典、学习小学作文选、请教包括小外甥在内的所有老师，不到一个月，尽管语言表述还不够规范，但她所能想到的基本都能写出来了。

然而新的问题很快又出现了。她的情感很丰富，由于她小时候的生活太坎坷，往往想到一个场景、一个情节，就会大哭一场，然后漫无目的地写大段大段的苦难细节。我说，这不行啊，在那个时代和您一样可怜悲惨的农村老太太到处都是，咱们不是为了开诉苦大会，要有主题，要对年轻人有启发教育意义，就必须有选择性地写。她理解了，但一写起来照样刹不住车。我说妈您现在真是文思如泉、如溪流、如滔滔江河，奔腾到海不断流啊。

两个多月后，我给她布置的作业终于完成了。我用电脑把她的手稿打印出来，并站在编辑的角度进行了删减和润色。母亲喜滋滋地看着粗黑的宋体标题，看着她的署名王秀兰，从表情上观察，她心中的成就感不是一般的高，那是相当高啊。等她一字一字认真读完之后，立马黑着脸质问我，为啥把那么多写得最好的内容都去掉了。我说这篇文章是说上学的事，您不是想让我们脱离农村吗，那得围绕这事来写，其他内容没扔还在电脑里存着呢，将来您还得写《方圆百里卖服装》《走街串巷换大米》《机智勇敢贩粮票》《高端大气卖玉雕》，等等，这辈子不当作家您活着都没意思哩。这篇文章写得好很快就要发表，下面您可要继续努力呀！母亲弱弱地问了一句：你认识谁呀净给我吹牛。你可别为了糊弄我高兴，自己掏钱让人家发表啊。

这句话一下子击中了我的软肋，我还真没想过到哪里发表去。我故作镇静地说，这么好的文章人家都抢着要呢，您等着吧，稿费随后就寄过来，到时候就用您的稿费，大家出去大吃一顿。耍完贫嘴，就赶快找记者朋友谭少容电话求助。

没几天，《城市化》杂志主编顾晴就通知我文章被采用的消息。我第一时间通知了母亲，母亲电话未挂就大声地对身边的人说起她写文章并发表的好消息。听着话筒里母亲激动高兴的声音，我心里想着，此时此刻可能是母亲最幸福的时刻吧。

但愿她能因此愿意留在这个城市里。

2016-03-09

龙潭内石壁洞

朱成堡　中国国际城市化发展战略研究委员会委员，
苍南县商务局副局长、工程师

龙潭没龙，有两人深，被人冠以龙名，其实是几十层楼高差、整座厝宽阔的大水漈，成年累月飞流直下硬是冲刷成一个深潭。那水也被叫作了龙潭漈。龙潭内是一片位所，有龙潭和龙潭漈，还有石壁洞。

整个龙潭内石壁洞，要数龙潭漈最显眼。

潭外有“港”——溪流浅滩，溪滩上还有一座九节石板桥——那是连接浙闽两省平（阳）泰（顺）福（鼎）三县的通衢古道，古道上的行人还未到九节桥就远远能看到龙潭漈。

龙潭漈旁一块屋面大岩石一头靠水漈岩壁，一头挨西首山岩，形似硕大无比的蛤蟆罩下来；村人将岩壁、岩石统称石壁；石蛤蟆开口处就是石壁洞口了。

石壁洞在山村别处还有，“龙潭内石壁洞”就成了碗窑村“下新厝”近旁所在的特指。特指的还有“石壁洞”是个容纳几十号人夏季纳凉的好去处。

“下新厝”是20世纪60年代下游水库出险后家父再建的一处两间木构楼房。我四岁那年搬进这个新家，“单方座厝”没小孩玩伴，我每天对着屋前龙潭漈的哗哗水声，总想跑出门外看水、辨石、观鱼来寻乐。那时六月天乡村小孩没凉鞋穿，布鞋太热，又穿不了大人的木屐拖鞋，那光脚丫走路就是天经地义的了。午后趁着大人们打盹时悄悄溜出门，沿着先人修筑的龙潭外溪堤，避开滚烫的鹅卵石面，跳跳停停踩着石块接缝间的杂草步步慢行，拐到九节桥——要命的是桥面石板没有缝隙杂草可踩，只有快跑才能减少脚底触石的时间；过桥再折过溪流另一边的乱石滩，终能将烫得钻心的脚底踩进溪水里冷却，也放松一下心情。这时，石壁洞依稀人声已向耳边飘来，好奇心诱惑我上岸快步迈向目标地。

石壁洞内还有水的分叉流经，水流过处也能形成小鹅卵石堆起的小溪滩。洞内里侧各有两块桌面大的石头自然摆放着，石面也算平整，早就有人占据午睡了，靠龙潭一侧的那块对着另一朝向的洞口，水清晰可见，水声潺潺可闻。小溪滩外侧还是一片光滑的石面，有细小的水流渗过，干枯石面也能容纳一人躺卧，迟到者是没份的。我作为小孩只能寻找一处可以坐下的干石面将就。那上方大蛤蟆石压下的里侧处还有一片空隙夹缝足够卧人，中间一块米桶大石块顶着巨石，夹缝石面已经被躺卧得光滑溜圆冰凉可人，米桶石上下已经各躺卧一个人了；上方除了躺卧处，也有更高的空隙可以从洞口边爬上来坐人，我也时常爬上去坐，但那是几年后稍大时的事了。

就是这龙潭、石壁洞，还有与龙潭漈、溪堤、溪港、九节石桥地来回亲密接触，留下了我不少人生的第一次，它们伴随着我的成长。

六月天午后的石壁洞内，都是周边带着锄头镰刀夏收农作来纳凉午休的大人，也会夹杂一两位已不农作的年长者。一觉醒来的农人除了大声赞美舒坦外，还说我得翻趴着再躺一会，肚子被凉石吸到背上去了，趴一会儿再重新将它吸回到腹部来。有人见有年长者在场，就邀他讲一段书，目的是留恋石壁洞的阴凉借故多待一会儿。

讲书者是粗通文墨颇有阅历的村中“五类（地、富、反、坏、右）分子”。人家要求讲《岳飞传》或者《红楼梦》，他情面难却，比画着指头说我就讲一小截。我听得津津有味，过后还要贩卖给小伙伴。但到很久后才知道那是《今古奇观》《三言两拍》的传奇，短小精悍，情节生动，添加了农人午休后的娱乐元素和想象空间，也为“龙潭内石壁洞”的传奇增色不少。

小学四年级后，我到了镇上去读书，暑假还回老家；记忆的诱惑，驱使我全天候去龙潭内石壁洞徜徉。

那时早饭后从家里夹一本书，说是从南货店的镇上同学处借来的，其实是从敲大块秋米糖的山外平原地带“江南客”那里收购来，用于包裹虾皮或咸干鱼的，书没有封皮，书角卷起老高，它们可能是纸质粗糙发黄的《青春之歌》或者《林海雪原》，依然经过九节桥一拐，沿着港道溪畔进洞。但见龙潭里的小鱼群出来逛溪纳凉后又逆流回归。心中一阵窃喜，放下书卷跃入溪港追赶，随手摸一块小石头朝鱼群甩去。

鱼群中巴掌长的“白子”居多，飞快上窜让我水下的步伐紧跟不上。居少的“红狮”胆小老实，遇惊吓不跑反而往水下石块边躲。都说人老实吃亏，鱼也不例外。它不知石小无洞，只能暂时潜伏，身上的节节红斑尽显美丽，却让它在水下展露无遗，这正是逮住它的好机会。双手轻轻往水下石边一围合一斜插，便可牢牢捏住它那粗糙鳞片的身躯，再一围一插又是一条，运气好时会有好几条。找一块碗窑瓷村随处可寻的碎碗片，将鱼剖腹开肠后置放岩壁让烈日暴晒，晚餐就是一家人下粥的美味。

不是午后时间，进得洞来可以随意挑选躺卧的地盘，伴着潺潺的水声，完全可以舒坦地斜卧读书，一读就是几十页好几章，把战斗故事和英雄事迹一辈子印在脑子里。

读困倦了就舒坦地睡一觉。醒来见浅水滩上钻出了小指头大银白色的“鳗筋久”——长不大的小溪鳗，肯定得爬起去抓。小家伙机灵，一听动静就往浅石滩下的沙里钻，任你怎么挖石扒沙，就是找寻不到。它在沙石滩下伸缩自如游刃有余，折腾半天工夫毫无收获我不免泄气。复坐于冰凉的石面上发愣时，岩壁上出现几个同样长不大的小石蛙，拇指大小，背尖肚白呈三角状，虽能蹦跳却也笨拙。去逮一个置于岩石上剖腹，清除掉五脏六腑，拾一根细草梗将蛙腹缝穿，看它如何动作？这东西黑不溜秋小不拉几的，村人不吃，用不着和鱼一块去晒，随手一扔了事，可它却眼睛溜圆蹦跳自如顾自逃遁了。奇怪！它没有脏腑竟然生命依常。尽管存疑还是满足了探究的快感，暂且算是对抓不到“鳗筋久”懊丧心理的补偿吧！这一疑惑一直到初中后读到一本中学生科技杂志才解开，那是动物脊髓神经延续了生命。

玩腻了也疑惑够了，太阳已经爬得老高。裤子一扒，跃入洞外的龙潭，畅游一个来回，什么战斗故事英雄事迹，什么“鳗筋久”、小石蛙统统暂停；再扎入两人深的潭底，冰一冰身子这才叫真正的凉快。累了爬上石壁晒太阳，不是怕被潭底水冰坏了身体，也不是怕夏日的炎热，纯粹是为了将背晒得更黑，淋雨时能够将雨水从光背上滑溜掉，不会浸入肌肤，更不至于因背白被小伙伴耻笑“生活优越”和水下资历过浅。

晒够了，肚子也叫唤了，那就捡起岩壁上还未晒干的鱼，带着满足的心情返回“下新厝”家吃午饭。

那时春季的农忙假也要回家，我还会独自到冷清的龙潭石壁洞内。

经过九节桥处，溪流清澈见底，必定有鱼群交配产卵的非凡热闹。还是“白子”和“红狮”，一群一群自在悠游，时而两条鱼便自动叠加，居上的那条不停摆动尾部，随之浸蕴出一片乳色“鱼肚白”；居下那条还会蹦出水面，继而也会喷出一串珍珠状链条。又是好奇和疑惑，便要呆立好长的一段时辰静观，直到鱼群游动到目光不及处……

石壁洞外龙潭上一阶，龙潭漈直泄之下处，还有个一人多深的大菜桶口径的小圆潭。

午后，炎热的夏季枯水期，漈水细小，我会跟随大伙伴们用草泥将上方水流引开，用自带的水桶、脸盆将小圆潭水勺干。忙乎大半天还是不会白忙乎的，底下有鱼，大的有鳞色发黄的库飞鱼、石斑鱼，小的“白子”、“红狮”都有，更小的“小跳锥”就更多了。我边抓边心生纳闷：鱼是从瀑布上方掉下来的，还是从龙潭飞上去的？抑或就是在这里自己长出来的？

有一次我带着外甥在水支流下用网兜框逮到了一条半斤大，黄得发亮的“库飞”，先置放于岩壁上的小水池里，待第二次抓捕返回放鱼时，原先那条“库飞”竟然飞到龙潭里不见了，意识到瀑布处的溪鱼的确会跳会飞，至于究竟能够飞跳多高？能否飞上数十米的龙潭上首？至今不得而知。

不仅石壁洞，在龙潭漈及其岩壁，我也会亲密接触出一些惊心动魄的故事。

夏季台风期会山洪暴发，龙潭漈就如蛟龙出涧，不但整个淹没石壁洞，还排山倒海般翻滚跨越过几十米开外的九节桥。我坐在“下新厝”楼沿观赏“黄龙”从屋前奔涌而过，眼脸上感受着飞溅来的水花，那是平生独享的“动魄”壮景。

山洪过后的干旱枯水期更长，期间陡立的岩壁上干多湿少。

初中时青春荷尔蒙开始骚动。有一回暑期，一位发小兴奋地告诉我：龙潭漈岩壁是可以攀上去的，还带我一起攀爬了一遍——兴奋！快乐！那是体验的快乐，征服自身驾驭自然的兴奋，但立于瀑流源头处俯视底下变小的龙潭，心还在惊跳。

又一日，独自来到龙潭内石壁洞，先前的兴奋未消，渴望再攀一次，再体验一回独闯的“惊心”滋味。

人贴于岩壁，手朝上脚朝下，沿着干处蜘蛛人似的四肢齐动，心有点抖动，顺利攀爬了大约一半的高程时，成功的希望徒增，便加快了速度。忽而，双手双脚齐刷刷就往下那么一坠……心也跟着一沉——完了，脑子出现声音：这一下去不是粉身碎骨，也是性命难保……

刚想到此，脑子就休眠了……随它了……倏地，醒来时身体竟然也停住了——刚才仅仅滑坠了不到巴掌长的湿处，整个人依旧蜘蛛人似的稳贴于岩壁不动，连四肢的伸缩形状都没有改变。心里清醒意识到自己并没有坠落下去，依然健在完好无损，只是心脏狂跳不止。心马上告诉脑，是非之地不可久留，于是沿着干处赶紧结束这次勇敢的冒险。

总算到达顶部完成真正的惊险体验了，脑对突突的心最后说了句刚才坠滑时来不及说的话：皇天，下次再也不敢攀爬了！

几十年后的暑期，我带着在城市里成长的小儿，小儿带着动物植物识字彩图本，回到老家寻找我童年的足迹。

下新厝没有了，龙潭消失了，所有潭和港都被复建的水库湖面取代，九节桥连同两头的古道静静躺卧在水下，高处的县乡公路取代了进进出出的所有车辆所有行人。蛤蟆石还在，洞口不见了，纳凉听书处成了遗迹。

龙潭漈依然是龙潭漈，但上游也建了水库，放水时大，关水时小。就是水再小岩壁再干，我也不能再攀爬了。村庄被旅游局设了门楼横了栏杆收门票，身穿制服的管理员在巡逻，不许游客乱走乱攀，更不许行人靠近水边。

碗窑村车辆多，游客多，为龙潭漈拍照的人也多。拍照者都不知道下面有个龙潭，还有个石壁洞，只是对漈水狂拍；毕竟远观而不是近赏，拍得再美，也与我们儿时的亲密接触不同。

我自恃“地头蛇”出身，带着小儿来到瀑布上方的平缓溪坑涧，顾自沿着岩壁下行，却怎么也寻找不着当年小石蛙的踪迹了，连“白子”和“红狮”都少见，那“鳗筋久”“库飞”就更别提了。

也跟儿子讲述儿时于龙潭内石壁洞的诸多“第一次”，但当讲到对鱼、蛙开肠剖腹时，却多了一份忏悔。

2015-09-12

我的学生时代

史瑞松

时光若水，岁月如梭。不知怎的，这一阵儿，经常回想起自己的学生时代，回想起我那亲爱的老师们。今日记下，和大家分享。

一至三年级，本村复式教育。我的村子很小，学生很少，同级学生包括我仅有四个人，教学条件非常有限。我和村里的同龄人，没有上过幼儿园，到了四年级去邻村读书时，才知道有“育红班”，也就是现在的幼儿园。哪像现在的孩子，能快乐完整地享受为期四年的幼儿教育。一至三年级都是在一个教室，由老师一个人来教，三个年级同处一室一个老师教书，在当时也非常的少见。从早到晚，老师没有休息的时间，依次给不同年级的学生上课、批改作业，工作十分辛苦劳累。我上三年级时和二年级的学生共坐一条板凳、成为同桌。后来回想总感觉：到了二年级，才明白一年级的内容；到了三年级，才明白二年级的课程。这就是复式教育，今天给孩子说起这些，感觉不可思议、也无法想象。当时，条件虽差，但读书的时光总是单纯快乐美好的。至今仍清楚记得，一个冬日清晨，我们在教室高声诵读“离离原上草，一岁一枯荣，野火烧不尽，春风吹又生……”，声音传出校园，村西头都能听得见。

四年级，邻村上学。如前所述，我们村的学校只能办到三年级，四年级必须去附近的大村子去上，每天步行来回，单程二里地。到了四年级，我们四个同学才享受到一个年级一个教室两个老师来教的待遇。语文数学由淑萍老师来教，地理历史由苏老师来教。四年级同学不到二十个，来自周围大小五个村子，相处得那是相当快乐顽皮。春天，大家到郊外移栽刚从果核里冒出新芽的杏树苗桃树苗，夜晚捕捉萤火虫。夏天，到瓜园吃西瓜，用柳条编草帽。秋冬季，玩砸元宝游戏，甩得胳膊老疼。日子是快乐的，学习内容也更加丰富。淑萍老师和蔼可亲、平易近人，她鼓励我们："我看，将来咱们班谁和谁能考上大学……"。这是我第一次听到大学这两个字，也是我得到的最大鼓励和暗示。我和赵老师的儿子是同学，他也非常好学。有一天，赵老师当着我的面，对他儿子说"你在学习上比不过他"。当时，我的心里为之一颤。一个来自小村子的学生是非常谨慎小心的，当得到班主任老师的赞扬期许后，心理得到了极大的满足和舒展。我暗下决心，一定要好好学习，不辜负老师对我的期望。

五年级，学区联中上学。所谓学区，指十来个村子为一学区。所谓联中，是指学校包含五年级和初一初二初三四个年级（当时小学五年制）。到了五年级，我们又到另外一个村子，上学区联中。依旧步行来回，单程三里地。五年级有两个班，每班四十余人，分别有两个老师来带，我在二班读书。兆兰老师教数学，延涛老师教语文。兆兰老师，不修边幅，烟不离手，挺有趣。他曾给我一本黄书皮的数学习题集，都是难题。应用题五花八门，有鸡兔同笼问题、工程问题、行程问题，等等，感觉挺有挑战性、挺刺激，受益匪浅。我上学的路上经过一块草地，有次放学回家，来了兴致，就坐在枯黄的草地上，做起了习题集，一连做出了几道难题，其中一道是分数加减混合运算题，10 多个分数混在一起，乍看很头疼，耐心一算，结果是个整数，算出来后，心里真是那个美啊！兆兰老师不教语文，但对作文有自己的见解：作文就是东拼西凑，就是好的摘抄黏合在一块。当时，不理解；今日回想，确实有道理：复制粘贴确实是个基本功，但更是个技术活。他还把亲戚给他写的信拿给我们看，这是我第一次感知什么是硬笔书法的美。延涛老师，感情细腻。有天清晨，看到他在教室外东山墙边，亲自办黑板报，左手夹了一根烟卷，右手书写了十来行长长短短的文字。现在想来，那是他自己写的一首散文诗。粉笔字俊美潇洒有力，词语真挚有情："昨夜，干枯的树枝从高高的树梢跌落，把地面敲打得啪啪作响……"。

六年级，乡中上学。当时小学五年制，习惯称初一为六年级。1990 年，我上六年级，全乡所有适龄同学都集中到乡政府驻地中学读书。六年级共有四个平行班，每班六十余名同学。中学生活颇为艰苦，从此开始住校，40 多人的集体宿舍，场景不可想象。无论冬天夏天，都是直接到自来水管冲冲洗把脸。周末放假，期间周三中午再回家一次，带馒头咸菜。上周末，闻到母亲买来的酱油挥发出的鲜香，感觉非常熟悉，近日醒悟，那是初中上学时吃的酱菜拌酱油辣椒油的味道，那是我们的主食、舌尖上的美味。然而，当时没有觉得有多苦，因为绝大多数同学都这样，这可能是集体无意识吧。课程能全部开足，读书以来，第一次接触音乐课美术课。课外读物，几乎没有，直至初三，才接触到第一本课外读物——《中学生博览》，真如一饿汉扑在面包上，一口气读完，意犹未尽，累的脖子有点疼。秀清老师教我们语文，她中师刚毕业，一口纯正的普通话让我第一次领略了什么是语言美。后来得知，她经常跟学新闻联播的播音员如何发音，自己感叹：学习不仅是三人行必有我师，而且也可无处不学、无时不学。我能认真听讲、积极回答问题，颇得老师的喜欢，老师非常欣赏我遇到难题冥思苦想的样子。坚持不懈，周而复始，自己的学习信心不断强大，学习兴趣也越来越浓厚。整个班级学风很正，真是比学赶帮超的样子。只要中午天气晴好，不少同学都会到校园僻静的角落或是附近赵牛河畔的树林里复习功课。有段时间，我们班还兴起一段自学毛笔书法的热潮，有模有样，成绩有大有小，非常充实快乐。班级成绩自然响当当，我们班的前四名就是全年级的前四名而且都是男生，班级前十五名也仅有两个女同学，后来秀清老师的妹妹也从其他班转到我们班来享受美好的学习氛围，够强悍吧。

人人都无法超越自己的年代和教育，不能讨论其优劣得失。学生时代，如同没有伞的孩子，努力地向前奔跑，尽管有点艰苦，但总体来说，是快乐充实、丰厚幸福的。清苦的条件不仅没有阻挡我们学习前进的脚步，反而更加磨炼起我们坚韧不拔的意志，树立起敢于胜利的决心和勇气。在这个过程中，老师是我们的灯塔坐标、伯乐指路人，她给了我们知识、思维、态度、情感和信心，让我们发现了一片又一片的新天地。今日，假若自己有一丝一毫的谦虚进取之心，有一点一滴的学识素养，那也都是老师给予的。感谢您，亲爱的老师！

时光流淌，真理永恒。记下这段经历的原本初衷有两个：一是感恩自己的老师，在那艰苦的岁月里，老师是我们人生的灯塔、成长的引路人，她带我们阅读浩瀚的书海，让我看见这世界就在我眼前。二是让自己的孩子了解父辈求学不易，珍惜感恩时代的给予。任何时代环境都有两面性。当下，孩子们的物质条件充裕丰富，有手机，玩电玩，穿品牌，吃可乐鸡翅，爱看明星综艺类节目，等等。明星的生活光鲜亮丽，令人羡慕，但终不属于我们，只能看看乐乐而已。古人学问无遗力，少壮工夫老始成。民国那些大文人，让我们心存敬仰，可以给我们一点启示。享受物质不被物质绑架，喜欢色彩变化但不能迷乱双眼，不追求新奇惊悚快餐式的东西，坚持“非学无以广才，非志无以成学”这一真理，扎实做事，认真为人，坚持不懈，积小成大，我们的内心就会更强大，我们眼前的世界才会真精彩。

2016-12-22

一个华北平原农村孩子的城镇化

陈画竽　西安建筑科技大学建筑学院风景园林专业学生

1995 年我出生于山东省德州市齐河县晏城镇的一个邻水的村子。晏城镇历史上曾为晏婴采邑之地，故得名“晏”。家乡坐落于华北平原，古代四渎之一的济水之阳，两面临水，向水而生。对于幼年的我来说，家乡是美味可口的李子树，是穿过村子的清澈溪水，是闷热夏天里的蝉鸣。如今在我的记忆里，长大成人的过程中我所经历的最频繁的事情就是搬家和转学，从村子搬到乡镇，从乡镇搬到小城，再从小城搬到大城市，几经周折。

童年：在华北平原的乡村自由成长

一岁多到上完幼儿园的这段最美好的幼儿时光，我是在老家被爷爷奶奶照顾着成长的。村子是沿河而建的，由于千百年间河水的冲刷，村子的土壤已经成了沙壤土。为了防风固沙，祖祖辈辈种下了成片的林地。尤其是在夏天和冬天，林荫下的河道成了我们小娃子的天堂。酷暑时节，村子的大人就拿着板凳、蒲扇坐在树下，悠闲地看着小孩子们光着屁股在河滩地上嬉戏。

老家村子里的建筑非常讲究。“人”字起脊的双坡屋顶，房屋也多沿袭了旧制，院落讲究四合院。在院子的东南或者西南方开放过道和大门，大门对面设影壁墙，影墙多用砖砌成，中间用土坯堆叠，抹一层石灰，上面画上虫呀、鸟呀，墙顶上还要贴上顺水的檐子。正房是北房，有三个开间，迎着大门的那间是客厅，用以吃饭或者待客。东西方的厢房用作厨房或者储藏。爷爷家的院子里，有着一棵几十年树龄的无花果树，到了结果的季节，幼时的我每天早醒后的第一件事就是采摘今天熟了的果子，开心得不得了。

那个时候我们的村子在周围的村落中属于比较富足的，商业也比较发达。村民们最热衷的事情就是隔三岔五的“赶集”活动。“赶集”就是每周固定的一天，小商小贩带着形形色色的货物汇集于我们村的中心街道，连周边的村落居民也会来这里选购平时的生活用品。爷爷种了一亩西瓜，每逢赶集，天刚微微亮，爷爷奶奶都会早早出家门来到瓜田，挑上一小车熟透了的西瓜，再把我放在三轮车上，推到集市上叫卖。家乡的村民都十分朴实，基本上都是一口价。爷爷卖西瓜得了一点钱就会给我买隔壁摊子上的小人书，我就一边看书一边在集市上逛游。

每当过年的时候，我们家里都要进行祭祀活动，做一桌子的美味献给祖先，同时去祖坟前虔诚跪拜，以祈求老祖宗护佑。虽然家庙已经破旧得只剩下一个清式的垂花门，但是三块村碑保存得完完整整。最大的村碑上有一副对联，上联“祖功长流承百代”，下联“先型宛在奉千秋”，横批为“木本水源”。在我小时候，爷爷经常给我讲家族变迁史。洪武年间，朱元璋下令鼓励农民耕种，可以免除徭役赋税并且收入归己。祖先陈聚从山东高密迁到这里，因为当年附近有一个寺庙名为辛丰寺，于是把村名改为了辛丰店。万历年间，奸臣当道民不聊生，又有村民陈三清抢劫皇粮救济灾民……爷爷小时候就让我背诵家训，“从来木有本而水有源，木之深者枝必茂，源之近者流必长，自然之理也，而其于人也亦也……”正如同水有源头、树有根基一样，正是因为祖祖辈辈的辛勤奋斗和历代传承，才有了如今和谐安乐的家乡。于我的家族而言，兴旺不仅仅表现于当代的生活富足，更体现在不忘祖先和不忘本心上。

小时候的我，虽然没有城里女孩子应该有的漂亮裙子和洋娃娃，但是收获了和小伙伴们在田园玩耍嬉戏的乐趣。我在春天里种小果树，夏天里捕蝉，秋天里摘果，冬天里在结了冰的河面上小心翼翼地行走。我在这片土地自由自在、没有任何束缚地成长。

少年：辗转于搬家，从村到镇再到城

随着我年龄的增长，到了该读小学的年龄了，爸爸妈妈为了我的学习进行了工作调动，单位给我家分配了家属院，我跟着爸妈来到了镇上去读小学。小镇的名字叫作“务头”，名字的由来非常有趣。相传东汉光武帝刘秀初兴时，为王莽所败，逃到这儿的时候突然起雾，因而躲过一劫。刘秀光复后赐名“雾头”，后来简化为务头。

小镇和农村有着不同的光景。我家住在机关家属院里，家家户户都有一个附带小院子的平房，有一条小溪穿过家属院。周围的邻居都是同事，傍晚时分家家户户拿着小板凳坐到小溪边的坡地上，谈天说地，听取蛙叫。我和小朋友们写完作业后，就在小溪里淌水玩耍，累了就躺在草地上。因为家长的工作比较忙，我们几个小学生都是骑着自行车去四五公里外的学校，途中要穿越一个村子和一片玉米田。现在想来，当时的人们真的非常淳朴和友好，我们两三个八九岁的孩子一直没有遭遇到如今经常被曝光的意外伤害。

小学六年级的时候，妈妈因为工作调动到县城，于是家里在城里买了房，就从小镇上搬家到了县城，我在2006年的时候第一次住上了楼房。也是在这个时候，我感受到了城里生活的公共资源集中，惊诧于公园、大型的购物市场、比我的小学大好几十倍的中学等等都集中在县城里。同时，我也产生了疑问，当年的我不懂为什么我搬到这儿来了几个月还不认识一个邻居。后来我逐渐习惯了小城里高效、快速的生活方式，但是心里却空荡荡的，大概是如今的生活缺乏了当年在乡村的人与人的交流与关联的原因吧。

在我中考的前夕，家里考虑到我的高中教育，我们又搬迁到了省会济南市区，同时也把一直不愿意搬出农村的爷爷奶奶劝到了城市。在济南的这三年，我见证了这座城市的飞速发展，同时也见证了它从“四面荷花三面柳，一城山色半城湖”到“四面修路三面堵，一城雾霾半城土”的发展。我想，济南就是一个开口的布袋，吹进的是清风，它就是温柔乡，扫进的是雾霾尘土，它就是破旧的簸箕。

尾声：悠悠天宇旷，切切故乡情

如今的我，已然是西安建筑科技大学风景园林系的一名大四学生了。离家千里的我，开始变得格外怀念故乡那片土地。在失眠的夜里，我常常伫立在宿舍阳台上，望向东方——故乡的方向，便心满意足。

济水之阳的平原上，我生于斯，长于斯。我时常回想起，幼年的我曾经无数次幻想过自己的将来能够改头换面，把农业户口变为非农业户口，成为乡亲们口里羡慕的“城里人”。长大后的我才明白，我深爱着我的家乡，愿把自己学到的知识回馈这片土地。同时，乡村绝不会因为城市的繁荣而消失，因为乡村具有城市不可替代的功能，无论从情感还是物质而言。

我目睹了家乡物质上变得繁荣富足，也目睹了家乡肆意被掠夺的生态资源。大约已经十年了，曾经老家小村子里的泉水已经干涸，曾经童年小镇上的一片小树林变成了城市的垃圾回收站。我无数次想过同一个论题，就经济发展而论，我的家乡变得更加富足了，然而这里住着的人们真的满足吗？难道经济发展的前提一定是牺牲环境吗？在我国现代化发展的历程中，我的家乡一定要作为被牺牲品吗？直到有一天，我在老家旧屋的门前枯树上，看到了冒出来的三两颗新芽，瞬时感觉到了希望。就像新的生命是在老树的养分下生活着，我也在寻根，探寻那片大地流淌着的我家族的血和汗，同时我更应该做的就是给我挚爱的这片土地注入新的生机。

结束语还是引用我在去年暑期归乡旅行后的感悟吧。我认为，中国人的根在乡村，不仅在现实意义的乡村，更在精神和文化意义的乡村。无根的漂泊是苦的。如果你经历过世间的荣华与沧桑之后，还能在凄怆满怀的回望里，看到炊烟袅袅，看到村头古槐婆娑，看到母亲的皱纹水波一样荡漾，你就是世上最幸福的人。

致谢

在本人写作的过程中，北京大学李迪华老师、西安建筑科技大学刘晖老师给予了我大力的指导和帮助，两位指导老师治学严谨、学识渊博、为人诚恳，我从两位老师身上学到了很多自己平时没有接触过的知识和学习方法。在此，我要对两位老师表示崇高的敬意和诚挚的谢意！同时，我要特别感谢给我踏上寻祖之路和重返故乡机会的安博沃易森旅行，是这次活动帮助我实现了结合我的专业知识来重新感知家乡的愿望。

2017-06-08

走出去，海阔天空

蔡耀辉　天津工业大学机械电子工程系学生

“眼前的农村已经不是昔日的农村了！”我叹气道。

不是感叹，更不是惊叹，而是有点失望地叹气。这是我八年后从广西回来，望到自己家乡品清村的心情。

我长大了，而农村也变了，正向城镇过渡，变得既不像真正的农村，又不像真正的城镇。

踏上八年前走过的田间小路，昔日清澈的潺潺流水早已不在，流淌着的是有点发臭、并带些垃圾的生活污水。溪边变得出奇的寂静，因为再也没有小孩到溪边玩水、抓鱼，再也没有漂亮或是质朴的农村妇女到溪边洗衣服了。忽然间好怀念当年那小土路上如银铃般爽朗的笑声。

四周的农田越来越稀少了，取而代之更多的是因圈地占地围成的难看土墙，年轻人几乎都不再耕种，跑到城里打工了，剩下的只有一些老人依然留在田间劳作。当我路过他们时，我向他们挥挥手，微笑地打声招呼，他们停下手中的锄头，“呵呵”和蔼可亲地向我一笑。我心里一暖，至少我还从他们身上找到了当年农村的感觉。我在想，当这些老一辈逝去之后，是不是再也没有人耕种，是不是农村也跟着逝去?

我意识到我童年的农村如今早已不在，有点像找不到自己家乡的感觉，有些失落感。

之后在老家待了几年，觉得农村太小了，觉得自己就像井底之蛙，我一直希望有一天能走出去，改变自己的命运，我有着庞大的野心，不甘心就这样沉沦于如此平凡简单的生活，我梦想着周游世界。既然我童年的农村早已逝去，那就去寻找依旧自然淳朴或别具一格的农村，并且去接触真正的大城市，如江湖一样繁杂多样的大城市，如北极星一样耀眼的大城市。

为此我努力学习，让高考成为我的跳板，一跃便从南方最落后的小城镇，跃到了中国的璀璨明珠——首都北京。

第一次到北京，看到北方的世界，仿佛亲手触摸到梦想一样激动开心。去逛北京，有点理解红楼梦里刘姥姥逛大观园的心情了，很多都是稀奇的东西，真正接触到的和之前在电视上看到的感觉绝对不一样。第一次坐地铁，第一次看博物馆，第一次逛天安门广场，第一次走那么宽阔整洁的街道，第一次看到公园里荡漾着的小船，第一次看到那么繁华热闹的商业区……感觉自己就像山里的孩子第一次进城。

北京给我印象最深的是她的生命力，如朝阳一样蓬勃，富有生气。四通八达宽阔的街道，五彩缤纷热闹非凡的商店，熙熙攘攘的年轻人群，非常轻快的生活节奏……

然而在北京待了快两个月后，去过大气而又丰富精彩的国家博物馆，去过繁华非凡的王府井，去过幽静景色优美的北海公园……我内心的想法有改观了：这些城市的文化中心、购物中心、休闲中心的确很吸引人，但我觉得真正令我着迷的不是这些。博物馆看过便厌倦了，我们又不是有钱人的孩子，购物算了，爱奋斗的人不怎么休闲。

实际上，真正令我着迷的是，我的梦想正在实现，我能去更多的地方，能见更多的人，能尝试更多的事情，我高兴的是我的世界因此变得宽广了。在大城市聚集了五湖四海和我有同样抱负、相同梦想的青年们，我称他们为追梦者。

在我看来，对我们大学生来说，大城市、大学并不是玩乐享受的地方，而是一个极佳的平台，它能够为我们提供充足的资源，给予无数的挑战，并让追梦者一起去施展志向和抱负。

现在我终于理解二伯母所说的“人是社会性动物”，人必须接触社会，接触社会上的人，才能真正成长，让思想变得深刻，让眼界变得更长远。

在这期间，我认识了一个高考三次、一次比一次好的朋友，没想到现实生活中真的有这样执着的人，我从他身上学到的是上进和坚持。在我看来如同炼狱轮回的复读，他淡然说道："再次复读，你会看清、看淡很多东西。"他如同成熟的大哥一样指导我。

我还认识一个高考后从山西最北边骑到最南边的朋友，爱上骑行的他也邀我一起去闯，他说的"人的这一生要读书，要行万里路去看世界，才不会后悔"很让我感动。这些都是我以前从未接触到的东西，远比书上来得深刻，这让我视野变得开阔起来。

在小农村，我待的地方小了，我的心也变小了。

在大城市，世界变大了，我的心也随之变大了，

我想起 beyond 的歌曲，真的，走出去，海阔天空。

2014-02-24

我与城市的二三事

云旻昱　中央民族大学学生

说起与城市的交集，在我这阅历不深的20多年里，最多的也就是我的故乡呼和浩特和上大学的城市北京了。由成天让人灰头土脸的小乡村搬到省会城市，再由一个二线城市考学来到全国的政治中心、伟大首都，城市等级的逐渐上升给我的生活带来很多便利：教育、交通、娱乐、医疗……除了污染略重的空气质量，生活水平可以说是直线上升。但对我而言，一次次的搬迁虽然代表着生活水平的提高，却也让我失去了许多。

乡音已改谁人识

从小生长在农村，我自然免不了张口闭口都是“此地话”（我们当地对方言的称呼），一直处于同一环境自然觉不出什么差别，但到了上小学搬到城里时这乡音带来的困扰对当时的我而言实在是有些大。

其实不管是过去还是现在，似乎有些城里人对乡下人总是略带看不起的意味，土气、粗俗等等诸如此类的词总是与乡下人扯上了关系。当时一开口若是方言，周遭的小朋友就会嘲笑你是农村来的，小孩子的玩笑其实并没有什么恶意，但爱面子的我为了不被人看出来自己的“真实身份”，只能尽全力练习普通话，让自己不那么像一个外来者。所以从上小学的第一天起，我没有再说过一次方言，在任何时间都尽量说一口标准流利的普通话。于是我家就出现了全家说方言，我自己说普通话的情况，刚开始很是别扭，久而久之大家也就习惯了。时间长了我发现自己从小就说的方言居然完全离我而去了，有时自己想说一两句都会害羞地不好意思开口，觉得完全不在调上，见到过去熟识的叔叔阿姨有时也会被揶揄“成了个城里人，会不会忘掉我们”之类的话。但在当时而言，能讲一口较标准的普通话对我来说一直是件值得庆幸的事，因为这使周围的人甚至是我自己都认为自己完全是这个城市土生土长的一分子，是个洋气的城里人。

直到来到北京上大学，我才逐渐意识到不会说方言是一种遗憾。因为这个时候大家都在用方言和自己的家人、同学联络，用大多数人听不懂的方言来和家乡人进行的谈话，不仅有种可贵的私密感和安全感在里面，仿佛也蕴含了一种独特的地域文化，方言，在这时成了一种对家乡热爱之情的寄托。可惜此时的我只能说自己听得懂家乡话，而不会说了。这时的我反而觉得其实普通话标不标准也没那么重要，带点儿口音不也是一种乡情的表现吗？农村人又何妨呢，世世代代都是农民出身，不承认农民祖先不是数典忘祖吗？不过方言已然是不会说了，只能努力提高觉悟了。

来自大草原的孩子

来到北京上大学算是我人生的一个拐点，因为一个落后的小地方的学生能考到北京上学总是让人感到幸运的，不论是旁观的他人还是身处其中的自己。但是来到北京后的一段时间我常常会觉得自己与这里总有些难以协调的地方。

其实呼和浩特距离北京不到 500 公里，随时都能坐上火车来场“说走就走的回家之行”，但是大多数淘宝卖家“偏远地区不包邮”的惯例和“天苍苍野茫茫，风吹草低见牛羊”留给大家的固有印象让我一度被认为来自广袤无垠的大草原或者贫瘠不堪的荒漠深处。每次遇到陌生人聊到家乡，总会被问到我们是不是骑马上学，家住蒙古包，甚至还有人问到过我是不是来北京才第一次见到汽车……如此种种奇怪的问题总是让我哭笑不得。

其实许多人对此有误解并不是因为偏见，而是我们对于不同的城市乃至乡村本能地有着等级划分：一想到一线城市，大家想的都是高楼大厦林立的景观；而一说到西部地区，思维便会直接跳跃到“大漠孤烟直”的苍凉景象。所以不论是北京的本地人还是这里的长期居住者，对于“外地人”多多少少是有些不屑的，他们手中的北京户口便是资本。

地域带给人的影响的确难以磨灭，所以从小生活在自治区的我和在北京上大学的我常常会有些矛盾，生活在北京、家乡在西部的我也总会有些许感触。但在这里生活、学习了一段时间之后我逐渐能够接受这些现状了，毕竟误解只是由于不了解而不是由于偏见，他人一些小小的优越感并不会对自身造成什么不好的影响。只待有朝一日家乡也能跻身一线城市的行列，不过不能也没什么关系，因为即便只是因为敝帚自珍，我的那座城在我眼里也的确是最好的。

2015-01-08

景津成就了我的城市梦

杨杨　山东省德州市景津环保股份有限公司电焊工

我叫杨杨，今年 25 岁，山东省德州市陵城区滋镇张庙村人。我出生在一个普普通通的农村家庭，家中姊妹两人，我是姐姐，父母都在家务农。

都说城市让生活更美好，小的时候，我就特别向往城市生活，向往着有一天我也能够融入城市，过上和城里人一样的生活，像城里人一样工作、学习、娱乐。为了实现我的城市梦，也为了帮家庭解决经济困难，2006 年我中专毕业之后，就去了上海打工，主要做打字工作。外面的世界很精彩，也很无奈。上海是个大都市，色彩斑斓、竞争激烈。很多人在这里工作，但却始终无法与她融为一体，我就是其中的一员。我感到自己只是一个打工妹、一个农民工，那种漂泊在外的孤独感，只有身处其中才能体会。

我想有个家，属于自己的家。我有一个梦，一个城市梦。后来经朋友介绍，我得知老家景津环保设备有限公司正在招聘，我丈夫就去报了名。很快，他就通过了面试、体检、培训，成为景津一名合格的电焊工。2013 年我也跟随丈夫来到景津上班，一直到现在。景津集团十分关心农民工的生活，充分保障大家的权益，给所有员工都缴纳了五险一金，所有职工子女都安排在市区上学，解决了员工的后顾之忧。

在景津，我实现了我的梦，过上了我从小到大一直梦想的城市生活。如今，我和丈夫都是景津生产车间的普通工人，我们一直努力工作，凭借我们的熟练劳动，每个月差不多可以领到 8000 多元的计件工资，全家年收入接近 20 万元。这个收入不仅能够满足我们的日常生活，让我们拿出一部分接济父母，报答父母的养育之恩，而且还能积攒很大一部分，作为买房资金和孩子的教育费用。2014

年年初，我们在德州经济开发区买了一套两室一厅的房子，购置了一辆私家车，在城市终于扎下了根。

2014 年 7 月 24 日，国务院总理李克强莅临景津检查指导工作，并来到我所在的滤布加工制造车间考察。有幸得到李克强总理的亲切接见，我当时心情激动极了。当总理亲切地握着我的手时，我有点不知所措。说实话，做梦也没有想到会见到这么大的领导！总理非常关注农民工的生产生活情况，问我是哪里人？什么时候进入企业的？收入怎样？……和我们拉起了家常。当得知我老家在陵县滋镇，已经在城里买了房却不想从农村迁出户口时，总理笑着问："是不是舍不得家里的几亩地？"我笑着告诉总理："是因为家里还有父母，他们舍不得丢下土地。"总理欣慰地叮嘱我们："你们现在是'新市民'了，挣了钱也别忘了孝敬父母，常回家看看。"总理的关心给了我们莫大的鼓励，激励我更加努力地工作。

我很满意现在的生活：有一份稳定的工作，有一个虽然不大、但是温馨又幸福的家。现在，我时常回想起我小时候的城市梦想，那时候那个梦想是那样遥不可及。而现在，这个梦想已经实现了，我由一名农民工转变为一名新市民。是景津让我实现了城市梦，让 2500 名农民工在城市找寻到了自己的家，让农民工融入了城市生活，过上了城里人的日子。企业发展越来越好，我们现在的日子越过越好，越过越红火，作为城市人的我，感谢政府对农民工的关怀和支持，感谢企业给予我们的帮助。这也促使我更加努力工作，用实际行动为社会贡献一分力量，我相信我们的明天会更加美好！

2016-06-11

农村的消失可惜吗？

刘佳　周晶晶

我幼年时在农村的姥姥家长大，虽然阔别多年，但农村生活的记忆时常浮现在我的脑海中。在城市中游荡多年的我经常会回忆起儿时的乡村生活。每一次的回忆都让我心驰神往，岁月如同油彩一般把原本单纯的童年记忆浸染得五彩斑斓。

犹记得，当清晨的第一缕阳光穿过树梢时，辛勤的人们就开始了一天的劳作。傍晚，袅袅的炊烟升起，田野山间飘荡着孩子们快乐的歌声。待到月上柳梢时，整个村庄似乎都沐浴在那温柔的银华中……在我心中，那段乡村生活如诗如梦，像一首回味无穷的老歌。

不久前，听说姥姥家要拆迁了，村里的农民都要集体搬进楼房。听到这个消息，我感到阵阵心悸，那清新灵动的田园梦就这样结束了？于是，趁着周末，我迫不及待地来到姥姥家，只希望再看一看姥姥家那个小院子，尤其是院子里那棵枝繁叶茂的柿子树，据说还是太老爷亲手种下的，它就像一个慈爱的老人伴我度过了整个童年。如今，随着拆迁，这位“老友”也将离我而去，想到这里，心中不免一阵难受。姥姥一定更难过，于是我决定好好安慰一下姥姥和老家的亲人。

来到老家，拿了把小竹椅，和姥姥、舅舅们围成一圈，坐在院子中，简单的嘘寒问暖几句后，慢慢地开始聊起拆迁上楼的事。

我弱弱地对姥姥说：“姥姥，上楼其实挺好的，小院没了您不要难受。”姥姥笑着对我说：“我难受个啥，咱家这些平房都拆了，分的回迁房有 90 多平方米，住着比现在舒服多了。”我惊诧于姥姥的态度，问道：“可是楼房再大也没有咱们现在这么宽敞，有正房、厢房还有漂亮的院子，尤其是院子里的花草，架子上爬的葡萄、枸杞，挂的丝瓜、冬瓜，看看都觉得开心，多生活啊！”姥姥想了想，说道：“可是呢，上楼就这不好，没法吃自己家种的东西了，可是我还是愿意上楼，住平房可算住够了。”“为什么？”我更不明白了。姥姥说：“平房有啥好的，吃水不方便，上个厕所都得出屋子，遇上刮风下雨还得打伞。”

“姥姥”，我沉吟片刻说道，“住楼房也有不好的地方哟！住在楼房里，楼上吵架楼下都能听到，有时也不是那么爽。所以好多诗人、作家都赞美农村里的生活，有个词叫田园牧歌，那古代的大诗人陶渊明还写过诗呢，‘采菊东篱下，悠然见南山’。还有什么‘上帝创造了乡村，人类创造了城市’……我觉得，拆个院子倒是其次，真正可惜的是农村的传统文化和生活方式消逝了。”

“拉倒吧。”舅舅打断了我，“你那么爱文化，你咋不和你爱人一快搬回来住？当年非得往城里跑干啥？住楼房以后用水、供暖什么的全方便，上厕所也不用出门，这拆迁后还要建医院和学校，将来这就变成城市了。”

姥姥接着说：“现在国家给社保，生活也还好，就是没了地，心里觉得空落落的，咱们只会种地，不会干别的，万一你舅舅他们找不到工作，又没地种，可咋办？钱再多也总有花完的时候。”姥姥脸上闪出一丝忧虑，但很快又高兴起来，“反正上楼的日子还是舒服点，就是那棵柿子树带不走，可惜了的。”

聊完天后，我一个人走在村中的小路上。望着炊烟升起，想到这份风景很快将成为历史，一种悲情不免涌上心头。但仔细看看周围的家家户户，我发现似乎只有我这个城里人在徒悲伤。周围的人有的盘算着如何多拿补偿款，有的打算着没了地以后做何营生，但更多的人还是在憧憬着未来的城市生活，虽然各怀心事，虽然对拆迁有诸多微词，但对于即将到来的由村民向市民的转变，虽然多少有点担心和迷茫，大多都欣然接受，并满怀期待。“变成城市了，上楼了，日子多少还是会好一些。”不知是谁说了一句。

坐在回城的车上，望着即将城市化的故乡，心中感慨良多：当农村的城市化速度越来越快时，很多村外的人惋惜：“我们的‘故乡’在消逝，我们都将成为游子……”很多村里人却在兴奋：“我们即将走入城市。”城里人惋惜农村的消失，农村人庆幸城市的扩张。农村城市化到底是文明的进步还是文化的毁灭？局里局外的人似乎都无法说清，也许只有历史才能解答。我曾经惋惜农村文化的毁灭，扼腕传统生活方式的消逝，但想到姥姥和亲人们的反应，再看着车窗外的一切，那种痛心疾首的感觉渐渐变得淡然，该消失的总是要消失。重新回味一下村中的老家，让人割舍不下的东西其实也没多少，想来想去就是觉得那棵柿子树没法带走，实在有点可惜。

2014-02-24

二、城·漂

从鱼米之乡辗转到首都北京

谭琳达

我出生在湖北省天门市岳口镇的汉江边上，那里素有“鱼米之乡”的美称。我的父亲是不辞劳苦的个体司机，母亲是勤劳的家庭主妇。在这种传统朴实的家庭中成长，我的人生显得平平坦坦，按照预先设计的轨道，我从小学念到中学、再到大学，生活波澜不惊。直到 2002 年有了北京之行，我的人生才变得与众不同。

在京实习让我喜欢上这个城市

2002 年，我就读于湖北大学新闻系。按照学校的安排，大四那年我们有半年的实习期，我们的实习单位基本是湖北省的几大媒体，比如湖北日报、长江日报、武汉晚报等。这也是学校为我们毕业后找工作做铺垫，因为在那个时候，按照通常惯例，在这些单位实习后的大学毕业生基本能留下来。

可我却有颗不安分的心，我在大学三年时间里先后在天门人民广播电台、武汉晚报实习过，还有一年就要大学毕业了，我想去外边看看，特别想见识一下广州的南方都市报、北京的媒体。恰巧班上在北京有关系并找好实习单位的同学到北京实习，我就决定随行。

我知道，如果我把这个想法告诉父母，他们肯定会反对。因为我在北京没有一个亲人，一个女孩子出远门做父母的肯定不放心。更何况，在我的父母看来，家里没有任何背景和关系，我能在湖北的大媒体工作也就很不错了，找工作不要有太高的奢望和不切实际的幻想。

可我当时去北京的愿望太强烈了，以至于我擅自做主，准备先斩后奏。于是，我瞒着父母从亲戚家借了八百块钱。我有了进京的盘缠，就到火车站排队买票。

那时正值暑运高峰期，好不容易买到一张从汉口到北京西的站票。那是我平生第一次坐火车出远门，一个晚上我整整站了 12 个小时。尽管我身心疲惫，但能来到首都北京，我不免有些兴奋。

不过，欣喜很快被所要面对的困难所代替。最大的困难是没有住处，我暂时住在通州乔庄一个同学租住的房间里，当时他们三个人合租了个两居室。我没有实习单位，就跟着我的同学进了《光明日报》。每天早上，我们坐车从通州到四惠，再换车去单位；晚上，我们再换车回到通州的临时住处。

一个星期后，我们在网上找了一间位置不错的平房，正对着 SOGO 崇光百货，但屋里特别简陋，只有一张高低床和一张桌子，月租金五百，我和同学两人平摊，压力不算大。最值得欣慰的是，房子离实习单位才几站地，省去了每天来回坐车再倒车的一路奔波。

由于没有事先联系，报社没有安排实习老师带我，完全靠自己找线索采访写稿。两个月，我费了很大周折采访写出来的稿件几乎满足不了要求，见报的文章很少，连学校安排的实习任务也完成不了。我开始后悔当初来京的选择，怪自己太天真、太武断，经常晚上睡在被窝里偷偷地躲着哭。

由于我手头带的钱快用完了，也不像我同学有稿费来源，在鱼米之乡长大的我不得不开始吃面食。在我们家乡到饭馆点菜吃饭，米饭是免费的。但在北京却不一样，一小碗米饭就要一块钱，一个素菜也得七八块。不过，面食相对便宜，一个包子不到一块钱。那时，我一个星期能吃上一顿米饭就算很奢侈了，真怀念家里做的饭菜。

当我觉得待不下去了并准备打道回府时，我人生的导师出现了。一个很偶然的机会，我认识了《光明日报》科技部的葛宗渔编辑，也就是我的实习老师，她的出现好似我的救命稻草。在工作上，葛老师对我严格要求，耐心指导，告诉我如何策划选题采访、教我排版。有了葛老师的指导，我的稿件不断见诸报端。在生活上，葛老师待我更像亲人一样。北京的冬天比武汉来得早，有一天早上到报社，她见我穿得单薄，二话没说就下楼给我买了件衣服。她还到我租住的平房去看我。有一次，我生病了，由于怕家里担心我没敢告诉父母，葛老师知道后当即取出五千块钱让我去看病，这让我永生难忘。在科技部实习的半年时间里，我领略到国家级媒体人严谨求实的作风。特别是那里的工作氛围让我一下子喜欢上了北京。

在京的实习期一眨眼就过去了，我超额完成实习任务回到了武汉的学校。由于我半年多时间一直在北京实习，错过了湖北和武汉媒体的招聘。但我并不觉得遗憾，毕竟在北京实习期间我收获了很多很多。

大学毕业时间一天天临近，按照学校的规定要是没有接收单位，毕业生的户口和档案就打回原籍。形势所迫，我随便找了个单位，将户口落在了武汉。

我人在武汉，心却还在北京。特别是在《光明日报》科技部的那段时光，让我念念不忘。但我知道，一个本科生要在北京的国家级大报立足是很难的，我默默地关注着北京其他都市类媒体的动向，等待着合适的机会。

我在北京有了第一份工作

2004 年 1 月初，我从网上看到华夏时报社的招聘通知，很快邮寄了简历，静静地等待通知。1 月下旬，我就接到了笔试的通知，那时离春节没几天了，从武汉到北京的火车票已经售空。

我急得像热锅上的蚂蚁，恨不得长了翅膀飞到北京。最后，我好不容易才弄到一张春节后的火车票。我在心里已经计划好了，这次去北京就破釜沉舟了，即使华夏时报不能如愿，我可以去找别的工作。毕竟我在武汉工作了一年多，手头有了些积蓄。但我父母认为，这样贸然去北京风险很大。特别是我的户口、档案关系都在武汉，他们担心我以后退休了没保障。

“要是我现在不出去，以后再想去就没那么容易了。”我没有试图说服父母，只是自己嘀咕着。屋子里分外沉默。我听见父亲在叹气：“要是我们做父母的有点本事，孩子就不用这样吃苦了。”我的母亲在一旁偷偷地抹眼泪，她不放心我一个人出去闯荡。

2004年1月31日(农历正月初十)，我辞去武汉的工作，坐上开往北京的火车。到了北京，经同学帮忙，我在农业大学附近租了个单间，按天收费，一天30元。说是单间，其实是个隔断，隔壁有什么动静都能感觉到，空间小得只够放一张床，但不管怎么说，至少让我有了个落脚的地方。

当我抱着试试看的心情给报社打电话时，对方说招聘已经结束。我很不甘心，告诉对方因为买不到北京的火车票错过了笔试时间，并表明我已经辞了家乡的工作，一心想到北京发展。

对方很爽快地说：“你四点前过来吧。”当时已经是下午两点。我马上查了地址，报社在月坛北街，如果坐公交车再换乘地铁，时间恐怕来不及，我二话没说收拾好简历、出门打了辆出租车。

四点前，我赶到了报社。面试我的张姓副总问了我两个问题：“你从哪里过来的？现在住在哪里？”我说：“我从武汉辞了工作过来，已经在农大附近住下。”

当得知我自己租的房子时，他说：“你明天来上班吧！”我当时都不敢相信自己的耳朵，没有经过笔试，也没有新闻方面的面试问题，我就能上班了。我按捺不住心中的喜悦，一出报社就给家里打了个电话，告诉他们我被报社录取了。

事后，这位领导才说：“你从外地过来，并没有问我报社的地址，自己直接找了过来，说明你具备一个记者的素质；自己辞了工作，到北京后就找房子住下，表明了你的决心和勇气。”说实话，我一直从心里感激这位领导，没有他的网开一面，我或许不会那么容易进入北京。

2月的北京，风寒料峭，我租住的单间没有暖气，晚上睡觉时我把所有能穿的衣服都穿上再裹上被子也觉得冷得刺骨，根本没法入睡。于是，我在离单位不远的新文化街找了个地下室，一个单间每月五百元，暖气很好，价格也能接受，而且有属于自己的空间。那时的我就已经很满足了。

我们的工资和自己的工作量挂钩，我每月到手的工资有三千多块钱。我咬咬牙用两个月的工资买了个照相机，这样出去采访我就不用为联系不到摄影记者而发愁了。

在我工作半年后，报社迁到了东三环南路，我也跟着搬家。我从网上合租了呼家楼（现在的央视新址）的两居室，一间八百元。虽然每月租金比以前多了三百，但居住条件却大大升级了——从地下室搬到了楼房。

这年春节，我因为没有买到火车票，第一次没有回家过年。听到屋外的鞭炮声，身处异乡的孤独感油然而生。在除夕夜，我给家里打了个电话，弟弟说："你没回来，妈妈又偷偷地流泪了。"到北京工作整整一年，我一直没回过家，真想回家和我的爸爸、妈妈还有弟弟团聚。平时工作时我总盼着有假期，可春节那七天真是难熬。同事同学都回家了，我唯一能做的就是听听收音机、看看书。

进入地产领域成为我工作的转折点

2005 年，是我在《华夏时报》工作的第二年，也是我工作的转折年。我从华夏商务新闻部到了华夏地产周刊，成了地产媒体人。

在我为找新闻线索而发愁、每天漫无目的跑 CBD 时，我人生的又一位导师出现了。一天，华夏地产的蔡主编找到我，问我是否有兴趣加盟地产周刊。我很愿意去尝试，但我担心自己地产方面的知识欠缺、怕胜任不了工作。蔡主编的一番话打消了我的顾虑："我最看重的是人品。首先，做人很关键，其次才是知识，而知识可以通过实践慢慢学习和积累。"这样，我进入了陌生的地产领域。

那时北京的房地产发展正如火如荼，我在华夏地产的收获也很多，除了地产知识的积淀、选题的策划、活动的组织，更为重要的是为人处事。"先做人，后做事。""事情做好了，金钱自然来。""笨鸟先飞"……这些谆谆教诲，让我一生受用。

在华夏地产的那段时间虽然短暂却很有意义，经历的事总会历历在目，让我记忆犹新的是只会埋头采访写稿的我居然签了人生的第一单。我们策划了一期关于大型社区配套的专题报道，我和北京城开集团约好了采访，不凑巧的是采访那天下起了大雪。本来约好上午 10 点，由于我不熟悉路，加上雪天不好走，我在城开集团办公所在地的那个大社区兜了一个大圈，最后一边问路一边走，11 点才到目的地。

站在采访对象公司的大门口，我迟疑着没有进去。我为自己的迟到而心里充满愧疚，因为主编总对我们说："采访千万不能迟到，这是对采访对象的尊重。宁可我们等着，也不能让对方等我们。"按照主编的做事风格，无论和谁预约，他至少要早到 5 分钟。

我怀着忐忑不安的心情给主编打了电话，问是否还要进去采访。一向严厉的他在电话里没有批评我，而是说因为特殊原因迟到没关系，你冒着大雪去采访会让人永远记住的。这些话是安慰也是激励，我的心里一下子释然了。果然，对方很愉快地接受了采访，还安排我吃午饭，更让我想不到的是后来城开集团还给了我们四万五千元的广告支持。

接下来的几年，我辗转了几个单位，但一直没有离开地产行业，工作忙碌而充实。有朋友建议：你做房地产方面的报道应该认识不少开发商，还不如给自己买套房子。当时，东三环的商品房每平方米七八千。我那时没有买房的意识，而且感觉租房子住很好，一来租金自己能承受，二来房子不合适了可以随时换。只要单位换到哪里，我就到哪里租房，节省了时间和精力，我乐在其中。

安家北京，置业北京

2008 年 4 月，漂在北京的我终于登记结婚了。我们属典型的"裸婚"一族，婚房是租住的 40 平方米的一居室。我老公是北京集体户，能申请经济适用房，于是在买房方面我们没有太着急。

在买房一事上，让我思想发生转变的是那年 10 月，我到医院检查发现自己怀孕了，当时的一个想法就是：没有孩子搬家住到哪里都可以；可一旦有了孩子，就应该给孩子一个稳定环境，不能拖家带口地到处迁徙。

于是，我们开始为经济适用房而忙碌。依照住房保障办的条件，我们不能申请经济适用房，不过可以申请限价房。这让人能接受，毕竟当时的限价房比商品房的价格低一半。我老公的材料准备齐全了，在我这里却卡壳了，由于我的户口在武汉，我必须拿着申报材料回武汉开无房证明，更让人郁闷的是，我还得到户口迁出地开具无房证明。我的户口是大学毕业后直接从学校迁到武汉的，我当时所在的大学没法开具这个证明。读大学期间我怎么可能在学校有房子呢，这不是明摆着设条件嘛，我们买限价房的计划就此搁浅。

2009 年 6 月，我提前一个月休产假。在家待着无聊，我就开始从网上找房、找中介公司看房。那时正值金融危机，三环周边二手房 40 平方米的一居室总价 75 万。国家调控房价的政策频频出台，我们对房子降价抱着很大希望，一直观望着。

7 月初，离预产期还有半个月，我回到了老家。孩子出生了，没有上户口，主要是我老公单位的集体户不能让孩子落户。我也不愿意让孩子的户口跟着我上到武汉。不是我对户口太在乎，主要是在现实面前我不得不低头。我们要在北京发展，如果孩子的户口不在北京，以后上学、就医等都很麻烦。

2010 年初，我的产假期快结束了，我带着孩子回到了北京。当我再去看房时，仅半年时间，房价又涨了，三环周边一百万的房子已经没有了。我们手头积蓄不到 30 万元，意味着首付也不够，还得借款。我们在筹钱的时候，房价还在涨。但为了孩子的户口，我们铁定心了要买房，而且必须在短期内尽快买到房子。只有买了房子，我老公的户口从集体户迁出来，孩子就能跟着上户了。

那段时间，我们疯狂地去看房，连地下室也去看过。最后，通过房产中介公司在四环外找了一套总价在一百万元以内的二手房。由于第一次买房没有经验，加上买房心切，在签买房合同时，我们吃了不少亏。我们开始给银行还贷了，但房主推迟腾房，我们买的房子住不了；房子过户了，但房主借口说孩子升学，户口迟迟不迁走。

2011年初，我们好不容易才搬进真正属于自己的房子，进家门的那一刻我居然没有一点欣喜。房主事先说好留下来的热水器、衣柜、家具等都搬得一干二净。由于当时只是口头协议，并没在合同中体现，我们只能吃哑巴亏。后来，原房主把户口迁走了，也不和我们说一声，可谓机关算尽。通过买房，我们也吃一堑，长一智。

现在，除了当时买房找亲戚朋友借的钱，我们每月给银行还贷两千多元，和租房子住的租金差不多，没觉得买房后有太大的压力。今年九月，孩子如期上了北京市公办幼儿园，而且，孩子上户后医保也顺利办下来了，解决了我的心病。

因为我在北京买房了，而且孩子是北京户口，我在武汉的同学对我不无羡慕。我在想：其实我们每个人都在羡慕别人的生活。或许，他们知道了我的这些经历，会有别样的感慨。在我看来，这些经历将成为我人生中莫大的财富。

一晃十年过去了，我也算得上是北京常住居民，可我的户口没在北京，我不得不面对人户分离所带来的诸多不便，比如，当初要给孩子办准生证我特意回武汉找计生部门开具生育证明，每年我定期要去派出所登记暂住证，办理社保要回老家取户口本，就连办信用卡也得提供户口所在地的座机电话……尽管如此，我对未来的生活仍然充满希望，为了心中的理想我还要继续奋斗。

2013-03-28

一个“城漂”的感受

宋忆南　艺术家

我从事视觉艺术和创意设计工作，脑子里每天都是各种图像和颜色在打转，而高深理论性的东西似乎跟我不太亲近。

城市化和我有关系么？看了许多释义，包括“新型城市化”的解释，谈的都是“农民进城”和“市民到郊区”这两条相互流动的“线”以及“乡村变城镇”这个“面”。而这“两线一面”并没有包括像我这样的城市青年的流动。

我想，无论是城市化的发展速度、发展质量，还是最终要达成的和谐社会目标，除了人们已经耳熟能详的热点外，至少还有两个不应被忽视的问题：一是城市里面中、青年这个群体的流动情况，二是这个群体的自身发展情况。毕竟，这个群体是构成未来城市的主体；毕竟，对城市社会朝什么方向发展，这个群体的价值观举足轻重。

很荣幸，我现在属于这个群体。所以谈谈我的经历和感受，抛砖引玉吧。

“漂”是我的属性

曾被说我命里有“驿马”，注定不会在一个地方久居。的确，我自幼就开始了“城漂”。20 世纪 90 年代初，刚上小学的我，随父母离开北方的一个省会城市来到刚刚改革开放的广东深圳。父母的追求我不懂，而自己最直接的感受是住所从宽敞的三室一厅变成了租来的一间小蜗居，妈妈手洗全家的所有衣物并在艰苦条件下打理一切家务，我们甚至需要和邻居共用洗手间。南方特有的硕大蟑螂从窗户中飞进飞出；成群结队的蚂蚁蠕动在墙面上，向我的零食专属袋大肆进军，还记得我为此写了一篇作文叫“我家是小小动物园”。父母乐观而努力打拼的精神也深深地印在了我的心中。

初中毕业时，由于酷爱绘画，成绩名列年级前茅的我在所有老师的可惜声中报考了广州美院附中，并在全国 400 多名考生中以“创作”科目第一名的成绩拿到了减免学费 80% 的奖学金。自此，我第一次主动“城漂”——从深圳到广州，独自经历了两年的高中生活。第一次要自己面对一切生活问题，也体会到出门在外靠朋友，有什么事父母再关心也远水解不了近渴，习惯后也享受离开家门的自由。

广美附中的学习为我打下了比较扎实的艺术专业功底。但为了不想自己变成只会练手不会练脑的“石膏人”，我强烈渴望看看外面的世界。总是尊重并支持我意愿的母亲在多方比较后为我选择了世界艺术领域内顶尖的伦敦艺术大学，并自行办妥了一切入学手续。2003 年 8 月，刚满 18 岁的我完成了高二的学业，背上更重的行囊，对父母留下一句“放心吧”，便带着好奇和期待的心情独自飞往无亲无朋的英国，开始了我第二次的自主“城漂”——从广州到伦敦。

隶属英国伦敦艺术大学的中央圣马丁艺术学院在全球艺术教育界首屈一指。在这里的 5 年学习时间是改变我众多思维模式和做事方法的关键时期。我受到最强化的训练就是创意、创新、革新！在我所修的平面设计科目里，没有老师会教你该怎么读书，没有老师教你任何艺术技法，没有老师要求你跟随他的观点。我们所要做的事情就是自己去图书馆、去博物馆、去社会深入调查，然后去思考、去反问、去挑战旧有的事物，在尊重并吸收旧有知识精华中再创新地完成一个又一个的 Project（作业项目）。就像这所学校没有围墙一样，这里所有的思想都没有边界，没有什么是不可能的。

伦敦遍布大街小巷的博物馆、展览馆是最令我怀念的地方。那简直是一个个浩瀚的艺术海洋！有前沿的浪花、有时代的巨浪，这种浸泡使我上瘾，以致回国后觉得心里空落落，必须抽时间每年至少安排一次“泡馆”之旅。

在这个历史厚重却又活力爆发的城市——伦敦，来自全世界的多元文化被接纳并激烈碰撞着，它点燃了我敢闯的激情，激发了我专业创作的能量。毕业的时候，我的海报作品获得了国际反皮草海报大赛的英国及爱尔兰赛区奖项，受邀进入英国 D&AD 设立的“才华新人池”，为在伦敦最大的 V&A 博物馆展出的 China Design Now 做邀请函设计……

也是在这异国他乡，我拿起了锅碗瓢盆，从番茄炒蛋开始学会了给自己做一道道家乡菜；我放下以前慢热和被动的性子，主动去结交新的朋友；在那十几年前没有智能手机，上网也不太方便的日子里，我把自己扔进伦敦的大街小巷，去感受每一处新鲜的气息。到伦敦的第一个学期期间，我把每天的甜酸苦辣用文字和手绘记录了下来，假期回国时出版了 18 岁送给自己的纪念品——《Kiki 视觉日记之初到伦敦》这本书。后来，在酒店宴会厅的打工让我在贴补生活费用的同时，收获了更多的经历：原来西餐烦琐的摆设和就餐程序、礼仪是如此；原来印度人的高档婚礼可以十几道菜全部是不同口味的咖喱；原来犹太人的成年礼可以如此隆重，男孩女孩要分开坐，而他们的习俗讲究也是那么的繁复。

再后来，我在伦敦结婚，因孕期爆发 H1N1 猪流感，我又“漂”回了深圳。

产后，当我再次投入工作时，意外地竟然觉得那么不适应。虽然深圳有着蓝天绿树，享誉设计之都，也有那么多成功的艺术设计人士在此奋斗，但我“漂”惯的心又开始躁动。于是，放弃了稳定的工作和居住环境，我再一次挥别父母，漂到了北京，在国内一家大型广告公司任职美学顾问。两年后，成立了自己的个人工作室。

现在，是我在北京漂泊的第 4 个年头。在这段日子里，我拿过全国广告设计的金奖，给雀巢等一些企业做过产品推广创意策划、展览创意、主题公园产品创意策划、室内装修创意等等。目前，我正将工作重心逐渐转向自己独立的作品创作……

北京，是我目前认为最适合我发展的一个城市平台，所以我留了下来。

我的同龄朋友们，有的又漂出国了，有的漂到香港了，有的在国内各大城市之间漂着……来来去去，大家都在为了更好地生存发展奔波迁徙。我的母亲祖籍是北京，所以虽然我在南方城市长大，家庭氛围和饮食习惯却抹不掉北方味儿。也许因为如此，我的血液里流淌着一份对京城天然的亲切和眷恋。另外，早起吃碗豆腐脑儿，宵夜跟朋友吃个串儿实在是种难以放弃的感觉呢。

但是，和众多“北漂”一样，纵然我们不顾这不宜居的空气环境依然深爱这座城市、不论我们对这个城市有多少贡献，仍然被一只无形的手往外推着：购房“限购”、买车没有“摇号”权、孩子上学难等诸多“首都城市待遇”哗哗地落在我们身上。什么时候能把孩子从深圳接到北京来上学、母女团聚，拥有一份归属感成为我一个略感可笑的梦想。

“漂”也许是我的终身属性。算一算，从知识结构上、能力上、年龄和精力上，我还具有“漂”的资本。因此，随时调整向适合的地方“漂”，于我也是一念之间的事。

所以，城市化进程中，不仅仅有农民进城，还有一票“城漂”。与其说“人往高处流”，倒不如说“人往适处流”更贴切。城载人，人润城，什么时候漂来的人都能在新的城市踏实工作生活，城人合一，应该是最美的事儿了吧。

“拼”是我的骨性

目前社会上，靠“拼爹”或者“拼对象”而自由散漫、不追事业只追逐物质的人很多。但我坚信别人给的，别人也可以拿走。

我是80后。从小在经历过三年困难时期和“文革”后形成的家庭思想观念教育下长大。幼年时也亲眼见过、经历过父母拼搏时吃的苦、受的罪。因此，拼搏、责任在我的骨子里根深蒂固地存在着。

出国留学的有不少“富二代”。但是，我很庆幸我的朋友圈中人都秉持自己努力奋斗去开创属于自己的价值和世界。“靠自己”是我们共同的价值观。因此，在学校时拼学业，毕业后拼创业，成为我们的青春轨迹。漂来漂去，我们也有孤独的时候；拼来拼去我们也有压力重重的时候，但是下一秒，我们会给自己一个微笑，一个拥抱，也给彼此一声加油，站起来继续前行。如今，很多朋友已经成功搭起了自己的舞台：有的在国际著名拍卖行被作为稀缺人才引进；有的已成为国内知名的独立服装设计师；有的在珠宝交易领域独树一帜；有的在国内美容护肤领域杀出了一条血路……

我们是在漂，漂在不同的城市，漂向更适合的城市。我们愿意做城市化浪潮中向前扑的浪花。

“德”是我的品性

经历痛苦，可能是人生的必修课。我感恩有亲人和友人的陪伴，让自己在接连遭受两次堪称人生中最大的痛苦之后，没有让自己迷失做人的方向。

三年前，短短几个月内，我三年的婚姻和母亲近四十年的婚姻相继遭遇破裂。这个家从此没有男人了。在经历过天塌地陷般的黑暗之后，我和母亲都站了起来。原来，无论任何事，自己都没必要再不放过自己。

自强的女人不会让“恨”在心里驻足。相反，我和母亲更体会到我们需要学习更大的爱，需要用更多的爱感染社会；对小女儿的教育、开发重点不是智商而是情商。

从此，在我的日程表里，增添了一项内容：做义工。尽管我只是个“城漂”！在养老院、在天使之家孤儿院，当我做着从来没有做过的公益事情的时候，当我原本以为是我在付出的时候，我却收获了满满的感动，被感染了更坚定地自强不息的精神。

今年冬天，妈妈带着我的小女儿来到北京。我们带她出门做的第一件事是做义工。适逢我和朋友们正在策划一场关爱环卫工人的大型公益活动，60 岁的母亲和 4 岁的小女儿与我一起冒着寒风在北京的大街上挨门挨户走进大小餐饮店内，劝说他们能免费为环卫工人提供热水和加热饭菜。当一张张承诺单张贴在这些餐饮店外时，小女儿兴奋地打出了“V”的胜利手势。在随后的大型公益活动中，小女儿的独舞赢得了环卫工人们最热烈的掌声。在公益的道路上，老小同行其乐融融，这份独特的天伦之乐让我在这座城市有了一份别样的家的温馨感。

当我向妈妈提议“年三十我们去天使之家吧，那个时候他们最缺人手”，妈妈立刻回答：“好！”，没有一丝犹豫。

良好的品德是立人之本，是家庭教育之本，这是我们母女的共识。

我们母女三人漂在北京，是城市化大潮中微不足道的几朵小小浪花。但至少，我们是晶莹的、开放的、热情的。“城漂”们汇成了这城市之间流动的血液，带来了生机，流动出活力。

2015-03-20

北京，过往的第一座城

罗心龙　中央民族大学学生

“青天有月来几时，我今停杯一问之。人攀明月不可得，月行却与人相随……”，这是李白流放途中月明之夜登上恩施清江之畔碧波峰时所感。恩施即我的家乡，这里有“玉龙百里腾云起，瀑布千寻迅雳生”的恩施大峡谷；“摩空一炷绝红尘，俯视山河亿万春”的一炷香；“高下纵横几洞天，山含洞宇洞含山”的腾龙洞，更有“土家小伙英风发，山寨姑娘花绰约”的土家摆手舞，大自然的鬼斧神工，土家文化的魅力，让我对家乡格外的眷念。生活在这样一个民风古朴，自然风景秀丽的山水之城，我自然带有一种原始的淳朴，我爱大山，但我更希望能走出大山，看看外边的世界。2011 年高考后，我得以实现这个愿望。北京，作为我走向城市的第一站，承载着我太多的梦想与执着。

偏僻乡村

我的老家在湖北恩施一个偏僻的山区农村，这里生活着大小几十户人家，走半里地大概能见到一个用泥土堆砌起来的房子，没有公路，也没有像样的农机具，“刀耕火种”的传统耕作模式在很多地方依稀可见，农民世代相传，守护着那份土地。土地养育了当地的绝大部分人口，每年金秋时节，稻穗的香味和玉米棒的厚实，大概是农民最高兴的事。而冬天厚厚的积雪也预示着来年瑞雪兆丰年的光景，这大概是 10 年前家乡的面貌。

6 岁那年，我开始了我的学生生涯。由于地域偏远、家境贫寒，家乡附近没有幼儿园，我不得不跨过幼儿园教育阶段，直接接受小学教育。对我来说，幼儿园就是地上的爬摸滚打，泥土扮演了橡皮泥的角色，而大自然则成了我的幼儿园老师。不过，对我来说，和大自然打交道，生活很快乐。就读的小学是由村委会改编而成，正因为如此，村委会后来搬到了村支书的家里，此后，这作为惯例得以延续。全校几个年级的学生凑在一块儿不到20人，是典型的混合班级，各个年级的同学集中在一个教室上课，一个老师需要承担全校所有的教学任务。几张破木桌，一间教室，一个老师，构成了小学的全部。

9岁那年，小学拆迁，我转学到离家10公里以外的小学就读，小学的设施简陋，除了几个东倒西歪的篮球板，全校的体育设施只有一个乒乓球桌。教学设施既没有电脑，也没有多媒体教室，甚至操场也是用泥土铺成的，长满了青草。学校的老师基本上都是青年大学生，他们多是刚刚毕业来此处支教的，几位资历较深的老师作为学校的元老级人物已经离开了讲台，退居二线，时不时会在学校重要活动等场合出现。学校里没有暖气，冬天用柴火取暖。每个同学每周带二斤重的柴火，足够学校使用一个星期，也体现了“众人拾柴火焰高”。学校周围有几处卖零食的小卖部，零零散散分布在街道两侧，这也是这一地区最繁华的地方了。对童年的我来说，这便是记忆中的一座“城”，能上学，能购物，就足以称得上这个称号。童年的记忆基本上被孩童时的天真和幼稚所填充，家乡人的质朴和勤劳培养了我朴实的秉性，“城”的意义在我心中似乎更像是一个零余者。

“繁华”小镇

刚上初中，家乡铺上了柏油马路，这是我们全村人最值得高兴的事了。因为通了公路，村里的人就可以去小镇上购买日常生活用品，偶尔心情好，还可以去小镇娱乐一番。小镇距离家乡20公里左右，我的初高中生活都是在小镇上度过的。山路弯曲，盘山公路如九曲回肠，蜿蜒曲折，从村子到小镇大概有一个小时的路程。小镇人口不多，零零散散几万人，集中分布在小镇的中心地带和周围地区。三轮车、摩托车是小镇常见的运输工具。虽然这里谈不上繁华，但车水马龙总会给人一种热闹的感觉。附近的农民、工人都会到小镇购物，由于他们是镇上的主要顾客，店主对于顾客也就没有三六九等之分，总会表现出极大的热情，迎接每一位身着泥土迷彩装的人。每遇逢年过节，小镇异常热闹：街道两旁的小商贩挤满了整个人行道，街道往往由于人流阻塞陷于瘫痪。这一段时间对于商家来说，是赚钱的大好时机，各商家的竞争也会激烈起来，他们不得不采取各种手段吸引顾客。有的喊着“仓库清仓，最后一天”的标语，有的则在商铺外置一个大喇叭，叫着“跳楼价、大放血”之类的话……事实上，这样的“促销”已经延续了很长时间，只不过为了抓住顾客的好奇心理。除了一些基本的日常生活用品，在小镇街头末端，也有售卖一些农家特产的，虽然全手工制作，但价格相对菜市场要低廉，因此，这个街头市场也非常受顾客的青睐。这是我真正意义上接触到一个地区繁华的中心地带，一个算得上的小城镇。

后来，小镇迎来了发展机遇期，沪蓉西高速公路和宜万铁路贯通，小镇的规模开始扩大，新工业园区开始落户小镇，小镇对周围的辐射带动作用明显增强，附近大量的剩余劳动力来到小镇赚取财富，农民也可以享受非同一般的工资待遇。经过几年的发展，人们的生活上升到了一个新台阶，但伴随着轻工业发展到来的还有重度污染企业。这些企业由于在大城市没有立足空间，纷纷转移到中西部和中小城市，附近的硅场便是其中之一。硅场每天要排放大量的废气和废水，硅场老板为了节约成本，吝啬环保仪器的引进，直接向大气中排放大量的废气，废气中含有大量的粉尘和二氧化硫，每到夏季，酸雨便冲刷了整个小镇，雨过天晴之后，路面往往留下一些五颜六色的污垢，这是酸雨侵蚀过后的痕迹，而长时间没有雨水冲刷的街道又常常会留下厚厚的一层粉尘，汽车驶过，漫天粉尘飞舞，原本干净的街道变得伤痕累累。尽管附近的居民一再向政府反应情况，而政府的迟钝使得硅场在小镇足足待够了一年。最后，在小镇居民的努力下，硅场不得不搬迁到其他城市，至于硅场的去往，也许离小镇不远，但总算是离开了人们的视线，山清水秀的小镇又回到了人们身边。

来到城市

高考结束以后，我来到了北京上学，我的农村户口也随着我的学籍转到了北京，我暗暗自喜能当几年北京人，享受城里人的生活，全家人也都为这一刻感到高兴。

母亲是地地道道的农民，从没有出过远门。对于她来说，之前去过最远的地方就是县城了。为了能看看我的大学校园，她也想到北京转转。一开始，父亲并不同意母亲的想法，他担心长时间的火车车程会让母亲无法承受。另外，母亲不识字，父亲怕她在北京城走丢。不过，由于母亲坚持，临走之前，父亲便一再嘱咐我："带着你妈逛完北京，把她送到火车站再回学校。"对于父亲的叮嘱，我连连点头，想到能带母亲来一趟北京，我心里暗自高兴。

从恩施经过 22 小时的车程，火车穿越了山地、隧道、平原，历经 4 个省、15 个火车站，终于抵达北京。在火车上，母亲年纪较大，我让她坐在靠窗的位置，以便左右有个依靠。和我们一同来北京的还有我高中同班同学以及他的爷爷。爷爷已年过七旬，对于一个古来稀的老者，此次来北京一是为了送送自己的孙子，二来也是看看他在北京的儿子。爷爷的儿子恰好也毕业于中央民族大学，是我的直系师兄，毕业后参加公务员考试，进入了国务院一个机关单位工作。在和爷爷的谈话中，我了解到爷爷有三个孩子，现在都分布在全国各地的大城市。三个孩子过去都是地地道道的农村人，后来靠自己的努力，纷纷加入了城市家族的行列。爷爷在农村辛苦了一辈子，却将自己的三个儿子都送进了大城市，现在，能在晚年来北京看看，也算是爷爷最后的愿望。

刚下火车，我们就接到了师兄的电话，他正在地下停车场等着我们。来到地下停车场，这里密密麻麻地摆着各种牌子的轿车，对于北京，这也许再平常不过了，但要放在我的家乡，这里无疑是一座金库！从地下通道曲折而上驶入地面，此起彼伏的高大建筑物像是在做一次高度竞赛，阡陌般的交通干线、一座接一座的立交桥让我突然间完全迷失了方向。在我眼里，北京的路面交通就像是一个盘棋，东西南北，错落有致，环路交通线构成了这个城市的交通大动脉。北京人习惯于用东西南北的方位给陌生人指路，对于我来说，用左右也许更能让我明辨方向。

北京，作为一座历史文化悠久的城市，同时又是全国的首都，北京人骨子里有一种首都居民的优越感。这里，由于外来人口占据绝大多数，每逢春节，往往人去楼空，街道两旁的繁华似乎也在突然间暗淡下来，偌大的北京城仿佛变成了一座空城。这与平日里热闹的、拥挤的北京形成了鲜明的对比。

从小镇辗转到北京的我，似乎进入了一个新的世界，这里有城的味道，宽广的长安街，深邃的王府井，热闹繁华的西单，威武耸立的天安门城楼……一切都远远超出我的想象，不仅仅是规模的宏大，足够的气魄，更重要的是北京历史的厚重感让我对这座城市充满了敬仰，我对自己正生活在这样一个被定义为“特大城市”的地方感到高兴。

不觉间，一年过去了，这个一开始对我来说相对陌生的城市正在变得越来越熟悉。我开始全面了解这座城市，掏心窝子地向这部中国百科全书寻找答案。渐渐地，我参与到了北京城市建设与发展的大军中去，成为北京园博会的一名志愿者，用自己尽可能的知识为四面八方的游客提供服务；参与住建部城市化网站的维护，为更多的读者提供新近的城市化新闻；作为一名环保志愿者，像呵护家一样的保护着这个城市。我想，我已经有城里人的味道了，我不仅生活在这座城市，也正在积极参与着城市的建设与发展。

城市是我们生活的理想家园，它承载的不仅仅是各种混凝土式的建筑，更重要的是它寄托着每个城里人生活的希望和梦想，当然，也寄托着我对于生活的希望和梦想。

2013-09-04

心有多大，舞台就有多大

杜飞　中视美创（北京）文化股份有限公司总经理

我来自河北省邢台市任县西固城乡陈杜科村，1982年出生于一个普通的农民家庭，家中姐弟三人，我排行老三，上面一个姐姐、一个哥哥。可以说，我是真正的80后创业者。

高中毕业在邢台工作半年后，2002年3月15日，我来到首都北京。令我记忆犹新的是，站在西客站出口处那一刻，看着高楼大厦，川流不息的人群，车水马龙的街道，我很激动。如果用一个镜头描述当时的情景，应该是一个青涩的青年背着背包，一双清澈的眼睛看着这繁华的一切，心里惶恐、不安、雀跃，还有憧憬！当天晚上我激动地一晚上没睡好，心想终于来到了北京，可以在这个大城市闯荡一下了。

第二天，在亲戚的介绍下，我开始了在北京的第一份工作——在物美超市做保安。早上，亲戚把我送到超市，交代几句就走了。接下来的几天，我就在物美超市门口看自行车，大概过了一周，我被分配到石景山区物美西黄村店当内勤保安。内勤保安就是在超市里面伪装顾客抓那些拿东西不结账的顾客，因为那时候北京的超市还不全是视频监控。当时我的工资每月270元，包吃住。干了两个月左右，由于业绩突出，表现良好，我被破格提升为保安主管。再后来，店长找我谈话，把我调到美洁组采购部做理货员。进入这个不熟悉的行业不到半年时间，我被破格提拔为美洁组副组长。这时，我的工资待遇也有了明显的提高，一个月工资能有1200元（当时一碗面也就3元钱）。销售业绩提升、完成任务还有奖金，此外，每月还能休息10来天。我在北京的生活基本上算是比较稳定了。

工作之余，我没忘记学习。2002年10月，我报班学习了计算机组装与维修。

抱着必须学会电脑打字、掌握电脑基础知识的想法，我顺利通过了专业考核取得结业证书。

暂时的稳定并没有让我感到满足，一段时间后我又有了新的想法，想换换工作。记得2003年2月21日，在忙完年底任务，店长组织所有员工共同庆祝的那天，我向店长说出了辞职的想法。店长舍不得我走，一直拖着不批，没办法，我只好找部门主任。3月15日，在我整好干了一年的日子，领导批准了我离职。至今，我都非常感谢这两位女领导对我的照顾和理解。

从超市离职后，经朋友介绍，我进入北京润蓝广告有限公司做业务员，每月基本工资700元外加业务提成，不管吃住行。那时候，公司在广安门西华经典办公，我住在石景山区西黄村，每天要坐两个多小时公交车，中途需要换乘3次才能到达。所以，我每天清晨四点多就要起床。就这样，寒来暑往一直坚持不懈。现在想起来，当时的那份坚持真的是全凭一腔年轻无畏的热情。当我接到第一个单子——承接崇文门正仁大厦新世纪钱柜KTV开业仪式时，抑制不住内心的兴奋抱着同事就跳了起来。后来，这项活动顺利举行，并得到老板的认可。

2003年，中国经历了让人谈之色变的“非典型肺炎”（SARS）事件。记得当时大家都留在房间里，不敢出门，路上几乎看不到什么人，大多数公交车上只剩下司机和售票员，偶尔会有那么一两个乘客乘车……整个北京失去了往日的繁华与喧嚣，笼罩在恐慌的气氛中，一片空旷萧条。公司宣布放假休息一个月，老板安排住得远的员工暂时住在公司，打地铺，每天做饭自力更生。好多小伙伴们坚持不住都撤了，有邻村同来北京打工的同学打电话叫我一起回老家去。我想，就这样回去太不甘心了。三个多月后，“非典”渐渐过去了，公司抓住机会开始接触房地产的一系列活动，重新开始了运转。我也从业务员的岗位转为负责活动执行，工作的转变给了我更大的发展空间，而接触的东西越多，需要学习了解的东西也越多。由于自己的学历不高，生怕被老板炒鱿鱼，每天下班后回到不足10平方米的小屋，我就看书学习为自己“充电”。

当时尽管一个人，挣得钱还是不够花，我想到利用周末时间去麦当劳或者肯德基打零工多赚点钱。没想到，他们不要外地户口的，只收北京本市户口的做小时工。那是我第一次知道原来户口是有差别的，外地人、农村户口是不可以在麦当劳、肯德基打小时工的。没办法，我就从阜成门天意批发市场批发玩具到西单和王府井大街去卖。当时的城管还是比较和善的，看见小贩，说说就走了。我还在夜市卖过T恤衫，情人节的时候卖玫瑰花……做这样的小生意，不仅让我多了零花钱，还让我有了很多的人生体会和收获，并且总结出了一些做生意的门道。

2004年3月12日，对我来说，这是很重要的一天。那天，我无意中在户外广告牌上看到一个地产开发商的广告，就打电话咨询找市场部负责人洽谈活动。后来，我们在多家公司的激烈竞标中拿下林溪别墅客户联谊植树节活动。这次活动之后，我陆续接触到了许多知名的地产公司——华润地产、万科地产、珠江地产、金地地产、远洋地产、万年花城、新世界地产等等，这些公司后来也都成为我们公司的客户。

到了10月份，我却不得不再次辞职，原因是老板不讲信用，一直不给活动提成。不久公司倒闭，至今提成没拿到，对我来说，这也算是个教训吧！俗话说，祸不单行。也在这个月，我经过断断续续半年的学习，第一次参加全国成人高考，差3分未被录取。沮丧了一段时间后，我再次报考了辅导班，2005年10月份以优异成绩考上了北京工业大学经济管理学院，终于圆了我的大学梦，从此也开始了半工半读的大学生涯。

2005年3月，在我来北京整整三年的时间，我跟朋友一起合伙创办了北京世纪亚泰文化传播有限公司，主营地产活动、艺人包装、音乐制作、艺人经纪等。当时中国的房地产正值飞速发展，地产活动接得比较多。可是，顺驰地产2005年下半年资金链断裂，让我们做的活动款项均未结账。就这样，要账要了快一年，最后有合约的全部结清，没合约的（因为每周有活动，合同没来得及签约，没合同顺驰不认账，打欠条也不管用），如果能找领导补充协议的就给结账，由于许多负责人都离职了，我们也只能认了。经过这次教训，我坚持做活动必须签协议，诚信是做生意的根本，做人是做事的基础。

2006 年，我认识的演出圈的朋友越来越多，也参与了北京奥运系列庆祝活动，参加了电视台的各大晚会录制，经常带明星艺人出去商业演出，在圈里逐渐有了影响力。作为活动策划者和执行者，我做过很多大型文艺晚会，积累了丰富的演出经验，也积攒了北京各类的演艺资源，认识了很多前辈，学习了很多东西，这让我从心底里感激他们，是他们的勉励让我不断成长。

2007 年，我取得了中国演出家协会颁发的演出经纪人资格证书、北京经纪人协会颁发的文化经纪人资格证书。同年 12 月，我又与朋友合作，担任星瑶（北京）国际文化传播有限公司总经理。

2009 年，我恋爱了，女朋友是我们河北的姑娘，我们想在北京买房结婚。不过，买房看房的经历让我们见证了北京房价的猛涨。原本定好的一套房子，业主坐地涨价十万元，飞涨不下的房价让我们错失了在北京购房的最佳时机。

2010 年，是我人生中收获最多的一年：在爱人老家秦皇岛购买了一套房产，结婚、生子。对我来说，可谓三喜临门！人生最大的幸福莫过于此了吧。

幸福的同时，北京的各种限购令也陆续开始了，由于我和爱人都没有 5 年社保，所以，我们一家三口只能在北京“漂”着。

随着事业的发展，我在老家邢台购置了第二套房产及汽车，但这也让我很感慨：为了能在北京安家立业，我们奋斗不息，在北京这个包容厚德的城市里奋斗打拼，见证了北京城市的大发展、大繁荣，可是，我们这些外地户口的“北京人”，在工作生活中却遇到了这样那样的限制。除了房子和车子限购外，孩子上幼儿园也成问题，只因为是外地农村户口，我们就要付出高额的学费上私立幼儿园；再比如小孩看病问题，所有的费用只能我们自己承担。等等诸如此类的问题，很困扰我，我觉得这些问题应该在国家社会的发展过程中得到改善解决。

不管怎样，工作稳定、家庭美满，还是让我感到很满足。我最大的愿望就是带着爱人和孩子游历世界，开阔眼界，增长见识。同时，我也希望在下一个十年、二十年，我们的国家能更加繁荣昌盛，我自己能不断实现自己人生每一个阶段的目标。

2014-10-09

心的城市化

李漾

转眼毕业第四年了，生活和工作还算稳定，在北京这样的超级大城市，基本能解决温饱问题了，偶尔跟同学朋友小饭店吃个饭，跟男友看场电影，心里充斥着小小的幸福和满足，其他的也不愿意去想……

过年回家，父母又催我们结婚了，面对父母的期盼和关心，内心充满着愧疚感，于是和男友商量着，要么就先结婚吧，让父母安心些，可是对于在北京以后的生活，只能走一步算一步了。

跟很多人一样，我是个从农村走出来的大学生，北京上学，北京工作，毕业以后做了北漂，但跟大多数人不一样的是，我是个农三代了。

农二代的故事

20 世纪 80 年代初，因为在村里吃饭都成问题，加上兄弟姐妹众多，奶奶早逝，父亲的高中终究没有上完。十几岁的父亲离开了家，奔走于各个城市，做学徒，做手工，做小贩……，父亲回忆说那个时候的火车座椅下面，是他睡觉最舒服的地方，随便找张椅子，钻进去，就可以睡一路了。

90 年代初，父亲经过多年的努力，终于小有了一些积蓄，回村里盖了自己的房子。村子里那个有四根红漆柱的两层小楼，在一定的时间内，成为村民们讨论的热点。父亲的想法很简单，等他老了，他要回家养老，他觉得那儿才是他的家。

虽然父亲在这个城市生活了近二十年了，在这里有着自己的生意，买了房子，有了朋友圈子，甚至于两个孩子都在这个城市长大……父亲也喜欢在这个城市里的生活，但是，父亲总是觉得这里不是自己最终的归宿，因为他觉得自己是个农村人，只是在城市里奋斗挣钱而已，他还是喜欢农家院，养几只鸡鸭，种几亩地，日出而作日落而息。城市里有的那些社保、医保跟他没有关系，城市里的那些退休金和福利待遇跟他没有关系，并且他的身份证、户口本还在那个小村子里，时不时要用到的时候，他不觉得要回到农村去办理这些有什么不对，若非两个孩子上学时因为户口问题有些麻烦，他甚至觉得这样挺好。父亲说，他总是担心等他干不动活儿了，没有经济来源了，他会支付不起在城市的生活费用，所以最好的办法就是回到乡下去，守着自己的几亩地，有个小院子，自己种菜生活，与村儿里老人聊天下棋，儿女偶尔回家看望一下……

2011 年，父亲的生意做不下去了，于是父亲回到了家乡。回去后虽略有些不习惯，但是父亲还是很快就适应了。

农三代的故事

我在父亲结婚的第二年来到这个世界上，因为没有人照顾，父母也终究因为不忍心让我做无人管理的留守儿童，所以把我带到身边，南来北往。城市对孩子来说是个很让人欣喜的地方，我从小就很喜欢城市。

但是总会出现让我难以理解的事情，我不明白为什么每次转学都要拿户口本去确认，然后告诉我要交“借读费”，然后全班人都会知道我是外来的，然后等我好不容易交上朋友的时候我就必须要离开，然后到一个新的学校重新开始。从小到大很羡慕别人的青梅竹马，很羡慕别人有很多年的朋友死党或者同学，对我来说，所有的一切都是不断变化的，我要每次克制着自己内心的恐惧，去交新的朋友，融入新的生活，但是这样的生活也造就了我。它让我不敢懈怠，我要很努力地学习，得到很好的成绩，老师就不会拿那种嫌弃的眼神看我了；同时这样的漂泊童年也造就了我随遇而安的迅速适应性，天不怕地不怕的勇敢和坚持。

后来才知道，只是交个借读费，就让我上最好的学校，有一天忽然发现学校不再接收我了。初三那一年，老师找我爸爸谈话，因为我的户口在那个小村子里，所以我必须回到我的户口所在地的县城参加中招考试，继续上学。这样的要求让我们觉得很无奈，虽然我和父母是万般无奈不愿意分开，但是我却必须要继续上学，于是我回到了我所在乡镇的中学，幸而我学习成绩一直还不错，虽然环境大变化，但是成绩很快就上来了，考上了重点高中。

再之后就是考大学，上大学的那一年，父母甚至全村人都很高兴，因为我到了北京某重点知名大学。

在经历了户口带来诸多不便以后，考上大学要迁走户口，让我着实开心了好一阵子，户口迁到了北京，我也在北京上学，以后就不用为这些事情烦心了，但是我貌似高兴得太早了。

2009 年 7 月，我毕业了。不幸的是，我没找到能给我解决北京户口的单位，之前关于户口的问题又突然地呼啸而至，我只有一年时间，要么找个单位解决北京户口，接收档案，要么学校会把户籍、档案发回原来户口所在省市。我奔波了一年无果，无奈，只能到处查找前辈们的经验该如何是好。

前辈经验一：花钱在天津找个地方，存放档案和集体户籍，必须找到一个天津公司盖章解决。作为学生的我，没钱，没关系，没单位，这个方法行不通。前辈经验二：在河北找人才市场存放档案，但是户口不管，还是要发回原籍，觉得没意义，且不懂如何操作，作罢。前辈经验三：所有档案户口发回原籍，学校爱怎么发怎么发，不管。当时刚开始工作的我，为了户籍档案的事情，奔波于学校、派出所多趟，而我住的地方距离学校有三个小时的车程，请假就是一天，受尽了白眼，闭门羹之后，终究选择了第三个方法，发回原籍就原籍吧。因为领导已经明确表示，如果我再这么心不在焉地上班，就请我走人了。但发回原籍的流程也让我疲惫不堪，我曾恨恨地发誓，再也不要跟办理户籍档案的这些人扯上关系了。

档案是根据各省不同情况，发到不同的大学生人才中心，然后再经过复杂手续回到市区。我所在的省是如下要求：档案发回省会人才中心，我必须回省会城市找一个接受我户口的单位，单位盖章我才可以落户；或者在省会城市找一家人，挂名在人家户主的名下，才能有一个户口。天哪，我远在千里之外的北京，我在这边发展和工作，我要如何回答那个城市找到单位接收我？而且我也没有亲戚在那个城市啊！万般无奈给村儿里打电话，村里的人说你这迁走的户口，属于市民了，而且你还这么高学历，你这样的我们不敢接，也不能接，所以不能再迁回来。

档案发回了省会人才中心了，虽然我不明白为什么我拿不出我的档案，也动不了，但因为目前我既不是国企，也不是公务员，因而档案对我其实没什么显现的意义，我就只能暂且放着它不管了，我相信人才中心不会把它丢掉的。户口迁移单却在我手里，我看着这张户口迁移单毫无办法，我找不到接收它的地方。户口在我手里，也就是说，现在的我是个黑户了。我不能丢了工作这一切回到户口原籍所在地查明这些条条框框到底是如何的，没那个金钱，没那个时间，更没那个心力了。我只能由他去吧，可是我想得太简单了。

2011 年，一不小心，我把身份证丢了，我没办法办理，因为我是黑户。逼于无奈，我们一家人找到朋友通过非正常渠道在父母目前所在省市办理了一份户口，终于有了户口。

现在的情况就是：我的学籍档案在贵州省贵阳市人才中心，我的户口在河南某城市，我本人现在在北京工作和生活。虽然过程有些纠结，但是终究我还找得到自己的档案，落得下自己的户口，已经属于相对比较幸运的人了。

当初毕业的时候，不明白为什么有同学千方百计去自己不想去的单位，仅仅就是为了一张北京户口，工作了几年，才渐渐明白。现在有时候跟同事朋友聊天，问到关于下一代，更多的是无奈，在北京上学是要本地户口的，这样才能更公平地享受到各项待遇，才有更多的机会……关于我们的下一代，我暂时还没有去想过，或者以后他们所处的环境会稍稍改变吧，或者那个时候就不会有这么多让人累心的东西了吧。

农三代在北京

朝九晚五，奔波劳碌，家里的人有时候很不明白我每天在地铁公交上的 3 个小时，可是这也是北京的一种生活特色。想着自己越来越丰富的阅历，越来越宽阔的人生道路，我总是庆幸自己坚持留在了这里。

在别人眼里，我也就是个一般般的北漂族而已，但是我却已经认可了这样的生活，谁说这样的生活就是不开心不幸福的呢？甚至我对“北漂”这个词也有些许疑惑，我更愿意称之为一种生活，我们只是在北京生活一段时间而已，这可能与我从小到处生活，没有那么强烈的归属感有关系吧。

长这么大在村子生活的时间屈指可数，偶尔过年一起回家时要父亲一个个地告诉自己那一张张陌生脸孔是哪个。知道自己是 ×× 村的人，也深深地印在脑子里，但除此之外全是陌生。去过很多城市，上过很多学校，却一直都知道自己不属于那些城市，一直到现在从来没有想过自己是否会一直留在北京，但却知道自己一定不会再回家乡去。

诚然，在北京我们没有房子，没有车子，远离亲戚，生活压力山大……但这不能代表我们不能在北京安一个家，不能在北京有自己的生活，不能在北京有自己的朋友圈。离开了农村，不能回去的不仅仅是我的户口，还有我完全城市化的生活习惯。我习惯了琳琅满目的超市货架，习惯了处处便利的公共交通，习惯了全国乃至世界各色人等的自由开放生活，而回到家乡农村的一切不便利让我根本不能适应，没有暖气，没有自来水；没有大超市，没有商场；没有 24 小时的餐饮店，没有 WIFI……最主要的是没有一份适合我的工作，即使空气再新鲜，水质再好，我从未想过回家。

曾经想知道人为什么一定要有地域归属呢？来自于哪里或者家乡在哪里，在我看来这个除了造就了口音上的略微差异外，并没有其他更多的了。很羡慕美剧里的生活场景，只是因为喜欢或者需要，就会从一个地方迁移到另一个地方，没有城乡之别，没有地域差异，更没有烦琐的户口手续，大家听说了你来自于或者出身于哪里，也只是一笑了之，不会给你贴上莫名其妙的标签，但是大家都知道自己是美国人，并且以自己是个美国人而自豪。

我认为我已经是个完全意义上的北京人了，虽然在法律意义上暂时还没有接纳我的户口，可是在这个城市生活了这么多年，我已经深深地被它打上了烙印。虽然房价高得吓人，租房价格也节节攀升，但不代表我不可以在这里有一个家。

家之于我，就是一种生活态度，心在城市，家在城市，人在城市。户口归属地限制不了我安家的心，高不可攀的房价亦打消不了我安家的意，我全心全意地爱着这里的生活，并为这里的生活而努力。

2013-05-30

进京证办理的无奈

颜特 《城市化》杂志网络部副总监

2010年，我家闺女出生了，为了出行方便，我们贷款买了一辆小汽车。我虽然一直在北京工作和生活，但由于我的户口没在北京，加上北京有摇号购车政策而我又不具备摇号的资格，所以我就把车落户在我的老家石家庄，挂的是河北的牌照。当我把车开到北京时，才知道进京的车辆需要办理长期进京证，为此，我便开始了两天的东奔西走。

我先在网上了解了办理长期进京证的相关流程，并一一记录下来：第1步，去所辖派出所办理暂住证；第2步，到居住地街道办事处的防火安全科办理机动车辆备案；第3步，去附近的车辆检测场办理尾气检测；第4步，带着检测场出具的单子到交通队对外办事大厅办理长期进京证。

在这些流程的指引下，我开始行动了。办理暂住证需要我的房东帮忙提供房本和身份证，当我和房东联系时，对方一直说工作太忙，要等他抽出时间。这一等一个月就过去了，期间因为我的车没有进京证，我被交警罚款过100元。

无奈之下，我思来想去：和我同在一个小区居住的同学是北京本地户口，能否借用一下他们家的房本和他的身份证去办理我的暂住证呢？当我抱着试试看的想法给这个同学打电话说明意图后，没想到他爽快地答应了。

我如获至宝地拿着同学的身份证和他们家的房本直奔辖区派出所，排了半个小时的队后终于轮到我了。当我将需要的证件连同我的身份证一起递过去时，办理暂住证的工作人员说："社区居委会开的证明给我！"我一下子蒙了，就直接说："没有证明啊，我不知道还要居委会开证明。"对方将我递进去的证件扔在窗口边上说："那我办不了，你去居委会开证明吧！"

我又打道回府，在我租住房子的新华街五里东区小区找到居委会的办公地，向社区居委会一位负责此事的工作人员(她年纪有点大，姑且称呼大妈)说明来意，大妈问："你什么时候租的房子啊？税交了吗？你的房东怎么不来居委会做出租房屋的备案啊？"我想千万不能给同学添麻烦，就灵机一动地说："他是我远房的亲戚，我来北京是学习的，只是暂住在他家两个月，等我学习结束就回去了。"大妈将信将疑地看着我，我装出一副表情平静的样子。大概10秒钟后，大妈说："这个证明我先给你开了。如果你是租房一定要和房东来备案，否则有问题我们可不管啊。"听她说这番话时，我赶忙点点头，说了声谢谢。这关算是过了，从居委会出来时我长长地松了一口气。

我带着居委会开好的证明和那些证件再次奔赴派出所，依然是排队等待。好不容易轮到我办理了，当我把证明和证件再次递进窗口时，办事员看了一眼证明，又问我："片儿警怎么没签字啊？"我愣了，说："你让我去开证明前也没说还要片儿警签字啊，而且居委会的大妈也没说啊。"办事员反驳道："你也没问我啊！"我无语了……

人在屋檐下，不得不低头。我赶紧稳定了一下自己的情绪，和声细语地问："我应该去哪找片儿警呢？"办事员说："现在片儿警不在，他去辖区巡查了，什么时候回来也说不准，你就先等等吧。""好吧，那我等。"除了等待我没有别的更好的办法。一个小时过去了，片警没有回来，我继续等待；又一个小时过去了，转眼到了中午12点，办事员都下班去吃饭了，我还在等着……

下午1点半左右，办事员午休后回来上班，看到我就问："你怎么还在这儿啊？"我说："是啊，我需要等片儿警回来签字呀！"可能是我的执着打动了她，也可能是出于对我的怜悯，对方说："你过来吧，我给你办一个暂住证吧。"我赶紧跑到窗口将原先的那份证明和证件一同递了进去，5分钟不到，崭新的暂住证拿到了手里，我心里抑制不住的激动。

我将同学的身份证和房本送回去后，连午饭也顾不上吃，继续跑下一站——

丰台街道办事处防火安全科。街道办挺气派，我绕过办公楼来到办事大厅的窗口，工作人员说："进京证的办理不在这边，你出了街道办左转然后一直走，前边有个小区，进去以后院子中间有棵大树，大树正对着的那个小门就是防火安全科了，你去那办理吧。"在我的印象中，街道办外边有4个小区呢，我一边在心里嘀咕着一边走出街道办，一路打听一路找，终于找到要找的那个小区，进到小区我看到了一棵树，对，院子中间有棵大树！四面都是房子，都是小门，我一间一间地看，十五分钟以后终于在大树正对的西面看到了一个掉了颜色的小牌子"丰台街道办防火安全科"。如果不仔细看，你绝对不会相信这是一个科室的门牌。

我敲门进去并说明来意，办事的工作人员是一位大姐，她非常客气地将需要的资料一条一条地说给我听，让我心里终于有了一丝暖意：这才是人民的公仆！拿到大姐给的单子，带着各种资料去门口的打印社复印材料，暂住证、身份证、车辆保险单、驾驶证、行驶本一式两份，共十张，一番讨价还价后收了十七元。带着复印好的资料我再次来到防火安全科，大姐将其中的一份复印件留了下来，给我填了一个单子，此时备案算是做完了。

千恩万谢之后，我准备带着备案单去检测场时，大姐好心地提醒我："今天你就别去了！检测场下午五点钟下班，现在都四点了，你肯定赶不上，明天再去吧，省的白跑一趟。"她的话让我太感动了，心想如果所有公务员都能像这位大姐这样，老百姓还会有难办的事吗？

第二天早上九点半，我开车前往丰台区岳各庄检测场，从西四环丰北桥出口出来，顺着丰体南路往西走，再从景程桥往南，第一个路口往西就到了，比较好找。进大门之后一直向前，我将车开进了检测场，将车停在检测等候区，工作人员登记车辆状况后，我拿到一张单子，在办公楼的一层办理相关手续，然后去检测场的西南角交了200元的押金。等交完款，我出来排队，运气还算不错，排在第三个！等前边两辆车检测完，我排队大约花了半小时。检测场的师傅将我的车开进检测大厅，我在外边等待，15分钟后我的小汽车检测完毕。我回到大厅退了押金，拿上一张尾气检测合格报告单，感觉这可能是所有流程中最快的一个环节了。

中午 11 点，我带着检测报告与备案单，来到丰台交通支队对外治法办公大厅（在菜户营桥南边）。在专门办理长期进京证的窗口，我将资料递进去，五分钟不到，长期进京证就出来了。我在心里由衷地说："快，真快，这才叫效率！"看着刚打印出来、还带着余温的证件，我心里的石头终于落地了。

写到这里，这张有效期为半年的长期进京证办理完成了。连摸索加打听，我用了两天时间并经历了如下历程：1. 去社区居委会开暂住证办理证明；2. 带着证明与房东的房本、身份证去所辖派出所办理暂住证；3. 带上暂住证、身份证、车辆保险单、驾驶证、行驶本原件和复印件到街道办事处防火安全科做车辆备案；4. 到车辆检测场办理尾气检测报告；5. 到交通队对外办事大厅办理进京证。

可是，最近我突然听到一个消息，从明年 1 月 1 日起北京将停办有效期为半年的长期进京证，只保留有效期为 7 天的临时通行证，而且要到六环外高速进京口办理。这一突如其来的消息让我有点猝不及防。倘若一周办理一张进京证，我来回过高速路收费口要花 20 元，加上来回的油钱，至少 80 元，半年下来就要 2000 元，相比增加的时间成本，对我来说，花不起的是来回的金钱成本。我的车就只能停在家里成摆设了，而且这对我们家庭来说也是不小的损失。这或许是和我一样许多长期在京工作和生活开着外地车牌的人们所面临的共同无奈吧。

2014-02-17

为了儿子

玫子

我从小在城市长大，总觉得城市化与我的关系不是太大。直到在北京生活了10年，直到儿子上小学，我才感到我是中国城市化进程中的一分子，不可避免地被裹挟其中，也深深地体会到大都市教育、房租带来的压力。

入学

和天下所有的父母一样，孩子的教育是我和老公最为重视的一件事情。由于居住小区位于北京五环外，虽然所属地区还是朝阳区，但周边基础设施完全和房地产的发展不可同日而语，一条两车道的小路，从我们第一次去看房到如今八年的时间，随着周边涌入更多的居住人群越发拥堵不堪，现在几乎每天都能登上北京交通拥堵的明星路段。和道路一样没有变化的是，这里唯一的一所小学就是原先为解决该地区所属乡镇儿童上学的乡小学。小区物业的维修工曾经在给我们做维修时感慨："即使这样的小学也不是想上就上的，一方面要等名额，另一方面还要交赞助费，我儿子直到八岁才上一年级。"对于维修工的境遇，我们同情之余更多的是惊讶：一所乡小学入学竟然如此难！那么，儿子该去哪儿上小学？后来，我们打听过公办的、民办的，在当时北京房地产还不限购的情况下，还专门去看一些可以上名校的楼盘，一方面高昂的房价把我们挡在了外面，另一方面，总觉得不是很靠谱。

转眼到了2010年，儿子6岁了，就在时间已经不再容许我们有更多的考虑之时，一位朋友给我们找到进入一所好学校的途径。当时全家激动不已，虽然要付一大笔赞助费，邻居们都觉得不值，但我们觉得，儿子能得到好的教育，一切都值得。

报名之前，就像许多求职者一样，学校要求递交孩子简历。还没上学，哪有什么简历呢？还好，儿子学过一年多的钢琴，还通过了二级考试，总算有项所谓的特长。另外，老公也发挥了“聪明才智”，竟然把儿子的简历写得既贴合实际，又有声有色。之后，是一段让人焦急的等待，直到接到学校通知，7 月份某天带孩子去面试，我们才觉得一块石头落了地。

报名那天，当我们来到学校门口，已经人山人海。排队等待的过程中家长们的交流让我们知道，大家都是学区外的，而且这是当天面试的第二波。这个消息对我来说不啻像晴天霹雳：这么多的孩子，儿子能被录取吗？等了大概一个多小时，第一波孩子和家长出来后，我们才进入学校指定区域进行考核。家长面试要父母同时到场，带着各自的简历以及最终学历证书等现场进行核对。以前我和老公的学历都只为自己所用，这次开始给儿子派上用场了。孩子考查的内容是认字、加减法、简单的体育运动等。回家的路上，能不能被录取还是让我担心不已，这种“担心”并不只是我才有的，面试时，有家长看到现场那么多人，直接提出只要孩子能被录取，可以给学校更多的赞助费。

老天保佑，经过一次又一次的忐忑和焦虑之后，我们终于拿到了那张红色录取通知书。那一刻，我高兴地跳了起来，为儿子能够顺利进入好学校感到庆幸，那种兴奋似乎超过了自己以往的任何一次录取。

搬家

学校的事定下后，接下来要考虑的就是搬家了。从我们自己家到学校来回 70 多公里，在北京这样的交通环境下，在学校附近租房是唯一的解决办法。8 月的北京骄阳似火，连续几个周末，我和老公到学校附近看房。中介带着我们看了两三套房就不再看了，对他们来说，学区附近房源紧张，不怕租不出去。尽管知道附近都是老旧小区，但小区环境、设施的落后和那高昂的房租还是让我们感到了极大的落差。看了两三次，我们劣中选优，以每月租金 4300 元租下了一套

100 平方米的两室一厅。

同事朋友听到这个租金都觉得至少租的是公寓，说我们有钱，但实际并非如此：这是 20 世纪 90 年代初的单位房，冬冷夏热，厨房脏乱不堪，卫生间连个门都没有……不租怎么办呢？搬家前，我特地找小时工做了大扫除，还在家里事先给妈妈打了“预防针”，说这里环境虽然不好，但已经是周边看过的最好的房子了。但当妈妈和儿子进入这里的小区、楼道和房间后，他们的不满似乎越来越大，儿子吵着“我要回家”……好歹人的适应性是很强的，就这样，儿子上学了，我们一家人也因此住进了北京著名的核心区。

与房东的租期是一年。尽管这里的房租在我们看来已经高不可攀，但这一年中，北京的房租和房价坐上了“火箭”，每每在楼下看到中介放在路边的房租信息板时，持续飙升的价格让我胆战心惊。果然，房东狮子大开口，每月租金涨到 5000 元，本想商量看能否少点，但房东说：“以前就给你们便宜了，就这价，不行就走人。”就这样，我们和前面一个租户一样，面对房东的强势只有搬家。

和第一次来这里租房一样，仍然是 8 月，天气也仍然像个大蒸笼。对我来说，不仅是天气热得让我受不了，心里的那份焦急更是火上浇油。距离租期已经不到两周时间了，每天下班后，我和老公草草吃完饭，就骑着自行车带着儿子找中介、看房。穿梭在中关村的大街小巷，看着一栋栋亮着灯光的楼房，我们只希望找到一片落脚地。几处房子看下来，租金都不菲。在临近租期的那两天，我们决定租下离学校最近的一处房子，60 平方米，每月 4100 元。这是我们看过最便宜的了。这套房子应该是 20 世纪 70 年代建造的，两个房间，一个卫生间，一个厨房，没有客厅，只有一个狭窄的过道，也没有阳台，所以晾晒衣服一直是件奢侈的事情。这房是房东买来为孩子上学用的，租期只能 1 年半，并且房间内不提供任何生活设施。所以，我们要搬两次家：一次是把现在租房的生活用品搬过来，此外，还要将原来家里的床、衣柜等家具搬过来。虽然这样，我们还是觉得好，主要是接送孩子方便，步行 5 分钟就到，省却了来回路上堵车的麻烦，即使不接送，儿子也能自己上下学。

经历了两次的租房、搬家，个中滋味难以名状。不过，儿子似乎长大了，懂事了，每次去超市总是挑价格便宜的商品；暑假里，不到特别热不让开空调。我想，这对他来说也是件好事。这几年，我们没有旅游过，生活上能省则省。今年，我把自己的房子租了出去，这样我们就不那么紧张了。随着儿子成长的需要，我想带着儿子去旅游，也让他坐坐飞机。

“妈妈，明年我们的家会在哪里？”一天晚上，儿子的疑问再次挑起了我的忧虑：还有不到4个月，租期又要到了，我们将再次面临搬家。“儿子，妈妈也不知道。不过，我们一定会找到家的。”

当调皮成为一种标准

刚进入一年级那段时间，儿子很不适应。老师责怪我们没有让儿子上学前班，可是当时小区附近没有学前班，从某种程度上来说，我觉得没这个必要。男孩子天生的爱动让他上课总管不住自己，另外，课间和同学打打闹闹、下楼梯不是走下来而是蹦下来这些“违反校规”的事情总是让我们受到批评。每当我们解释时，老师都准备好了无法辩驳的理由。这种普遍的现象渐渐地让家长们找到了“窍门”，变得“聪明”了：孩子接了就走，别问在校情况，我在几次接孩子时也发现：向老师询问孩子情况时，家长往往笑脸相问，听到回答后不是目瞪口呆就是惊诧不已。前不久召开的家长会上，每科代课老师第一句话几乎都是：家长们对我们学校和老师特别放心，从来不问孩子情况。听后，家长哄堂大笑。哎，这不也是没办法吗！

老师总说儿子在校调皮，处于“七八岁狗都嫌”的阶段，哪有坐着不动的？让我无奈的是，“调皮”居然成为老师划分孩子好坏的标准。最让我难以接受的是儿子在一次校内意外伤害后，老师竟然以“调皮”为由将责任都推到了我们身上。

那是一年级下学期，下课随班级队伍回教室的路上，儿子被一个四年级男孩撞倒，由于没有老师跟着，那个男孩当场逃脱。医务室认为孩子是脱臼，建议班主任带到附近医院就诊。接到老师电话，我一时难以回过神来。顶着大风，我骑上自行车向医院赶去。那段路是我走过“最远”的。看到儿子肩膀脱臼的那一刻，我还是被吓着了。儿子见到我委屈地大哭起来。班主任说，这家医院说看不了，要去专科医院。可是，从门面看，这也算是区域内挺有规模的医院了。于是我决定先骑车带儿子回家，再开车去其他医院。那天，天气很冷，风也很大，老公正好出国了，父母也不在北京，只有我一个人，连急带吓，我只觉得六神无主，浑身冒汗。后座上，儿子一直哭着说胳膊疼死了。没办法，我一边骑车，一边向朋友求助。因为知道北京医院看病难，所以我想借助朋友在医院有熟人，能够尽快给儿子复位，但结果却让我始料不及。

这是一家全国性的部队医院，骨科科室主任很热情，简单询问情况后，立刻给孩子复了位。胳膊是复位了，但伴随复位的是儿子凄惨的哭声。整个下午，医院大厅都响彻儿子的哭声。后来，护士说既然这样就说明胳膊应该有问题，最好拍片检查。儿子似乎怕了，坚决不让我去找医生。后来我坚持去开了检查单，但医生说，还是回家休息，如果有情况再来找他。

回家的路上，儿子说：“妈妈，我要累死了，我想睡觉。”是啊，从我见到他到现在，他已经哭了四五个小时了。歪在后座上，儿子立刻睡着了。晚上，看着已经睡熟的儿子，我再也控制不住了，眼泪不停掉了下来：我为自己无法保护儿子感到内疚，我只觉得偌大的北京只有我和儿子两个人……

过了两天，老公终于回来了，我也终于有了依靠。可是在这几天时间里，儿子始终不让别人碰他的胳膊。校医务室建议我们再去医院检查。来到积水潭医院，虽然才早上九点钟，普通号、专家号都没了。情急之下，我们想到特需门诊（一次挂号费 300 元），号是挂上了，但要下午 4 点半以后才能看。下午 4 点钟我们再次来到医院，检查结果是骨折。这个结果让我想大哭。我不明白的是，为什么此前那家所谓的全国性医院、那位博士头衔的科主任会说没事？这时候我才明白儿子为什么会撕心裂肺地哭了一下午！由于挂不上普通号，我们在特需门诊总共看了五六次，只挂号费就近2000元。由于是外地户口，所有报销的渠道几乎都被堵死了。而学校那边，老师说找不到肇事的孩子，出事地点没有录像。我和老公也考虑，如果去找学校，可能对儿子今后不利，还是认倒霉算了，只要儿子恢复健康就好。

二年级开学前，班主任打来电话询问儿子是不是恢复了，这让我很感动，但随即就以孩子平时太调皮，这事我们应该反省指责一番。我们可是受害者啊，当时儿子走在队伍里，和调皮有什么关系？难道说，张妙被害是因为当时她走在药家鑫旁边造成的？……

直到今天，每每看到儿子的胳膊，我都内疚不已，怪自己太没用，不能给儿子一个公道。从那以后，每天回到家，只要看到儿子好好的，我就放心了。

不得不上的课外辅导班

儿子接受能力还算强，无论大考、小考，成绩还不错。我们觉得，学校在学习方面已经抓得挺紧了，各方面要求也高，跟着学校学就行了。一年级除了继续学钢琴，儿子没有参加任何辅导班。然而刚上二年级，学校就进行了奥数选拔。没有学过任何奥数，自然选拔不上。与家长们交流得知，如果能够进入学校的奥数班，小升初就不用愁了。突然间，我感到，小升初的压力已然来临。于是，我们立刻给儿子报了班。儿子对奥数表现出了极大的兴趣和爱好，我想这是遗传了老公数理化方面的优良基因吧。经过一年多的学习，儿子被老师推荐由提高班进入了尖子班，与此同时，学费也由原来的1000多元提高到近3000元。原来利用周末时间学习，现在则要在平时放学后去学，因为要“陪读”，每到这一天，老公都要提早下班。

前不久，当取消奥数的消息传来时，我对儿子说不用学了，儿子却说：“不行，老师说了，奥数就是加多宝，换名不换料。我不学就会落后的。”愿意学就学，只要喜欢就好。另一边，家长会上，数学老师说，学不学奥数，家长自主决定，不过进入高年级，老师每天会给孩子出一道奥数题。所以，奥数还得学。

在英语方面，我们也一直坚持学好课内。没想到，刚进入三年级，就像当初奥数一样，学校突然进行了英语选拔，选拔资格是在校外至少通过剑桥英语二级以上的。这次，我们连选拔资格都没有。对此，一直对是否报班学英语犹豫不决的我，毫不犹豫地带上儿子走进了已经开课一个月的课外班。

走进教室，我发现，除了儿子是三年级的，其他孩子几乎都是一二年级的。20个孩子加上家长，教室里坐得满满的。课堂上，老师全英教学，课堂气氛很活跃，可是刚开始学英语的孩子听不听得懂？儿子说，能够猜出一些词的意思，但不能全部听懂。课堂中间，坐在第一排的小女孩突然哭了起来，走到妈妈身边说："我不愿意学了，我要回家。"妈妈说，"不学怎么行呢？"看着那个小女孩，我觉得既同情，又无奈：对于一个一年级的孩子，这种英语学习不是那么容易，一课下来，需要背诵20多个单词，还有时态和短语。此外，汉语拼音与英语字母之间"打架"，对于已经三年级的儿子还常常混淆，更何况一年级的孩子呢？后来，由于学习时间是在工作日，儿子就由外婆带去，我没有再见到那个小女孩，但是她那张带着泪珠的脸却永远留在了我的脑海里。

现在，不论是平时，还是周末，我们一家人就是围着儿子的学习转，更确切地说，现在的一切都在为小升初做准备。每天时间都很紧张，感觉比自己当年高考还厉害。看着儿子手指因大量书写磨起的糨子，听着儿子说"脖子累死了"，除了无奈，又能怎样呢？

2013-02-26

我的教育理念

林休伦　北京浙江企业商会副会长

我有三个小孩，两个女儿一个儿子。很多人一听到我有三个小孩，就说我超生了。我告诉他们，虽然我超生了，但我生这三个小孩，是为全世界人民做贡献。为什么这么说呢？我的理由是：第一，我的大女儿在国内高中、大学毕业后，就送到英国去继续深造；二女儿高中毕业后送到加拿大去留学，如今我又把小儿子送到美国读大学。根据最新统计数据推算，在过去一年里，中国大陆留学生为美国经济贡献了大约44亿美元，相当于一个中国留学生可以养活一个美国家庭。所以，从这个角度来说，我已经在为全世界人民做贡献了。说我超生，但我认为，如果有能力为社会培养出有用的人才，就不是超生，我是在为人类做贡献。

另外，近日中国人民解放军国防大学政治委员刘亚洲上将在谈到“美国真正的可怕之处在哪儿”时说道：“美国虽然有着世界上最强大的军队，最先进的科技，但这并不可怕。可怕的是，美国的精英体制不可小觑。他的干部制度，他的竞选机制，能够确保决策者是一批精英。”我很认同他的这个观点，所以在孩子的教育上我一直不遗余力。

1995年我来到北京，1997年我把儿子带到了北京。我的老家在南方一个穷苦的农村，从农村到北京，巨大的差异让我的思维豁然开朗。再了解北京的学校，发现北京的学校在各方面的条件都是全国顶尖的，我想我要抓住这个机会，让儿子到北京来上学。经过一番考察，我选择了北京景山学校，不仅是因为这个学校名气很大，邓小平曾经为这个学校题字，很多领导的孩子和孙子也都出自该校，而且该校在教育方面特别注重德智体美的全面发展。综合考虑后，我也想让我的小孩到这个学校学习。在当时，作为一个农村人谁敢去想？我就敢去想，而且我当时是住在北京的地下室，同时背负着40万元的外债。在20世纪90年代，当时的40万元相当于今天的4000万元了。为了让儿子进景山学校，我在北京整整运作了一年之久，直到8月31日还没有得到确切的答复。尽管看着人家的小孩都开学了，但我坚信我会成功。终于在8月31日晚上，当时的景山学校小学部主任给我来电说："我终于把你儿子上学的事情办成了，校长答应了，虽然9月1日开学，但你儿子晚两天来没关系。"我当时听了高兴极了，马上接着问赞助费要多少，他表示赞助费已经压到最低：10万元。听到这，我的内心顿时五味杂陈，心想那可是在1997年，我的预算是1—2万元，最多5万元。对方看我在电话中沉默了好久没出声，就表示：在我们景山愿意拿一两百万元砸钱进校门的人很多，但我们校长是被你的诚意所打动，你的勇敢和你对孩子的心才是无价之宝，我的能力已经将付费做到最低了。听到这儿，我马上说："主任，你不用讲了，我知道了，我肯定会接受的，非常感谢你。"挂了电话，我马上打电话给我老婆，商量怎么争取到这10万块钱。

次日，我坐飞机飞回老家，拿着老家房子的房产证，找到农村信用社的行长去贷款，一共贷了15万元。另外，尽管当时很缺钱，但按照老家习俗，孩子上小学是大事需要摆宴请客。当时，由于时间紧迫，就草草地办了几桌，当大家听说儿子要到北京上学也都格外羡慕，但中间的苦只有我和老婆自己知道。

那年的9月3日，我拿着15万元现金，带着儿子飞到了北京。记得那天是礼拜天，一下飞机，我就带着儿子去吃中午饭。由于南北方的饮食差异，长期生活在海边的我们喜欢吃海鲜，来到北京后，儿子在饮食上非常不习惯，甚至有点讨厌北京。感受到儿子心理上的差异，我想，如果孩子不愿意待在这里，那该怎么办？情急之下，我突然想到电视里经常播放的肯德基和麦当劳的广告（这在当时农村是没有的），我马上告诉了儿子并答应带他去吃。果然，儿子兴高采烈地应允了，这才解决了儿子在北京的第一餐。当天下午，我带着儿子到学校交钱，当我把10万元现金交给收钱的出纳时，我发现她连眼睛都不眨，根本不把这当钱。说实话，对我而言，当时拿出的10万元钱，就相当于现在的1000万都不止，但她们的言行却让我觉得这些钱根本不算什么……

从学校出来后，我问儿子："你觉得这个学校怎么样啊？你愿意不愿意在这读书？"儿子却负气地说："钱都已经交了，你还问我读不读？"是的，刚才的那一幕，他也是看在眼里的。尽管他不愿意，也必须接受现实，但我想总有一天他会明白我今日的苦心。后来，我带他在北京城里玩了两天，等他慢慢适应了北京的生活，就把他送到了北京景山学校。学校很大也很气派，按照学校的规定，家长不准进校，只能在门口等，正在我发愁时，儿子很懂事地说："爸，你放心，我自己进去。"说完，就一个人跑进了校门，看着儿子瘦小的身躯消失在人群中，我的心里无比地骄傲和激动。就这样，儿子终于进入了北京的名校。

我当时之所以要把小孩送到北京上学，一个理念就是，我要让他感受大城市的生活，让他从小知道大城市是什么概念，所以，当时就下了这么大的决心、费了这么大劲把他带到北京。可是，我一个人在北京，老婆还在老家，我还要做生意，没办法带他。想了很长时间，我就盯上了我儿子的班主任，当年老师大概四十几岁，北京人，就住在景山学校旁边的美术馆附近。为了达到目的，我天天盯着她，跟着她，到她家里去。我告诉她，我一个人来到北京，小孩确实没有人带，我说，你能不能帮我找个老师照顾下，我可以付其额外的生活费。她说，她也没有合适的人。说实在的，一开始，我也不敢开口让她帮我带小孩。不过，后来真是没办法了，我就到她家里，对她说："老师，我要出差，你能不能临时帮我照顾一下孩子，就一个星期，我付点生活费。"她说："这个问题很麻烦，不是我不愿意，只是小孩在我这里，万一出点什么事情怎么办？我们可是要负责任的。"我说："这样吧，我真是万不得已，要不两三天也可以。"这样她也就不好推脱了，三天后我如约回到北京把孩子带回了宾馆。又过了一个月，我又去跟她商量，我说："老师，我能不能把小孩长期放在你这里，我可以付给你生活费一个月两千块钱。"在当时，每月两千块是个不小的数目，但老师听后，马上就说："对不起，我从来不需要这个。第一，我们家里不同意；其次，我也没有这个义务，我不需要这个钱。"

后来，经过软磨硬泡，我终于打动了她，让她收留了我儿子。后来，这个老师帮我照看儿子一直到小学毕业。这六年的时间，我儿子就像脱胎换骨一样，整个变成了北京人了，说话口音完全是北京腔。我带他外出时，人家都认为这是地道的北京小孩，哪是你儿子，因为我跟他的口音完全不一样。

就这样，儿子在北京景山学校一直读到了初中毕业，在高中的时候，我把儿子送到了北师大附中。高中毕业后，我又把他送到了美国去读大学。我对儿子说，从小学到初中，你都比别人轻松，因为我从来没给你提出任何要求，考多少分都没关系。小时候，我把你带到首都，让你认识大城市，现在，我把你送到美国，要让你认识世界、了解世界！你现在已成年，应该为自己好好学习，一定要学点本事回来，为我们国家做点贡献，否则，你不是对不起老爸，而是对不起你自己。这就是我的教育理念。

2013-11-18

寻保姆记

刘建飞 《城市化》杂志记者

2012 年 9 月，儿子睿睿出生了，短暂的喜悦后，一个现实问题摆在了眼前：我的产假结束后，孩子由谁来带？对时下的年轻人来说，由老人带孩子再平常不过，但我们双方老人的身体都不好，如果由于带孩子而病倒，恐怕将陷入既没人带孩子，又无法照顾老人的境地；且我和丈夫都不是北京人，老人们都不大愿意离开老家，如果将孩子交给他们带回老家照顾，那我们只能面临和孩子分离的痛苦，于是让老人带孩子这条路行不通。我辞职在家照顾孩子？对于工薪一族的我们而言，如果一方长期不工作那么随之而来的经济压力可想而知。在困惑与无奈中，请保姆带孩子成为解决问题的唯一途径。

决定要找保姆后，我在各大亲子论坛搜索关于如何找到好保姆的攻略，却无比失望，因为看到的都是：保姆虐待孩子、打骂孩子甚至给孩子喂食安眠药的新闻，这对当时的我来说打击很大，也产生了动摇，但丈夫鼓励我说“有很多家庭是请保姆带孩子的，只有那些极端的例子被媒体做成了新闻”。就这样我们达成了共识，决定在孩子三岁上幼儿园前都请保姆照顾。而听说我要请保姆带孩子后，朋友、同事、同学无一例外地显示出担忧。我们自己亦怀着忐忑的心情，经过认真比对，选了一家可信度相对较高的家政公司推荐人选。

由于家里面积小，不可能再为保姆辟出住宿的地方，所以我们只能找不住家的保姆。但在中介公司里，希望找到不住家工作的人群少之又少，我们的可选余地即使在来京打工旺季，也不超过 3 个，这一比例着实让人难以相信能找到合适的。所以在经历了半个多月时间的等待，并寄希望于有更多来京打工者出现后，2013 年 3 月初，我们终于找到了第一任保姆——杨姐，一位来自甘肃的 37 岁家政服务员。之所以和她签订合同是因为她能明确提出自己的要求，对我们提出的各种疑问也一口解答。虽然经过几个月的工作发现，由于我们缺乏经验在选择她的过程中确实存在失误，但在当时的人选中，她直来直去不扭捏的性格，是我们认可她的主因。随后，她带孩子的过程，也让我们体会到了很多无奈。白天我们夫妻上班，她自己一人在家带孩子，本着“用人不疑，疑人不用”的原则，我们没有像一些家长一样在家中安装摄像头。但经过长期观察，我们发现，只要她来上班，电视机就会“全天无休”，在经过我们的提醒后，她改掉了这个习惯，改为将毛衣带来织，她对“网购”尤其痴迷，在不断有物品送上家门后，三个月合同到期，我们没有续约。我和丈夫再次踏入了家政公司的大门。

家政公司此次为我们推荐了一位来自甘肃的27岁女孩，因为她的年纪比我们夫妻都小，所以最初我们完全没有把她列为第一人选，我脑子里的概念是，这么年轻，恐怕玩心重没责任心照顾孩子，但经中介公司老师的强烈推荐，说她的人品非常好，同时在了解她是一个一岁半孩子的母亲后，我们决定与她签订合同。就这样，我们找到了第二任保姆——小杨，事实也证明，家政老师的介绍是正确的。但是经历了前一任保姆的影响，我们对她的观察及与她的交流都更加细微、深入，最终我们发现自己真的找到了一位好保姆，她话不多，对孩子极细心，她说：“因为孩子不是自己的，反而更要细心地带，怕出一点闪失，要负责的。”不管她是出于什么目的，我们夫妻认为可以放心地将孩子托付给她。同时她也希望找到一份稳定的工作，因为如果总是换雇主，那么对时间和金钱都是损失。几个月后临近春节之时，问题又来了，她要提前回老家过年，且由于希望生二胎的缘故，几年内都无法再回北京打工，这也使我们没有任何理由能挽留她。就这样，2014年春节过后，我们又开始寻找第三任保姆。

有了以往的经验，第三任保姆选择起来相对容易，虽然经历了约一个月的等待时间，但找到合适的人选后只简单了解了她的工作背景后我们就签订了合同，我们叫她何姐，40岁，同样来自甘肃。她在照顾孩子上非常用心，也十分有经验，这让我们夫妻感觉比较幸运，虽然经历了频繁的更换，但总算能找到自己认为合适的人选。我们之间的交流也渐渐由简单的工作范围扩大到对彼此家庭背景的了解。她来北京打工已有十年时间，把孩子全权交给家中的老人，但由于老人疏于管教，大儿子读高中，但成绩却不好，恐怕无法考上大学；小儿子在初二时就已辍学，现在只有 16 岁，也来到北京的一家饭店打工，由于她疏于与孩子们沟通，两个孩子与她的隔阂很重，几乎只有在缺钱花时才与她通电话。随着 2015 年春节临近，由于她要回老家，于是我们在 2014 年的 12 月初合同到期后暂时解约。春节过后，我们再次经历了重新找保姆的过程，但以往的经验积累已经让我可以顺利地找到自认为合适的人选。

作为一名普通的上班族妈妈，穿梭在照顾孩子和兼顾工作中，虽有些力不从心，然而在看到孩子健康成长和自己并未与社会脱节后终归感到十分欣慰。在这之中也让我看到了很多现象：虽然不乏雇主与保姆之间情同亲人，但大多数之间能做到相处融洽已属不易，做到彼此交心，实在太难。通常人们认为保姆是弱势群体，但作为雇主虽然有选择的权利却未尝不是被动的一方。保姆们往往背负的是一个农村家庭的主要收入来源，从而使得绝大多数人将追求高工资作为唯一目标，不停地更换工作，致使稳定性较差。而雇主们害怕孩子、老人有闪失，更害怕因为一时难以找到合适的人选而拖累工作，从而想方设法给予物质上能够提供的一切来换取她们的安心工作。而在经历了多次更换保姆后，我也感到，除了用钱解决问题，或按照签订的合同“公事公办”外，相互间多一点包容和感情互动，成为增加彼此信任感，为彼此创造和谐工作、生活环境的重要条件。

2015-08-12

买房变形记

常笑 《城市化》杂志设计副总监

身若浮萍

凌晨从梦中惊醒，屋内漆黑一片，时间仿佛凝固，冰冷的空气包围着我，不知身在何处。从桌上摸出一支烟点燃，烟头忽明忽暗，正如此时的心情一样。这是 2008 年冬天的某个凌晨，我又一次失眠了。

回想在北京这些年，和大多数的北漂一样，为了生活，努力打拼，总是处于颠沛流离的状态，过着租房的生活，没有归属感。望着林立的楼群、人潮涌动的街头，总有种莫名的感慨。

2003 年毕业后来到北京，经同学介绍在一家广告公司工作，公司管吃住，办公和吃住都在一个三居室的楼房里，一边学习工作技能，一边适应刚走出校门的生活。因为公司管住，我和几个同事住在一间卧室里，仿佛又回到了大学宿舍。客厅就是办公室。没有上下班的概念，湖南阿姨做的饭总是把我们辣得上蹿下跳，同事的女朋友来后，我们另外几个人就都去网吧包宿上网，给他们留出单独的空间。有时忙起来，好几天才下楼出去走一走。我们称这叫“放风”。这样工作了三年，我感觉被困住了，北京这么大，我想出去看看外面的世界。虽然老板一再挽留，我还是毅然选择了离开。现在回想起来，那时虽然很辛苦，但过得充实，那段时间也为我以后的生活和工作积累了很多难能可贵的东西。

从那家公司出来后，我感觉自由了，可以租一间属于自己的屋子了。那时有个大学同学租住在一处半地下室里，我投奔了他，于是我从楼上直接搬到了地下，这一住又是两年。

北京的地下室很少用来存储东西，大部分是用来住人的，那里潮湿、阴暗，白天晚上都要开着灯。狭窄的过道，分隔出的大大小小的房间，如迷宫一般的走廊，第一次走进去的人往往会迷失在里面，找不到出去的路。这里住着形形色色的各种人，俨然就是一个小社会，白天大家去上班，这里变得很安静，到了晚上又会热闹起来，做饭声、说笑声、吵闹声，你方唱罢我登场，上演着一幕幕喜怒哀乐、悲欢离合的生活剧。夜深的时候，呼噜声此起彼伏，偶尔能听到隔壁的低语，世界又安静了下来。

在这里住久了，会感到很压抑，每次从地下走到楼上，看到外面的阳光，呼吸着新鲜的空气，总有一种如获新生的感觉。这里也不能久住，时间长了很伤身体。为了身体考虑，我又搬家了……

后来，我搬了两次家，还是租房子住。再后来，我结婚了，可是始终没有一个属于自己的家，家里人也总是催促让我尽快买房。对我来说，没有自己的房子，就像无根的浮萍一样飘来飘去，我也累了，是该有个自己的家了。

行走中彷徨

有了买房的打算，我行动了起来。考虑到市里的房子买不起，于是我选择了在燕郊买房。

买房是个复杂而又艰辛的过程。那段时间，我几乎跑遍了燕郊附近大大小小的房产中介公司，周旋于各种狡猾而又善于忽悠的中介人员，不停地奔波于各处现场看房，疲累而兴奋。经过一段时间的考察后，最终选定了一处还算满意的地段定下了房子，而前期的考察只是买房的小开始，真正的考验还在后面。

本以为买房就是简单签个合同，慢慢还贷就可以了。哪知道还要办理各种繁多的证明，而这才是真正让人头疼的。于是我又开始复印各种证件，奔波于各种机关单位办理证明，面对各种冰冷或热情的工作人员，身心疲惫。等房子接收了，装修、买家具，继续折腾，人憔悴了，但家渐渐有了模样。

改革开放三十多年，中国房价随着社会的发展攀升到了像我这样的普通百姓难以企及的高度，而由此延伸出的乱象更是层出不穷，房子改变了人们的生活，人们为之喜悦，为之忧愁。名目繁多的各种证明、政策，往往使人陷入迷茫。

我只想问：为什么买房手续不能简化，更人性化一些？这样不仅能够提高效率，也能让办假证的、街上贴小广告的少一些。为什么一个户口要把人分为北京人、外地人，由此带来一系列的上学难、就医难问题？为什么一边是大拆大建，在破坏了耕地、污染了环境的代价下，另一边出现的却是一片片空城、鬼城，而很多人连个买房的资格都没有？对于这些，我很郁闷，很无奈，很生气……

在以人为本，注重城市化质量的城市化发展过程中，我们盲目地追求着速度与数量，做着太多事与愿违的事情，由此带来资源浪费、空气污染、交通拥堵、教育医疗难等等一系列城市病。今天犯的错误，往往需要几十年甚至下一代去纠正，我们的发展需要慢一点，稳健一点。

家是什么模样·新希望

住在新房的第一晚，我无法入睡，我知道这是不适应的后遗症。崭新的家具、宽大的房间、耀眼的灯光，住惯了租的房子，总感觉这房子不属于我。新买的床太软，我睡不着，只能睡在沙发上……

有了自己的房子，我并不快乐，或者说是痛并快乐着，为了还贷，我成了房奴，多么形象的词汇，我本是自由人，怎么一下子变成了房子的奴隶？我不适应。我感觉身上压了一副重担，时常有种压抑感。为了还贷，我节衣缩食，一些不必要的开销能省则省，交际应酬基本没有，人也仿佛变得沉默了许多，与世无争了。我深知以后还有很长的路需要走，这份担当只是人生路上的一个过程，我需要有更大的热情与希望去面对生活和工作，并为此改变。

我想到了远方的家，那里有我的父亲、母亲，他们已渐渐苍老。家对每一个外出打工的人来说，是最遥远的牵挂，是最深沉的思念。

还有那些曾经在一起生活、工作过的同学、朋友们，那些身影渐行渐远，他们身在何处，过得还好吗？

听说以前住在地下室的邻居大姐也搬走了，她做饭很香，楼道总是能闻到她的饭菜香。还有街边卖花的女人，她的孩子是不是在她身边玩耍？小区的那只流浪狗有没有找到新的主人？有次我看到它身旁有了新的伙伴，走路也精神了，尾巴甩啊甩的，那表情分明在对着我笑。

新家对面的工地灯火通明，机器轰鸣，不久后又会有新的大楼拔地而起，又会住进去许多人。在浩瀚磅礴的时代背景下，城市化的浪潮在中国大地上如火如荼地进行着，多少人为了生活与理想，背井离乡，在城市里拼搏奋斗，他们在城市中做出贡献的同时，有过辛酸，有过彷徨，他们需要认同和理解。城市应该有大胸怀，大智慧，更具包容性、亲和力，这样才更有利于城市的发展，人在其中也更有归属感、幸福感，活得更有尊严。

天边微微泛起一抹曙光，城市醒了……

2015-12-22

我的城市梦

谭婷　李蕾　中央民族大学学生

黑夜里，只看得到你心中的太阳
在风里，在雨里，为你呐喊
在夜里，在梦里，为你歌唱
所有感觉都敞开着
你在我的灵魂里肆意穿梭
我将生命赠予你
你不要将她抛弃

——致城市

城市里川流不息的人群，紧张，不安，焦虑，恐慌。停不下来的脚步，快点，快点，再快点！人们匆匆往前冲，却往往忘记了自己要去什么地方。躁动的青春在热浪里快要被蒸发，我躲在人群里快不能呼吸。

和所有大城市一样，北京没有一刻是消停的。刺耳的喇叭声，喧嚣吵闹的人群，空气里厚厚的灰尘，尾气随着温度升高变得越来越浓烈，拥挤而冷清的霓虹灯，路边的广告牌，滚动大荧幕，缺少些许宁静，热血里躁动的青春，诉说着城市里的狂躁与不安。

很久不曾看到城市的星空了。油腻腻的小吃街上空永远漂浮着浓烈的油烟味，远处又响起了小汽车的鸣笛声，划破夜空，像冷冷的风窜进脖子里。街旁的树木路过杂乱狂躁的世界，却纹丝不动，只是轻轻摇头，为它叶片上黑黑的残留物，为它再也触碰不到远方的星空。黑色的幕布比黑夜更夸张地占领了天空，星星不能呼吸，人们，也不能呼吸。我们像防着整个世界似的戴着防毒面具，空气里有不知名的东西在侵蚀我们的身体。我们的生命与时间，与寒冷和温暖，与刻印在躯体上的种种痕迹有莫大的联系，竟也有今天，我们为了保护自己，与世界隔绝。

我都忘了是什么时候好好地吃一顿早餐了。每天早上起床，洗脸刷牙，拿着豆浆油条，在马路上和人摩肩接踵，在地铁里高喊着："让我下车！"混乱不堪地逃离地铁，马上投入高耸入云的囚笼。我什么时候吃的早餐？我吃的什么？地铁上一直站在我旁边的人是谁？所有的人，所有的事，所有我目击的影像在时间流里匆匆逝去，我都来不及看清它们的样子记忆就把它们抹掉了。身体的某些部分还清醒，清醒到知道这是城市的生活法则。

城市在不停地建造，建造，无休止地拆除，拆除，重建，重建。这样无聊的重复运动，何时才能够画上它的休止符。城市心跳有些紊乱了，所以她梦着，用无法吟唱的声音，无法注视的眼睛，梦见清晨，梦见傍晚，梦见鸽子和小孩。这一个无声无色的梦，星星不再被乌云遮住，白鸽从广场里飞起，抖动着悦耳的歌哨划过天空落在城市某栋房屋的阳台上，人们从晨曦中苏醒，透了树荫，一点一点地光斑照在身上，暖暖的，眯着眼睛抬头看过去，就能看到湛蓝的天空，有飞鸟划过的弧线倒映在地上清浅的水洼里。

我梦想着在早晨暖暖的薄光里睡醒。早晨推开窗，有时候是淅沥沥的雨声，有时候是不知名的啼叫，将沉沉睡着的城市从梦中唤醒。葱葱绿绿的树木让人心旷神怡，雨后的梧桐叶也显得格外娇嫩动人。我喜欢闻城市在阳光照耀下散发的清清的香味，我喜欢看城市上空白鸽飞翔时落在地上的影子，我喜欢看小孩子背着书包开开心心地去上学。

我梦想着城市的中午不再是冰冷的囚笼，天气开始温暖起来，空气里满是暖的味道。三三两两出来吃饭的上班族带着幸福的表情谈论着今天的食谱，工人们开开心心地聚在小餐馆里说说笑笑，孩子们慢吞吞吃完饭，美美地睡个午觉。一阵凉风袭来，树叶禁不住开心地跳起舞来。音乐从城市中心传出来，像流水一般地清澈。被雨洗过的太阳，那么明亮，它的光环环绕在我们的周围，我不禁眯起了眼，每个呼吸都是新的芬芳。

我梦想着在城市的傍晚，太阳渐渐滑下山去，但仍不忘它最后的那点余热，它用尽最后一点力气，把那一小部分天空染红，远远近近，稀稀疏疏，颇有层次感。地面上的热气慢慢蒸发掉，不期而至的雨往往给我们惊喜，湿润了空气，洗去了一天的疲劳，路边摆摊的人们收拾好东西，笑着回家吃饭。回家之后，父母陪着孩子们站在阳台旁，看夕阳慢慢滑落，远处的重重叠叠的山的头顶上总是有一层层白色的烟雾，每当夕阳跌到山上的时候，夕阳周身的血红色便会被烟雾晕开，成红色、浅红色、粉红色，一层层淡化开去。梧桐叶簌簌摇曳，彼此摩擦发出清脆的响声。吃完晚饭后，我会把路边一盏紫色的灯打开，那盏淡紫色的灯在黑色的夜中显得极高贵、漂亮，因为它的神秘，高不可攀。有时候我们回家很晚，从公路这边看，它就像灯塔的灯一样，指引我们回家的方向。

浓密的黑色侵袭过来，夜晚的流光照耀着那个即将睡去的孩子——城市。灯火辉煌的夜晚也在此刻呈现出不同于白昼之时的城市。每个人都可以寻找到属于自己的东西。在这透明纯净的城市中，我站在楼顶上，可以随着风有节奏地摇摆；一会儿似乎变成了海面一只跳跃的海豚，阳光透过海面射进海中几十米，不同的蓝色随着光线的变化在眼前流转，海水是冰凉的；一会儿似乎变成了根青藤，沿着最危险的岩壁奋力地向上、向上，把最高的一片叶子努力地伸向天空的方向；一会儿变成一匹奔腾的骏马，在草原上无拘无束地自由奔跑，留下一行行深深的脚印，那是我到过的痕迹……它没有形状，没有重量，没有约束，放出了身体，它可以无限的飞翔、无限的自由。

城市的月光，何时可以骄傲地留下来。

2014-03-24

记取我的2015：逃离霾都

林达

2015年，距离我从大学毕业后到北京打拼已整整10年。10年前，我只身一人从江城来到北京，人生地不熟，租住在地下室，开始找工作……时间飞逝，我在北京有了稳定甚至让人羡慕的工作，成家生子，买了房子。儿子因为有北京户口，在北京上公立幼儿园，9月份就能进入辖区划片小学就读。没想到，就在这一年，我却不得不因为空气污染放弃这一切，带着儿子逃离这个承载我的梦想、见证过我奋斗的城市，来到一个陌生的城市开始新的生活。

当看到12月6日重度霾让北京的中小学和幼儿园被迫停课，微信朋友圈被雾霾信息刷屏，我觉得很庆幸，因为此刻的我正带着儿子生活在空气清新、气候宜人的春城。

逃离北京的念头让我纠结万分

我真正萌生逃离北京的念头要从2014年的暑假说起，那时我从单位请了一周的假，带着孩子到昆明玩，这里的蓝天白云让我动了心，如果能在这样的天空下生活多么幸福啊。

休完假回到北京，呈现在眼前的是烟霾笼罩、能见度不足百米的城市，人们戴着口罩，行色匆匆。出租车的广播里传来新闻：因连续多天的雾霾，医院呼吸科门诊、住院病房的病人数剧增……

这就是我长期生活的城市！回到家，我试探着和孩他爸说想离开北京去昆明。他说："你现实一点好不好。昆明作为一个休闲城市，有空的时候去呆一呆还行。"

他的话让我回到了工作岗位，但工作的时候却心不在焉。我又找到领导说了自己的想法。他问我："是你们一家都要迁走吗？"我说："不是，我爱人留在北京工作。"领导分析说："太不现实了。旅游和现实生活不一样。现在你们都在北京，你带孩子到昆明后意味着夫妻两地分居，孩子也要重新适应新环境，放弃北京优质的教育资源，他长大后可能会怪你；你自己放弃现在的工作也很可惜。北京的空气应该会好起来。"

领导一番话又把我拉回到了现实。

2014 年年底，北京遭遇严重雾霾，孩子半夜突发高烧，持续五天不退。这次高烧之后，他总会惊恐地说眩晕。而且此前每当空气不好，孩子鼻子堵、喉咙痛，伴随着眨眼、身上痒等症状。对此，我束手无策。另外，本来我的身体很好，但这两年，我也总是过敏，流鼻涕流眼泪。2014 年上半年，我因为全身荨麻疹，请假一个月没上班……这些都让我带孩子到昆明的愿望更强烈了。

《穹顶之下》坚定我逃离的信念

2015 年 3 月 1 日，是单位春节后正式上班的时间，我却没有返回工作岗位。

就在上班的前一天下午，我无意中在网上看到了柴静关于雾霾的宣传片《穹顶之下》。宣传片中，雾霾危害触目惊心，也一下子把我拉回到了过去三四年让我心力交瘁的一幕——儿子每月生病，动不动就发烧、咳嗽、鼻子堵、眼睛疼，我不得不带着他辗转于各大医院。

"我不怕死，我只是不想这样活。"

这一句话深深地触动了我。我无力改变自己生活的大气环境，但我可以选择逃离，让孩子少受其苦。

看着我们娘俩难受的样子，孩他爸同意让我们出去避一避，换个环境试试。就是那天晚上，我写了辞职信。

暂居昆明，得到暂时的健康

来到昆明，我租了个一居室，签了半年租约。

昆明空气很好，气候也很适宜，不用像在北京那样先看空气指数再出门活动。儿子每天都可以户外活动，很开心。尤其是我和儿子身上的过敏症状不见了。对我来说，逃离严重污染的京城是一种解脱。同时离开自己熟悉的生活环境，只身带着 5 岁半的儿子在这个陌生的城市生活，也让我心里惶恐不安。

除了担心儿子是否适应这边的气候（有点高原），最让我不安的是安全问题。因为之前总听说云南治安不太好，加上我们租住的房子在一个老小区，虽然阳台有防护网，但晚上睡觉总不踏实，常会在半夜醒来，有时我索性通宵开灯睡觉。

另外，从北京到昆明，城市空间跨度太大，碰到当地人说本地话，我们就傻了眼。在新的幼儿园，全新的环境让儿子进入幼儿园的那一刻，非常胆怯。当我中午悄悄来到幼儿园给孩子送被子时，他一眼就看到了我，跑过来紧紧拽着我的手不放，央求我带他回去。尽管眼泪在我的眼眶里打转，但当老师过来说："你要相信我们会用爱心让孩子喜欢上这里。"我只好转身离开。还好，当我放学去接他时，儿子已经喜欢上了这里。此后，他每天都很乐意去幼儿园。这让我心里悬着的一块石头落地了。

我带着孩子在昆明"避难"，孩他爸一直瞒着他家里人。有一天，看到蓝天白云，我实在忍不住在微信圈里晒了一张云南的蓝天白云，他提醒我最好不要让别人知道。但在我看来，没有什么能比远离雾霾更让人舒心的了。

五一前，我带着孩子回了趟北京的家。可是刚回到北京，我们俩就又开始过敏，和以前的症状一模一样，我在床上躺了两天，孩子也一样。没办法，我们只好回昆明。

在哪儿上学，让我和老公关系白热化

2015 年 9 月，儿子该上小学了。由于在昆明期间没生过一次病，这让我冒出让儿子在昆明上学的念头。

由于儿子户口不在昆明，父母任何一方临时居住证要满半年，才能上公立小学，而我们到昆明的时间不到半年，显然不符合要求。上学成了让我头疼的事情。

既然不能上公立小学，我就从网上筛选私立小学，打电话咨询报名。海贝国际小学是当地有名的私立小学，口碑很好，报名考试的孩子也很多，让我没想到的是，竟然足足考了三个小时。可是后来，当工作人员给孩他爸打电话确认时，孩他爸竟然一口回绝了。

我知道他的内心是不愿我把孩子带去昆明上学的。他说："北京为了 2020 年冬奥会，肯定会加强环境治理。"他更主要的理由是：北京教育质量和教育资源比昆明好，好多人挤破头皮想让孩子在北京读书，而我们却放着划片小学不上。

他反问我："难道在所有空气不好的城市，别人都像你一样出走吗？那么多人不也一样在北京生活吗？"他的一番话让我很难受。

从内心讲，我没有抛弃家庭的意思，只想暂时避一避。在这件事上，我们双方都没有妥协。

为了给儿子争取到公办学校入学指标，我四处找关系，跑派出所、找招生老师，甚至找教育局、教育厅。然而，现实不如人愿，这件事一直没有着落。6 月 14—15 日是北京划片小学面试时间，我不得不在 6 月 13 日带着儿子回北京。那时候，我有一种认命的感觉。但回到北京，依然过敏，我们再次被打了回去。

天无绝人之路，一个偶然的机会，我从昆明一个朋友那里得知，百年名校武成小学分校对外招生，没有户籍限制。

7 月 2 日，当拿到学校通知书时，我欣喜万分。但孩他爸知道后却说："健康第一本无可厚非，但你选择昆明太绝对、太片面。"

随后，我们各执己见，争执进入白热化。其实，我知道他不愿和孩子分开，正如他所说："和孩子分开不是多飞两趟能代替的，对孩子、对我以及这个家庭都会是缺憾，不可弥补。"

寻求外援，如愿逃离霾都

为了能够转变孩他爸的态度，我决定主动出击，寻求外援——婆婆和姑姐的支持。

在我看来，姑姐是一位无私的母亲，为了孩子的教育，辞掉了公立学校的工作，陪着孩子去省城读书，我相信她能理解我的决定。

当我给她打电话说我们已经在昆明生活将近半年了，她很惊讶，半开玩笑地说："你们一家都适合在保密局工作。"我把与孩他爸间的争执和她坦诚交流，并表明我的态度："只要北京空气好了，我们就回去。"姐姐没有反对我，她和我简单分析了利弊，说："我们都是为了孩子而舍弃了许多。成就孩子就是成就我们自己，这正是母亲的伟大之处。"但她提醒我，一定要做好老人的工作。于是，我从昆明飞到北京，找出孩子近三年来所有的门诊病历本和两次的住院病历，带着病历到婆婆家，和她沟通这件事。"我也是做母亲的，妈能理解你。注意安全。"婆婆的通情达理让我很欣慰。看到家里人都同意了，孩他爸也同意了。这让我如释重负。

9 月 1 日，儿子顺利地在昆明上了小学。虽然这个过程有些曲折，但现在的我很满足，很幸福。

2016-01-23

逃离北京后的不安

左拉马

两年了，每每早上在窗外高大树木上栖息的麻雀叽叽喳喳的鸣叫中醒来的时候，我觉得我逃离北京的决定是正确的；但每月定时收到工资入户短信的时候，还是会狐疑当初决绝地离开是否明智。

在北京读大学四年后，谋得还算不错的一份差事。平时辛勤工作，闲暇的时候和朋友们聚餐或踢球，住处也从地下二层升到楼上的隔断，最后终于舍得花钱租住了一个位于北三环的三居室里的主卧。奥运会开幕的时候，和朋友们看着窗外灿烂的烟火，觉得北京真是个美好的城市。

工作三年多的时候，和女友正式领证结婚。有天下班早，我在地铁口等她一块回家，我端着眼镜终于在庞大拥挤的人流里看见她奋力挣扎着走出来的样子，那个瞬间在我心里埋下了要离开的种子。然后开始留意到租住附近的小区房价一路不回头地涨到每平方米三万多，这和我们两人收入的比较让人绝望，所以要离开的念头便在我心里发了芽；上了岁数的妈妈一不小心摔碎了膝盖，直到第二天亲戚邻居帮忙安顿好住院，才打电话告诉我们的时候，终于下定了要离开的决心。

在大学同学和生活中的朋友陆续离开的时候，我也恰巧考上一座离家不算太远的小城的公务员，于是离开了生活了八年的城市，从一线城市跑到四线，跑到了一直揶揄甚至诅咒的体制内。

城市的大小，最直观的就是公交站的长短。北京不消说两个站点之间的遥遥无期，单是一个围绕在十字路口的同一个站点，两条不同线路换乘就可能让你找得晕头转向。而这个小城公交车“请刚上车的扶稳坐好”话音一落，立马喊“请下车的旅客做好准备”。大多数时候其实我骑自行车花个十分钟上班，爱人也只需在门口乘坐半个小时班车去所服务的公司。再也不需要在人流中挣扎，我和爱人花 1000 元在市中心公园的隔壁租了一套小两居室，小区道路两旁都是高大整齐的树木，夏天里虽滋生蚊虫却也因遮天蔽日而带来阴凉，深秋某个寂静的早上会看到干净的鹅嘴黄般的树叶铺了一地。延伸的树枝甚至过于逼近窗户，以至于大早上就听得到叽叽喳喳的鸟叫，在鸟鸣声中起床，从容吃顿做好的早饭，晚上 6 点吃完晚饭之后，常常会花一个小时走过小区的林荫去公园散步。而且靠着在大城市工作三年多练就的技能，我和爱人都能轻松甚至说毫不费力地做好分内的工作。这个市区只有 60 来万人的地方，看起来也会是一个美好的城市。

然而，没过多久，我和爱人都不约而同怀念起北京来。在北京的时候，会约了朋友随便到一个大学操场上踢球，这个小城仅有的几个院校里面的操场，也都是让人绝望的坑洼且长草的裸露土地，而且周遭几乎没有想和你一起结伴踢球的人；在北京的时候，和同事讨论的话题是经济、时事、体育或者文化，而在这个小城，更多的话题是谁谁因为各种关系的升迁、邻里关系或者是午餐的种类；爱人更是因为同事们的过于亲近且多舌，闲散且不职业，不可抑制地怀念起曾无比“唾弃”过的北京公司的大小头目；最格外怀念北京的，是每月定时收到工资入户短信的时候，看看生生砍去三分之二的收入，难免有些唏嘘，还好我和爱人几年来的积蓄足够在这个城市里安家，才不至于让人心里太过发慌。

在小城市里生活两年，就会知道，离开北京，既逃离了北京的重压，也远离了北京的活力、新鲜、多元。看到小城里那些平凡中年人日子的平淡，仿佛一下子看到了十年后的自己，这种排除了可能性的生活，有时候和大城市的重压一样让人心里有丝丝绝望。

2014-03-24

我们这八年

小燕子

我出生于山东胜利油田的一个普通的双职工家庭，独生子女。和所有的孩子一样，按部就班地度过小学、初中、高中、大学和研究生的求学生活。十八年的学生生涯结束后，我选择了在上海这个国际型大都市工作。因为曾经在上海度过了大学四年，我喜欢这个城市，所以即使后来离开上海去别的城市继续求学，最后还是想回到这里。

2004 年 6 月研究生毕业后，我就进入现在位于浦东的这家公司，一做就是八年。刚到公司的时候，住在公司生活园区里面的单身宿舍，这个三个人一间的宿舍，有空调，卫生间和浴室是公共的。跟学校里的宿舍差不多，但不是上下铺，还有空调，不错了。宿舍算是公司租给员工的，大概每个月两百多元，直接从工资里扣。外面提供住宿的公司也是不多见的，所以我很满足了。两个月后男友也到上海了，先是投靠他的大学同学，暂住在同学那里。他同学也是租的房子，不大，男友只能睡沙发。过渡了一个星期，男友在徐家汇租到一套两房里的一间，大概六七百元一个月。在这里住的时间比较长。每到周末，我就从宿舍赶到这，坐地铁都要花一个多小时。和男友同租的一个男生也是工作没多久，每天除了上班就在房间里听收音机，没有其他业余活动。一日三餐都在公司解决，过得很节约。因为和我离得太远，所以男友考虑换个房子，去中山公园附近看过，在世纪公园附近找过，都太贵了，一个房间就要一千元，于是作罢，想着等他工作确定了再说。

男友面试了几次，他终于找到了一份工作，和我在同一个公司，但是不同部门。因为公司没有男生宿舍，所以他只能继续租房子。他们在离公司不太远的古桐小区一个顶楼阁楼上租到一间房，月租六百元，带窗户，斜顶，只有一张床。

这算比较好的了，旁边的房间没窗户的还要三四百元呢。住了一段时间后，我们觉得两个人分别租房有点浪费，于是决定合租。公司附近的小区有个一室一厅的房子，很老很旧，但基本生活设施都有，两个人住刚好，一千元一个月也能承受。本来我们还犹豫，看房那天，看到有别的人也来看，他们也想租，于是情急之下赶紧就租下了。那时候压根没想过要买房子，想着即使结婚租房也没关系。但是2005年开始房价突涨，周边的房子已经七八千元一平方米了，我们便四处看房，终于看中一套五千元一平方米的老房子，1995年的，总价近40万元。虽然房子质量不是很好，但也算是比较便宜的了。至此，我们拥有了人生的第一套房，由于刚工作不久没啥积蓄，依靠长辈的支援加银行贷款，房子到手了。接着，我们又跟同事借钱装修。折腾了几个月，2006年的五一节后终于住进了自己的房子。虽然每个月要等发工资后才能陆续添置家具，分三年给三个房间安装空调，但是我们仍然感觉很幸福。就这样，我们一直住到现在，也有六年多了。这中间，房子陆续发生了点状况，不是楼上漏水到我家，就是我家漏水到楼下，光漏水就维修了两次。因为漏水，家里的墙面开始发霉。每每看到这些，我们就想什么时候可以换个房子啊。可是，现在的房价又是多么高不可攀！刚好今年公司有福利房，老公凭着优秀的考绩排到了，虽然比市场价便宜点，但150多万元的价格也着实让我们吃不消。在老房子没卖掉前，90万元的巨额首付款让我们束手无策，除了自己的一点积蓄，大部分都要借。虽然在朋友的帮助下，首付凑好了，但后面的余款、各种交易税以及老房子的剩余贷款，还有装修都要钱。现在，我们就希望早点能把老房子出手解燃眉之急。

其实，我一直觉得现在住的地方周围配套设施挺好的，卫生院、超市、菜场、大排档都有，唯一不好的就是交通。因为周边都是动迁房，很多群租客大部分都在园区工作，所以每天早上很多人挤公交车，由此衍生了黑车、三轮车的生意。虽然附近有地铁站，但步行过去还是需要点时间的，而打三轮车过去只要七八块钱，打正规的士就起步价，黑车能便宜个一两元。我们一开始有个电动车，骑到公司20分钟左右，还是很方便的。问题是，一遇到下雨天就惨了。我们是可以穿雨披，但是真不安全，有次就在路口摔倒，衣服都湿了，当时就想要是有车就好了。在还没有车的情况下，我们想要不就打的吧，可每次下雨天打订车电话永远打不通，于是我们就只能早点出门上路拦。有天早上七点半出门，撑着伞在路上等的士，一直到九点一刻，裤子都湿掉了一半，仍然没打到，因为还有很多人跟我们一样在等。最后还是找同事帮忙开车来接我们上班的。这次的经历让我们终于下定决心一定要买车，哪怕买辆QQ也能遮风挡雨啊。所以买车也是刚需。2007年年底我们拥有了自己的汽车——标致206，全部办下来九万元左右。当时，小区里面随便停，车位很空，楼下就我们这一辆车，但近几年小区里的车子一个个多了起来，连路边都停满了。有时晚上回来晚了，几乎找不到停车位。自从有车后，以前不常去的浦西也能去了，之前我总觉得徐家汇好远啊，坐地铁也要一个多小时，而开车过去走外环半个小时就可以到，走中环更快，二十分钟就到。我们小区在中外环之间，附近就有个中外环的上闸道，所以开车真的很方便。由于我们上班比较近，平常出游的次数也不是很多，所以车子开到现在5年，才跑了3万公里左右，但是毕竟寿命差不多了，车子多次出现问题。这样，我们计划过两年再换部大点的车，另外，孩子大了，这样坐起来也会舒服些。

本以为有车之后，我们可以好好享受一下二人生活，没想到买完车后的第二个月，我发现自己怀孕了，不过幸好有车，我们离妇幼保健院还是有点远的。生产那天是凌晨三点多，匆匆赶到医院，没有床位，只好回来。到六点多又去，等到九点多结房，才安排上床位。2008年是生育高峰，医院床位很紧张，当天夜里十一点半，小宝宝出生了，女孩儿，3240克，很标准的体重。初为人父人母的我们开心死了，也紧张死了，完全没经验，只好请月嫂。月嫂真是个好职业，近几年很流行，我们那个月嫂，3800元一个月，后来听说有的涨到五六千元呢。宝宝生病最头疼，儿童医学中心不知道去过多少次，每次去都是人山人海的，等很久，医院门口跟公园似的，到处是家长和小孩。平常我们也对照着一些育儿书查看宝宝的病症，虽然略知一二，但觉得还是看医生放心。几年下来我们积累了不少经验，现在女儿上幼儿园，体质也增强了，医院去的少了，但教育问题又提上日程了。“公文数学”，奇迹数学，“四五快读”，《十万个为什么》等，网上流行的，我们也选择一二。看到网上那么多“牛娃”，我们是羡慕又担心：不想孩子那么累，但又怕将来没有竞争力。但从同事处了解了什么四大名校、“幼衔小”之后，是上注重英语和性格培养的小学，还是注重数理化的名校，我们都没有想法了。我们也希望她将来能出国，国内的应试教育我是深刻体会过了，此外，听同事说上外附中，高考都没什么学生参加，大部分都出国了。可是出国费用很贵，听说一般一年就要 20 万元。虽然费用不菲，我们想，如果真有这个机会，把房子卖了都无所谓，只要女儿有好的前途。除了学业上的担心，还担心她的性格培养。女儿生性大方，跟谁都能玩到一起，但是不会拒绝别人。不太会保护自己，而且学坏容易学好难，跟不好的孩子在一起就容易学到不好的习惯，为此我们也是伤脑筋。即使在家里经常唠叨，还是不能确定她在幼儿园的状况。我们没想她多么出类拔萃，只希望她能健康快乐就好。

为了能让自己在工作上有竞争力，我和老公坚持充电。因为公司是合资企业，英语总是必需的，每天的 paper work 都是英文的，所以读写没问题，就是口语不好。于是我去报名了中级口译，利用周末时间去上课，结果笔试一次通过，口试考了两次，其中一次因为迟到没考成，只好放弃。接下来是专业上的，因为学校的专业是电力系统，所以去考注册电气工程师，没有报班，只是自己在家看书。但我发现，工作后真没心思学习了，坐一会就坐不住了，完全没有学生时的劲头了，考了两次，都以失败告终。老公倒是不错，考 CCNA，一次就过了。从工作到现在，我们都没有跳过槽，我们都认为这些也没什么实际效益。

我还在上大学的时候，妈妈就去世了，当时医院也没查出原因，只说是脑颅突变。我当时啥都不知道，连妈妈最后一面也没见到。后来上研究生的时候认识了老公，老公毕业前，他的妈妈因为肠癌也去世了，当时他家里为此花光了积蓄。所以我们结婚时，用的都是自己工作积攒的钱，两边家里都帮不上忙。老公的父亲有三十多年的肝病，一直在老家生活，平日里坚持吃保肝护肝的药，病情也算稳定。前几年我们自己没稳定，偶尔才会回老家去看看他，有时会寄些钱回去。老公一直想让他父亲到上海来玩，又怕老人家身体吃不消，这件事也就一直搁着。直到前年，老人觉得身体大不如前了，就想着赶紧到上海来看看，而且大城市的医疗条件肯定好些，专家也比较多。另外，公公曾经在杭州当过兵，也想有机会再去苏杭走走。可是，我们对上海的医院完全不了解，不知道哪个医院对肝病比较擅长。另外，家里又有小孩子，怕老人的病会传染，如果让公公住宾馆，实在难以启齿。再加上住医院费用太贵，我们也承受不起。等等这些让我们很苦恼。后来终于在老公朋友的帮助下，找到一家比较大众的医院，有认识的专家，老人可以住在医院里。我们每天上班忙碌，下班还要带小孩，老公只能请半天假去医院陪老人，再请假拿老人的病历去其他医院咨询。不巧的是，那段时间，我们的车又被人追尾，真是祸不单行。住院检查的结果是晚期，只有两个选择：一是肝脏移植，需要50万元。而这个费用，除非我们倾家荡产，否则根本无力承担；二是保守治疗，维持现状。后来公公觉得没有太明显的疗效，而且我们没时间、还要花钱，就坚持要回老家。走之前老公带他去东方明珠逛了一圈。认识老公这么多年，没见他哭过。这次，当老公送公公到火车站，看着火车开动时，他哭了，哭得很伤心很伤心，他只觉得自己无能为力。就这样，前后又拖了一年，在去年五一前，公公还是没坚持住，离开了我们。现在我们只剩下我爸爸一个老人了，希望他老人家身体健康！

希望我们一家三口以后可以平平安安、顺顺利利地生活下去！

2013-02-26

我的生活五味谱

颖艺

与友人交谈时，无意中提及：“你到广州几年了？”掐指一算，还真不得不感叹时间的流逝。从初来广州到现在，一晃 14 个年头了，细数一路走来的路程，酸甜苦辣，五味俱全。

纯真少年

我 1978 年出生在福建的一个偏僻村庄，海边树木林立，记得小时候经常去海边沙滩上玩，有时还会将捡到的树枝绑成一捆，沿着弯弯的土路搬回家烧火。那时还没有煤气灶，都是砍柴生火，有时放学回来帮忙下厨，看火时，火一喷就会把前额的头发烧焦，甚至会弄得满脸是灰，惹得母亲总是笑话我。

初中要到十几公里外的镇上去上学。每个星期一的六点多，我骑上单车，带着一罐妈妈用肉和花生做的配菜以及五元钱，沿着那条坑坑洼洼的村路，穿过一片防护林去上学。虽然路很难走，但耳边响起的清脆的鸟叫声，伴着自行车发出的声响却像支清晨的交响乐，回荡在蔚蓝的天际。

到校后，我通常买 5 斤大米（花去 2.5 元）作为一周的主食，并且一到学校就要准备好饭盒，洗好米，倒好水，放到蒸笼里，晚了就没得吃了。妈妈做的配菜最多吃到星期三、四，有时到了星期三那些配菜就有点儿变质了，接下来的几天就只有到食堂去买两毛钱的汤菜。一个宿舍住五六十人，时常会有同学丢东西、吵架，更有同学将垃圾扔到床底，还有的同学因为离家远，拿着家里给的零花钱去学校附近打游戏机，根本没在上学。初中毕业时，我发现小学的好多同学都辍学去学手艺了，相比之下，我能上学已经很难得。那时的生活虽然清苦，但很充实、很快乐。

1994 年 9 月，我初中毕业考入当地唯一一所影雕专业中专学校，毕业后外出实习了半年。1998 年春节，我决定自己创业。正月初二，联系到离家有五六十公里的板材厂，我拿着六七十块钱，买了五块板材（每块十元钱），还要了一些厂里不要的碎板材，到当地的五金店买了影雕做的金刚钻及影雕架，在自己家里开始做样品。村里人看到我做这门手艺，想向我学。于是，我顺便带了两三个徒弟。因为在学校及实习时间表现好，技术及为人得到实习厂家师傅的肯定，当他们知道我自己创业时，就把活计给我加工。就这样，我陆续接到附近一些影雕活，徒弟也越带越多。为了保证质量，我会让每个徒弟做自己最拿手的一道工序，之后，再由我整体修改。这样出去的一批批货都得到了顾客的肯定。因为全部由手工完成，并且是自己完成最后的修改，我每天都加班到很晚。不过，因为是纯加工，利润却并不高。

三下广州

1998 年年中，我决定到广州看一下，一方面广州有个客户欠了我一笔货款，一直拖着不给，另一方面，我也想到广州看看有没有发展机会。我记得那时，从惠安到广州的车费是六十块钱，要坐二十四五个小时的车。由于时间长，途中只要车停下来加油或休息，乘客就马上抓紧时间上厕所，等到下车时满脸都是灰土。途经的每个吃饭的地方，都是脏、乱、贵。因为饭贵，大家基本上都是自己带吃的。

到了广州，地铁开通了，第一次真正见识了传说中的地铁，心里说不出的兴奋。第一次来到快餐店，吃上我在广州的第一顿四块钱的快餐，还挺丰盛的、感觉还挺好吃的。记得那时一走进小餐馆，人家问我是不是吃快餐，我愣了下，还不知道“快餐”是什么。但辗转于广州的老城区，触目所及老城区破破烂烂的，垃圾和卫生极差。再加上那时广州的治安非常不好，使得初来乍到的我不由得格外小心。繁华与杂乱、是广州给我留下的第一印象。

我找到了拖欠货款的那个人，他不但不给货款，还让保安赶我。钱没要成，我就去买了一张广州地图，到五层楼、广州博物馆去看看有没有做工艺品的。进了五层楼，我发现里面有很多民间工艺品，就是没有我所学的影雕工艺。通过店员打听，我找到店主，让他看我的样板。店主人很好，说让我在这儿放几个样版看看效果。这样，我又回了福建。

1999 年 5 月份，我决定再下一次广州，还是先到五层楼找那个老板了解情况。老板说，样品摆在那里，游客不知道是怎么做的，不感兴趣。我向老板建议，现场表演一个星期看看效果。在我再三请求下，老板终于同意了。这一星期里，只要我现场操作，周围都会被围得水泄不通，游客非常感兴趣。因为都是游客，来也匆匆去也匆匆，根本没时间定做他们喜欢的照片。另外，五层楼是旅游点，导游提成百分之五十，另外百分之五十在店里分成，这样价格就非常高，游客无法接受。所以那一星期，表演效果非常好，却没有接到活儿。不过，游客对这门手艺的喜爱让我很有信心，我决定把事业发展转向广州。

回老家准备了十几天，做好学徒的思想工作，我留了五六个学徒继续在老家做纯加工，我和爸爸带上两个学徒则南下广州。

艰难创业

那时，汽车上很乱，我们连上车费一共带了 1000 多元，另外 3000 元钱存在邮政储蓄卡里，邮政人员说拿着那张卡可以在全国取款。到了天河客运站，我们四人拖着沉重的石材和行李，坐了一小时的公车，到了我上次来广州住的招待所。这个招待所，可以自己煮饭，每人每天的住宿费是 20 元。我安排一个学徒到五层楼现场表演，另外一个在招待所暂时安顿。我则拿着广州地图去各大五星级、四星级宾馆、购物广场去找工艺品店，希望找到合作，然而，得到的都是拒绝。第二天，五层楼的一个刻章老师傅，让我到他的一位老乡，在白云宾馆做工艺品的那里去。就这样，我在广州暂时设了两个点。那位老师傅还建议我们到五层楼或白云宾馆附近租房，这样就不用花车费了。于是，我和爸爸找到中介，租了一间一房一厅的小房子，里面有张床垫、煤气，搬进去就能住，每个月租金 750 元，当我和爸爸把身上的所有钱凑在一起时，刚好够一个月的房租和一个月的押金。

但当我们打算乘公车回去时，翻遍全身的口袋只有两毛钱。不得已，我们只好走路回家。那天，我们走了一个多小时才回到招待所。后来到邮局去取那 3000 元钱，邮局工作人员说，全国就广东还没开通，钱取不出来。这时，我们已经身无分文了。可是，这边招待所的费用要付清，还需要 60 元。没办法，我只好硬着头皮问学徒借，两学徒一个带了 50 元，一个带了 20 元。于是，我跟收费的阿姨讲，能不能先给付 40 元，余下的钱过几天再付清。不知道那位阿姨是不是被我的诚恳还是被我的老实打动，竟然答应我了。就这样，我们搬到租下的房子里，用仅剩的 30 元买了米和鸡蛋，因为钱不够不敢买碗，就买了四个铁碟子，四把汤匙，一个小锅，一把铲子，吃了租房后的第一餐。因为只有一房一厅，晚上我和爸爸睡客厅，让学徒睡房间。第二天，就有人来查暂住证，那态度是威胁加恐吓，可怜当时的我们哪里还有钱去办呀。不过，出门在外，谁我们也惹不起呀，赶紧答应他们，过几天立刻去办。想想那时的办证人员服务态度和素质，实在是太差了。对比现在的办公人员，那简直是差远了。

晚饭后，我们到刻章的师傅那儿，告诉他我们已经搬过来了，顺便谢谢他。老师傅看到我和爸爸感冒了，就将煮好的感冒汤给我们每人喝了一碗。当他得知我们已经身无分文后，主动拿出 50 元钱，让我去买感冒药。拿着这 50 元，我心里暖暖的，一份感激与感动油然而生。看到我咳嗽得厉害，爸爸要去买感冒药给我吃，可我知道这 50 元还得维持我们几个好几天的生活呢，家里重新汇过来的钱要三五天后才能到。三天后，我们在白云宾馆接到了第一单生意，赚到了来广州的第一个 100 元，大家都很开心。第二天，我买了点橘子去看招待所阿姨，顺便把欠的钱还清。慢慢地，我们度过了最艰难的时期。

突然有一天，老爸接到欠我钱的客户电话，他说，我们到广州做生意，是抢他的生意，限我们三天内搬出广州，还恐吓说，如果不走，就要打我们。一向平和的我被激怒了。难道出门在外，势单力薄，就只有被欺负的份吗？这让我更努力地去找更合适的地方。后来，我把目光转移到宾馆外的工艺品小店去寻求合作。功夫不负有心人，终于有一家愿意和我合作。我不用付租金，所订产品的利润大家分成。恐吓我的那位先生，也刚好在半个月前在宾馆外设了一个点，这让我们天天受到他的骚扰及恐吓，此外，他还不让厂家卖给我原材料。没办法，我只能让同学帮我采购。因为我们的技术及质量好，接的活儿比他们多，他们就把价格往下降，即便如此，我们还是比他们有市场。

2000 年，我和合作伙伴决定在新开的中华广场开第一个档口，2001 年我们增加了几个合作点，2002 年我开了第一家自己的档口，2003 年又开了第二家档口。这期间，对质量的坚持，不仅让我们的技术不断进步，还上过几次报纸及电视。也在这一年，我结婚了。2005 年下半年，街道的领导突然通知，白天宾馆楼下的沙面美食屋因为污水横流、油烟污染要整改，希望我能顶下来，可是每月租金高达五万元，转手费需要一百多万元，这对我来说可是笔大数目。左思右想，我还是拿下了这个档口。为了节省装修费，整个档口除了拆墙、电工外，基本上都是自己动手，也是在这段时间我学会了拿电钻、爬高梯、装天花板、接电、装射灯、粉刷。这一年，我的儿子出生了。

2006 年，广州的房价已经涨到了每平方米八九千元，看着一路高涨的房价，一家人还租着房子住，我开始想买房了，后来贷款买下了一套银行的抵押房。2008 年，由于世界金融危机，我们这些主要做外客的受到了很大的影响，此外，档口租金高，生活让我倍感压力。平安夜的那晚，我因为胃出血住进了医院。医生说是压力过大引起的。住院的那些天，想一想自己一路走来，都是在努力工作中度过的，没有娱乐，没有消遣。我第一次感到，生命稍纵即逝，人应该善待自己，可当我面对里里外外一家老小时，又不得不苛刻地要求自己。

每天经过街道的公园，都能感受到树木越来越青翠，花草越来越娇艳。来公园锻炼成了公园里最有活力的一道风景。但来广州这么多年，我好像没能够有闲暇也去锻炼一下，整天像个陀螺转个不停。而两位老父母日夜辛苦操劳，也没能得闲在公园里像其他老人一样悠闲地练练剑、跳跳舞。想到这，我不禁问自己："来到城市，我让父母过上幸福日子了吗？"看着他们日益斑白的头发，记录着沧桑的皱纹，我心里不由得一紧：在老家人的眼中，他们好像应该是很轻松的，但其实他们只不过陪着我一起辛苦地在这个大城市里打拼着。

2010 年广州亚运会，街道大装修，我们的生意再次受到很大影响，亚运会一过，我们所依赖的客源地——白天宾馆也要进行装修，既然没生意做，我们决定也给档口进行一次装修。

困难重重的 2012 年

2012 年正月初一，正在老家过年的我，还在睡梦中就被朋友打来的电话叫醒了。当电话里传来"你家房门好像被撬了"，一家人都震惊了。正月初一，车站里根本没有下广州的车，这让我们个个如坐针毡。电话一个接一个地打过去询问事情的详情、报案，也接到一个又一个的告知电话。正月第一天，就在这种不安中度过，也拉开了我 2012 年的序幕。乘坐九个小时的快车，回到广州后，看到朋友要雕刻的玉石还在，只是损失了一些散钱，算是有惊无险。

3 月份，街道新上任的领导说，白天宾馆新装修，想向街道租我们这个档口，要终止我们的合同。我说，当时转手费花了一百多万，后来装修也花了一大笔钱，另外我们一家人的生活收入就靠这个档口，一家人在广州打拼十几年的心血也都在这个档口上，一旦失去这档口，一家老小就得喝西北风了。新领导听后没再说什么。接下来的五月份，白天宾馆开始装修外墙，围墙围在我们店门口，装修带来的灰尘、气味、噪音，污水、建筑垃圾等，让我们无法营业，我向街道提出，白天宾馆装修期间能否降租，街道不同意。连连的亏损，让家里弥漫着令人窒息的沉闷。来广州十几年了，本来想着日子会越过越轻松的，但发现岁月的叠加，只会增添无尽的烦恼。何去何从，哪里才是我的归属？

外出闯荡了十几年，父母想落叶归根了，可是，老家的房子已经破旧不堪，于是我们决定重建。风风火火的父亲说建就建，房子建在之前的自家田地上，这儿的村民都是这么建的。房子两边也都建好十几年了，就差我们这块地了。那时正值闽南倒春寒的季节，父母亲天天在工地上帮忙，已上六旬的他们，想着能落叶归根，心里有说不出的喜悦，也顾不上寒风的肆虐与夜以继日的辛劳。但是身体上的劳累能忍受，精神上的耻辱却是无法承受的。刚盖好的一层房子，在3月15日那天被安上违建之名给摧毁了。当时，村里在建的有好几十家，我们的房子还是建在房子群中，是符合规划的。难道就因为我们在外十几年吗？势单力薄的我们去找村主任开证明，依法建房。没想到，我母亲却遭到村主任一家的毒打。后来报了案，事情却不了了之。打人的村主任还继续做着官。后来，镇上的朋友告诉我，每一座在建房产的背后，都有着大量的利益关系。让谁建，拆掉谁，都有着微妙的关系。

这让我感到，朴实的乡村消失了，社会没有绝对的公平与公正了，金钱与权势在这么偏远的地方成了主宰。一个小小的村干部就能为所欲为变卖村里的土地，开设赌场、偷挖山土。当我不时地听到身边的人讲述着这些被官欺负却无处申诉的事情时，我清醒地看到大城市的民主与小乡镇独裁的天壤之别。

这时，我发现村子里的变化并不只是这一点。记忆中的海滩、树林都消失了，一条宽阔的沿海大道横贯海边。海边的沙土，由于人为的挖掘，已经越来越深了，海滩的乐园消失了。没有了防树林，风就更加猖狂了。山上光溜溜的，东一个坑西一个洞，遍体鳞伤。后来才知道是村干部挖去卖掉了。对于这个众所周知的秘密，却没人管制。

父母亲经过年初那件事，整天闷闷不乐，加上档口经营环境恶劣，接连亏损，一下憔悴苍老很多。父母亲说，在老家被人家这么欺负，如果房子建不起来，死都不瞑目。广州的一个朋友知道我在老家的事后，决定帮我。8月29日，我回老家重新向银行申请贷款去建房。曾经被摧毁的房子总在我的脑海浮现。所以，建房期间，心里既要担心房子的在建进度与琐碎事情，还得天天提防着所谓的执法人员来骚扰。真是度日如年啊！母亲从不喜欢嚼舌根，经过这事后，就更加沉默、谨慎。生怕说错话，做错事。每天早上四五点，她就起来下到建房子的工地去。白天，一会儿帮挑这，一会儿帮搬那儿的，像个陀螺转个不停。我清楚知道，身体的苦，只是为了减轻她心里重重的石头。

最后一层板完工时，我给朋友打电话，朋友却说：已经有人上报想搞破坏了。哎，我们只是盖自己的房子，村里有多少人在关注啊。所谓的亲戚朋友，因为惧怕村干部，连过来看看我们都不敢。难道我们不是这个村子里的人吗？这件事让父母落叶归根的喜悦之情瞬间消失无存。留下的，只是对人情冷暖的感慨，父亲也因此过年也不想回老家了。

建完房，我们又回到了广州。因为宾馆装修期间造成的影响，我们的档口漏雨漏电，墙体、玻璃开裂，没法经营，不得已，只好借钱装修。没想到的是，装修完后一个星期，街道来电话要终止合同。与此同时，小舅子因结肠癌英年早逝了。两件事赶到一起，痛苦、忧伤弥漫在心头，也更让我感到了家庭的责任。

想一想，结婚已经 10 年了，当年结婚时忙着事业欠老婆的结婚照还没照，这 10 年，老婆知道我的担子重，所以，她不敢放弃公职，只能两星期下一次广州，来来回回地跑。最安慰的、最高兴的莫过于懂事乖巧的儿子了，今年他又捧回了三百分的满分成绩，让我高兴的不是他的成绩，而是他的那份认真。孩子就是我最大的希望。看着一路往上涨的奶粉钱与幼儿园的入托费，我还得暗喜还好孩子早出生了几年，不然真的会更加辛苦。

今年三月份，为了档口的事情，全家人寝食难安。联系了街道的领导，详细地表述了我们的难处及以前的详细情况，领导答应让我们继续做下去。这让我们感到，大城市的官员与农村相比较，比较能体谅我们这些小老百姓的疾苦，也让我对这个城市油然而生一份归属感。笼罩在家里上空的阴云，也暂时得到消散。

一家人围坐回味起来广州的点点滴滴，也让我觉得广州这几年的城市变化还是挺大的，老城区卫生、治安转好了，办公人员的素质与服务态度也好了很多。感觉广州的绿化多，高架桥也多了，正像前几年所说的“一年一小变，三年一大变”。

我心里最大的希望是我们的生活能越来越轻松，一家人越来越开心。在此，感谢所有人生路上帮过我的人，你们的恩情我会铭记在心，祝好人一生平安！

2013-07-02

纠结的中国人事档案：进不来 出不去

常艳

在很多人眼里，我算是个幸运儿，大学一毕业就进了当地最有名的报社。记得当时把与报社签下的就业协议交到学校就业办领导手里的时候，收到的满是赞许的眼神。不久之后，我的各种档案学校就按照事业单位的操作模式给予办理了。但一个月之后开始有了关于档案的第一次烦恼。

当时报社为了引进人才，对于外省引进的重点大学毕业生给予特殊照顾，虽然签的是同样的就业合同，但是他们的档案会存在报社，而我们虽然也是“211重点”，但本地瓜不香，档案就被要求存放到人才市场报社的档案库。

虽然，对于初入社会的我来讲，并不太知道这些档案的操作流程以及可能对我产生的影响，只是隐隐感到这有些不公平，于是找人事、直接领导以及报社里可以用上的关系，根本没有办法，人事部门毫不避讳地告诉我，谁谁谁是社长的亲戚，进来也和你一样，档案得去人才。就这样，我的档案就被挡在了单位外头。

档案存放原来影响到我的身份以及我的前途

之前完全没有对身份这个东西有所意识，因为在收入上，报社基本上还算是一视同仁。

而一年以后，当大学毕业生转正定级之时，我又一次感受到了档案制度对我的冲击。

那个时候，我与跟我同一批进报社的人一块办理转正定级，我们都在人才办和单位之间跑前跑后，而那几个从外省回来的毕业生显得非常淡定，一切都在报社内部由人事帮忙操作停当。再后来拿到的初级资格证书之时，我们盖的戳是

“流动人才职称评定委员会”，而人家的则是“××报社职改办”，打听才知，档案在单位的属于正式职工，而档案在人才的属于聘用人员。

这一点身份的区别，在四年以后的中级职称评定之时影响更为明显。在报业集团里，有一张党报，其余的都是子报都市报及所属网站杂志，党报里的人职称普遍都高，中级职称一抓一大把，高级的也大有人在。但是在下属媒体，中级职称都是凤毛麟角，这就是因为子报子刊网站的人员档案都是存在人才市场的，不管你多优秀都是要人才市场的职称委员会来评审，而党报的人（我和少数几个年轻人除外）基本上都是报社内部评定，这样操作的空间完全不一样，尽管很多人多次得过国家和省级新闻奖，这个放在省报可能早就破格评到了高级职称了，但是在下属单位却很难办到。

离开，原来也没那么容易

在这样的单位待得越久越感觉前途无望，终于下定决心想要离开。于是经过激烈的竞争，我凭借出色的业务水平赢得了北京一个公司的管理职位，作为高科技公司有解决北京户口的名额。而我作为中高层管理人员，也在工作两年以后顺利得到了这样的名额，但在迁户口的时候烦恼又来了。

当时出来的时候公司没有提到人事关系问题，我也没有在意，档案和户口也都存在原来的单位，但是现在既然有了户口进京的资格，我自然不想错过。于是积极办理，但发现困难重重。因为公司是按照人才引进给我办理的，这样就需要原单位出具一个同意调出的函，我给原单位人事部门联系，请求开具这样一个调出函，结果人家说，你不算我单位的正式职工，应该找人才市场开具。于是我又去找人才市场，人才市场说，你虽然档案存在我们这里，但是是在报社人才库，这样必须先由单位出证明，我们才好开，我又转向原单位，原单位人事说你都离职两年了早就跟我们单位没关系了，我们已经没有义务给你开这个证明了。这样折腾扯皮不休不止，眼看着离办理的期限越来越近，于是赶紧找关系让原来报社社长亲自签字批示才办妥。

这里我再提一下跟我一块办理的另外一个高管，她的情况更麻烦，她在原单位待了不到两年就离开了。档案和户口都还在原单位，这次跟我一起办理调动的时候，发现档案里没有报到证，而他没在原单位进行转正定级（按照中国现行的人事制度，大学毕业生，毕业 1 年以后要进行转正定级，填写干部履历表，有了报到证和转正定级才可确定你的干部身份），这样干部身份就很难被认定，就很可能不符合人才引进的条件。

关于档案的烦恼，在我的毕业之后每到人生关键节点总会无休止地滋生，到目前为止，我依然不能确定我接下来的人生会不会继续受到干扰。然而，我和我同事的经历绝不仅仅是个案。除了感同身受之外，我还有一丝庆幸，因为我没有再进入体制之内，这样没有像她一样同时遭到“难进难出”双重烦恼，而且我总算正式从原单位离开。

2013-08-05

为梦想而努力

肖爱兰　华忆科技（吉安）有限公司董事长助理

我叫肖爱兰，来自江西省吉安的一个农村家庭，家有三兄妹。从小家里比较穷，家里所有的收入都是靠父母做点农活挣来的。俗话说，穷人家的孩子早当家。从记事起，我就跟着哥哥姐姐一起帮父母做事。爸妈也一直教导我们，家里穷，一定要好好读书，走出农村，这样才有好发展。所以，我们几兄妹都很努力读书。

1998 年，哥哥考上师范学院，我和姐姐还都在读初中。当时爸爸在外面做点临时工，每天的工资只有三十几元。我记得最清楚的是，光哥哥入学的学费就要 4800 元，加上学杂费等一起得 6000 多元，我和姐姐的学费要 1000 多元。这对家里来说简直是天文数字！所以，那年是家里最辛苦的一年，暑假农忙期间，我们把自己家的稻田收完后，就接着去给别人家收，我们一家 5 口常常从天刚蒙蒙亮就起床干活，一直做到晚上天黑，就这样，从早上 6 点到晚上 8 点，全家起早贪黑干 14 个小时能挣到 100 元，离我们需要交的学费还相差很远。尽管辛苦，父母从不会在我们三兄妹面前说一句怨言，这对我们来说也是最大的鼓励。

等哥哥姐姐相继考上城市里的学校，受他们影响，我从小也一直努力读书。我们相信，只有认真读书，考到好成绩，才是给父母最大的慰藉。2004 年，高中毕业后，我考上了省会城市的大学，就读通信工程专业。作为从农村出来的理工科女生，我的性格很内向。很快，我发现内向对我的学习和生活都产生了一定的影响。我决定要改变自己，报名参加了学校的勤工俭学，周末时间去外面找兼职——做家教、发传单等，只要能做的什么都做。这些都不断地让我越来越大胆、开朗。由于平时的努力，我学习成绩优异，每学期都能拿到奖学金。2007 年 7 月，本来准备专升本的我，决定不再参加升学考试，而是走进社会参加工作，因为我想赚点钱补贴家里。

毕业后，我选择去深圳找工作，因为深圳的机会很多，也想像别人那样挣到大钱，当时在想，也许经过若干年后的努力我也可能会成为有钱人。可是理想虽是美好的，现实却总是残酷的。当时的就业形势非常严峻，加上很多公司不考虑应届生，没有工作经验的我找了将近一个月，才找到在一家生产光缆线的工厂里做仓库管理员的工作。工厂的仓库设在厂房的最顶层，夏天天热的时候，仓库里面的温度可想而知。虽说管理员也算白领，每天不需要在外面晒太阳，但长期在这样高温的室内发放、清点及整理材料，工作基本上还是体力活。每次从办公室走到材料区发材料，已经汗流浃背，比在农村干农活时好不了多少。坚持了一年，我开始思考是否继续这份工作：每天重复做这些一成不变的事情，发料—记数—清查—整理，到月末全仓库数量盘点，周而复始，完全没有任何变化，个人也没有任何进步。难道我要这样一直耗在这里吗？对于自己的前途，我觉得一片渺茫。于是我决定辞职离开这家公司，开始新的求职路。

我又回到了刚毕业时的情景，重新写简历，只是在工作经历上多了一项仓管员而已。重新在人才市场投简历，重新面临一次次地被拒绝，一次次地碰壁。在经历了频频碰壁后，我也发现，学历固然重要，但企业更看重的是求职者的工作经历，这也是大部分毕业生以及求职者要面临的问题。

经历了近 2 个月的求职，2008 年 9 月，我应聘到一家电子厂做采购。没想到的是，2008 年的 11 月，全球金融海啸爆发，很多企业在很短的时间内纷纷裁员倒闭，包括我所在的公司也开始裁员，那时我还在试用期内，而裁员就从像我这种还不是正式工的裁起。很快，我就被通知因为某种原因被解除劳动关系。刚刚适应这里的工作环境就突然被裁掉，这让我的心情非常低沉。这段工作经历可以说是我最黑暗的一段时间，也是我最不想提起的事情，毕竟被“炒鱿鱼”不是一件很光荣的事。

虽然当时的经济情况不好，面对生存，我还是要继续寻找工作。在我最低迷甚至有点绝望的时候，也算是否极泰来，一个偶然的机会，我进入了华忆科技公司。屡次面试失败及被“炒鱿鱼”，让我倍加珍惜这份来之不易的工作。

华忆科技是一家集研、产、销的电子公司，总公司在台湾，股票已上市。跨国性的公司，人性化的管理模式，以及注重对员工能力素质各方面的培训，都让我对这份工作非常满意。进入公司后，我从基层管理开始做起，从熟悉最基本的公司流程开始，先后在厂务部、管理部、业务部、总经理办公室等不同的部门工作，通过接受公司组织的各项培训，我也从办事专员、部门课长、总经理助理，成为现在的董事长助理。在把本职工作做好的同时，我深感求职不易，必须要不断地充实自己才能走得更稳更远。所以，我一方面通过自学管理会计、经营管理等知识为自己“充电”，另一方面，通过各种机会不断地提高自己的适应能力及应变能力。2010 年我报名参加了本科入学考试，进入南昌航空大学通信工程专业学习，今年已拿到本科毕业证书，终于圆了自己的本科梦。

现在，哥哥在市里创业成立公司，已结婚生子。姐姐远嫁广东，和姐夫一起成立了一家电子公司。虽然家里的经济状况大大改善了，但父母还是种田，农忙闲时，父亲还是像以前那样，去外面打些临工，勤奋地靠着自己的双手做工赚钱。我呢，已调回公司在吉安的子公司，这样，工作之余、农忙之时可以帮衬家里，对我来说，这是一个不错的选择。虽然当初在深圳有很多发展的机会，但在那边工作生活了几年，始终找不到归属感。回到熟悉的家乡工作，能够和家人一起生活，时时感受家的温暖，让我觉得比在外面要好。

回想自己的求职路，尽管很辛苦，但是值得的。毕竟在每一个人生阶段的经历，都是一个学习的过程，也将是我人生中最宝贵的经验。也许以后我还会踏上求职路，也许未来我会创业发展，也许我还会有种种前行的方向，但为梦想而努力、为梦想而拼搏的脚步将永远不会停下……

2014-09-02

三、城·业

从中国西北农村走上国际医疗救援舞台

张永青　武警总医院高干病房任副主任

我出生在河北省张家口市阳原县井儿沟乡乱沟子村一个普通农村基层干部家庭，1987 年我考入了当时的张家口医学院（现在的河北北方学院），1992 年毕业后分配到武警总医院呼吸科成为一名军医，此后作为一名呼吸内科医生，一直从事呼吸疾病的临床诊治工作。

2005 年，我有幸成为中国国际救援队医疗分队的一员，此后多次随队参加国际和国内一些突发灾害的救援行动。首先作为人民军医，治病救人是我的职责使命，同时，我所在的武警总医院是中国国际救援队的医疗分队，因此不管国内或国外发生重大灾害，只要有上级命令，救援队都会第一时间赶赴救灾现场。

中国国际救援队是一支“国家队”，2001 年，由时任总理的温家宝倡导建立，是我国唯一的一支国家级救援队伍。作为中国国际救援队医疗分队的队员，我参加过几次大型的灾害救援行动，包括印尼海啸，巴基斯坦地震和特大洪水灾害等，其中印尼海啸国际救援行动，给我留下了特别深刻的印象，这也是中国国际救援队第一次参加这样大型的国际救援行动。

2004 年 12 月 26 日，东南亚地区遭遇了地震海啸劫难，灾情触目惊心，死伤数十万。我国第一时间派出中国国际救援队前往受灾最严重的印尼亚齐省首府班达亚齐实施人道主义救援。我以医疗队员的身份参与了救援行动，也有了作为医生以来从未有过的全新体验。当时国内已近隆冬，但印尼地处热带，年平均气温在 30℃左右，大灾过后，灾区到处都是断壁残垣，死尸遍野，令人毛骨悚然。更让人担忧的是，高温多雨使尸体迅速腐烂，空气中弥漫着令人窒息的腐臭气息。此时，灾区已有霍乱、疟疾等传染病的报道，救援环境之险恶令人不寒而栗，且由于物资的匮乏极易发生救援物资被盗抢等事件，救援队员的人身安全受到极大的威胁。出于多方面考虑，我们的营地选在印尼空军某机场，营地四周是不断轰鸣的军用飞机，半尺多深的一片泥潭中屹立着一顶顶军用帐篷，我和队友们都住在由钢筋和帆布组成的简易床上，这就是我们赖以生活的宿营地。在泥泞的营地每走一步都异常艰难，帐篷里同样泥泞不堪，队友们戏称我们每天都在“拔”泥。没有厨房，连如厕都非常困难，更谈不上洗澡，日常生活最基本的“吃、喝、拉、撒、睡”都成为非常艰难的事情。由于当地多雨，所以每个人都穿着雨靴，一天早晨起床后我发现雨靴倒了，不加思索就穿了进去，感觉里面有个软绵绵的东西，倒出来一看原来是一只青蛙，幸亏不是一条蛇，吓得我出了一身冷汗；当地的蜱虫很多，我的队友们很多人被蜱咬伤过，回国后都被隔离了一周左右的时间，在这样的情况下，我和队友们在那里坚守了二十几天。

在救援之初，由于我国此前从未在国际救援舞台上展示过实力，所以当地人对中国医生、中国人并不认可，经常有人问我和我的队友们这样的问题：你是日本人吗？你是新加坡人吗？我们心里很不是滋味。在恶劣的救援环境中我们克服一切艰难险阻，以极大的热情投入到救援中。记得在班达亚齐总医院救援期间有6名破伤风患者抽搐不止，生命危在旦夕，他们在海啸中得以幸存，却又陷入了病魔的痛苦中，得知他们缺乏有效药物，我们将从国内带来的300多支特效药破伤风抗毒素全部捐给了他们，并且提供了大量解痉镇静类药品，使这些大难不死的印尼灾民得到了及时有效的救治，他们感激地说：“你们真是雪中送炭！”。除了在班达亚齐总医院工作外，我们还派出队员巡诊，帮助灾区恢复重建，并组建了中国病区，每天诊治上百名灾民。中国医生以高超的医术和良好的服务逐步赢得了各国同行和印尼灾民的高度信任，他们禁不住竖起大拇指对中国医生表示敬意，并指定要中国医生为他们看病，即便是营地周边其他国家的救援队员也愿意到中国营地寻医问药。尤其是当地许多华人看到我们营地升起的五星红旗时，忍不住热泪盈眶，觉得我们的工作为他们争得了荣誉。正如世界卫生组织对中国国际救援队评价的那样:“中国国际救援队在灾区开展服务时,显示出极强的灵活性,能够根据不同的阶段开展灾区最需要的工作。灾区所需要的医疗服务和疾病控制正是中国医生可以积极发挥作用的领域。”当救援队回国开展总结时,我和队友们不禁感慨,也许没有人知道我们的名字,但我们展示的是国家形象,在倍感自豪的同时也深深地体会到,我们的国家一定要强大,只有国家实力强了,才能体现作为一个普通国人的尊严,这次救援经历也成了最现实的爱国主义教育历程。

随着我国对国际救援领域的重视,中国国际救援队的实力也在不断提升,我们的设备、物资状况都有了极大的改观,2009 年,中国国际救援队获联合国国际重型救援队资格认证,成为全世界第 12 支获得这一资格的灾害救援队。继印尼海啸后,我也先后参与了巴基斯坦地震和特大洪水灾害等救援行动。巴基斯坦洪水救援行动也给我留下很深的印象,由于当地温度较高,因此每位队员几乎都是带着一身痱子在工作,同时那里蚊子猖獗,为了对付高温和蚊虫,我和队友们就登上屋顶,搭上蚊帐席地而睡,在这样艰苦的环境下,我和队友们凭借精湛的技术使救援队赢得当地人的一致好评,增进了中巴人民的友谊。

作为军人和医生的我,同时也是一位妻子、母亲。参加印尼海啸救援时,我的女儿只有六岁,原本我正在休假,回爱人老家的火车票都已买好且马上就要去火车站时,得知了需要参加救援行动,当时女儿从电视中也看到了海啸的发生,由于年龄较小,只是懵懂的知道如果在电视上看到妈妈会很骄傲,于是她说“妈妈你也去吧”,和同为军人的爱人商量后,觉得作为军人和医生危难时刻绝不能临阵退缩,于是决定参加救援行动。我和爱人分头行动,我连夜由北京出队去印尼,爱人则单独带着孩子回老家,在我真的要走时,女儿却哭着说“妈妈别去了,太危险,你回不来了怎么办!”作为一个母亲,当时感觉心里非常酸楚。到达印尼后,由于海事卫星的价格较高,所以很少与家人联络,联系到女儿时,她说“妈妈你要注意安全”,并要求我代替她给印尼当地的小朋友们捐钱,于是我和当地华人兑换了一些印尼盾,救助了一名父母都在海啸中遇难的小朋友,完成了女儿的善意心愿，我很庆幸能教育出这样一个富有爱心的女儿。

参加救援活动给我带来的感受也与平日工作完全不同，日常的工作即使再累但环境非常好，而救援行动却能让人在极其艰苦的环境中迸发出人性中最坚韧的一面。我们出国后并不像在平常有所谓的任务可分配，很多时候大家都是自发工作，但面对那样的环境和繁重的工作却没有人叫苦叫累，这些经历让我终生难忘。除了参加国外的一些救援行动，在国内我也参与了一些大型的应急医疗任务，如2003 年抗击非典，作为呼吸科高年资医师坚守在抗击非典的最前沿。2008 年北京奥运会期间，在奥运村及鸟巢比赛现场参加应急医疗保障任务，由于工作突出还获得奥组委颁发的奥运会志愿者先进个人。由于有多次参加抗灾救援的实践经验，所以在 2008 年汶川地震、2010 年海地地震、2010 年青海玉树地震和 2013 年芦山地震期间，我作为特约嘉宾多次参加中央电视台及北京卫视等多家新闻媒体的电视现场直播节目，为观众讲解地震后不同阶段自救互救、医疗救援、防病防疫的知识，为普及抗震救灾知识做了一些工作。

按照中国国际医疗救援队的惯例，超过 45 岁就应退队了，但作为一名老队员，为了起到“传帮带”的作用，同时也应救援队领导的要求，目前我仍是中国国际救援队的一员，希望以自己的绵薄之力为我国的国际医疗救援事业做一点贡献。

2015-01-30

医生，一生的责任

顾长锐　原河北省唐山市开滦范各庄矿医院院长

“砸锅卖铁也要上学”

我出生在兄弟姐妹众多的大家庭。20世纪50年代，我们兄弟姐妹已是10人，还有奶奶和父母亲，这么一个13口人的大家庭，全靠父亲微薄的工资收入作为家庭的经济来源，生活的困窘是难以想象的。

我作为兄弟姐妹中的老大，有责任尽早参加工作，以缓解拮据的家庭经济状况，改善朝不保夕的家庭生活。看到我们家的生活，亲戚们也力劝我的父母：不要让孩子继续上学了，让孩子赶快参加工作，支撑家庭经济状况吧。对于我们这个大家庭的困难，亲戚们有目共睹，都为我们着急。

在我们上学读书的抉择上，父亲是有远见的：只要孩子有能力，就要上学。那时候父亲常常对我们进行“思想教育”，与我们彻夜长谈，鼓励我们努力学习，树立理想，增强信心。他说：“只要你们愿意上学，家庭再困难，砸锅卖铁也支持你们上学！”父亲坚定不移的信念成为我们学习的强大动力，兄弟姐妹们都能自觉地努力学习，并且成绩优异，很让父母亲欣慰。直到今天，我们仍然对父母亲当时的勇气和决定充满了感激和钦佩。

1956年，我初中毕业。学校评定我为“三好学生”，保送升入高中。那时候，很多同学的家庭都不富裕，家长都希望孩子初中毕业后上中专。可当年国家号召大家考高中，然后上大学，为国家培养有用的人才。学校召开了毕业班家长大会，让我父亲表了态：响应国家号召，鼓励孩子上高中。

尽管这样，我也看到了父母亲为支持我们上学已是殚精竭虑，承受了难以想象的困难，看在眼里，泪在心里。1959年，我高中毕业，决定不考大学，参加工作。我在班上有几个对文艺有共同爱好的同学，打算到歌舞团去。毕业考试后，班主任刘老师通知我，市文化局已来通知，要我们几个同学到文化局报到。我真是喜出望外！因为到歌舞团去，先当个学员每月也可有十几元的收入，这在当时来说，对家庭的经济是雪中送炭啊。再说，我们几个同学一直是班上和学校的文艺骨干，我们喜爱文艺工作。但当我把这个消息告诉父母亲时，遭到了他们的强烈反对，因为这不符合父亲对我的期望。无奈，我还是参加了高考。和我一同报考歌舞团的其他三位同学后来都走上了文艺的道路，分别进入江苏省歌舞剧院和话剧院。

在填报志愿时，父亲嘱咐我只填报苏州医学院。父亲说，我上大学，家庭在经济上的支持已经无能为力了，苏州有我二姨夫和二姨妈，他们还都在上班，并且没有子嗣。另外，他们老两口为人谦和，心地善良，一定会对我多加照顾的。当年，凭借优异的成绩，我如愿考上了苏州医学院医疗系，开始迈向从医之路。也像父亲所希望的那样，在苏州上大学的五年期间，我亲身感受到了姨妈、姨夫所给我的家庭温暖。

大学中的成长

进入大学是幸福的。进入苏州医学院是令我向往的。

在大学里，我接受了党对大学生的红专教育，响应了毛主席“向雷锋同志学习”的号召，立志努力学习，全面发展，做又红又专的祖国有用人才。在学习中，我认真听取每一节授课，记好笔记，做到当日学到的知识当日消化。在学习方法上，坚持理论联系实际，触类旁通。在各种考试前，我和几位同学会在一起讨论重点内容，我做中心讲解，做到充分理解，增强记忆，提纲挈领，重点掌握。这不仅提高了我的学习效果，也使得同学学习成绩有所提高。1963 年，学院举办“学雷锋，勤奋学习展览会”，展示教授的教案和勤奋学习的学生事迹，我的事迹和照片也展示在展览会上，我的课堂笔记成为会上的展品。

大学期间，学院的社会活动给了我锻炼才能的机会。我一直担任团支部宣传委员，从大学二年级又兼任学生会宣传部副部长、学院广播台台长，我还经常编演文艺节目、编写黑板报，在苏州市大中专院校革命歌曲演唱会上，担任全场串联词的朗诵，配合文娱部组织代表学院演唱“国际歌”，担任指挥……这些社会活动提高了我的组织能力、协调能力、语言技巧和处理问题的能力。所以，我认为学生时期在搞好学习的前提下，适当地参加社会活动，对于自身的成长和锻炼是有所裨益的。同时，我也感到，大学生活，无论在一般知识、专业知识、工作能力和思想品德成长等方面，对于一个人来说，都是人生最重要的成长期。

要做个好医生，首先要做个好人

1964 年，我在苏州医学院完成了全部学业，被分配到唐山开滦煤矿总管理处（即开滦煤矿）一所医院。

尽管远离家乡进入煤矿医院，但是，能够走上医生这个工作岗位，可以用自己掌握的医学知识和技能为工人服务，让我有一种自豪感。再者，我也终于能够帮助父母亲缓解家庭经济的拮据了。

虽说是在医院工作，第一年的实习期却是下井跟班劳动，“接受工人阶级再教育”。我跟随老师傅挖煤、运材料，参加现场抢救工作，处理生产过程中的小伤小病。通过劳动锻炼，我熟悉了生产环境，了解了生产环节，掌握了煤矿工人的伤病因素，为日后诊断和治疗疾病丰富了感性认识。更重要的是，在目睹了煤矿工人劳动的艰辛和付出后，我对煤矿工人的伟大和光荣有了深刻的理解，也让我在后来 30 多年的医务工作中，与他们建立了深厚的感情，和煤矿工人交上了朋友。

实习的下半年，我到医院做护理工作。医生的工作和护士的护理工作是医务工作的重要组成部分。在从事护理工作中，学习、掌握护理知识和操作技术，充分理解护理工作在治疗、预防和康复等方面都具有不可或缺的作用。这为我的成长——日后无论做医生、做科主任乃至做院长都受益匪浅。

我始终认为，要想做好医务工作、成为好医生，首先必须做个好人。我们这一代医生是在党的长期思想教育下成长起来的。所以，在我的从医生涯中，我一直把“救死扶伤，实行革命的人道主义”，全心全意为人民服务牢记在心里，病人的病情就是命令，病人的需要就是我的任务。这样的理念，让我在中毒性痢疾合并感染性休克的病人亟须血浆时，当场献血；担任科主任时为高血压合并脑血栓形成的病人抠大便；为抢救“阵发性心室心动过速”的病人连续工作 34 个小时，直到病人转危为安方回家休息，睡了一天半才缓过劲来；为抢救“表皮松解症”合并 3 次败血症的病人，半个月不下班、不回家……在煤矿医院的 30 多年，我抢救过无数的病人，期间虽然辛劳，但每次看到病人转危为安，心情却是无比愉快的。

让医生成为“人民的医生”，让医院成为“人民的医院”

前不久，魏则西之死在网上成为热点。魏则西所患疾病是滑膜肉瘤，这是一种恶性肿瘤，就目前医学对癌症的治疗水平看，治疗效果极差。不要说他在武警医院治疗，即便到世界最有名的肿瘤专科医院，也未必能治愈。但是，为什么引起如此大的舆论轰动呢？作为一名医生，我认为，问题在于武警二院把所谓的“生物治疗”科室承包给经营理念和经营方法都明显脱离医院使命感的莆田医院。

莆田系医院是莆田人组建的民营医院团队，他们的经营理念就是唯利是图，所以莆田系医院的恶行在医疗市场是有目共睹的，形象也是负面的。他们对魏则西使用的 CIK 细胞免疫疗法，采用虚假宣传，说是“与美国斯坦福医学院合作”，拉大旗、作虎皮，事实上也为斯坦福医学院所否认。另外，他们夸赞这种不可靠的治疗方法具有对癌症良好的治疗效果，导致魏则西把生的希望完全寄托在他们的治疗上。对于魏则西所患疾病，实质上延误了治疗时机，于是，钱被榨干，生命不保，造成人财两空的惨剧。

另外，从我在公立医院和民营医院从医多年的经历，我感到，欺诈患者是当今每一家民营医院和部分公立医院普遍存在的现象，过度检查和过度医疗就是欺诈患者的手段。他们往往通过采取“一哄二吓三推责”的程序，抓住每一位求生心切的病人，实现金钱利益的最大化。所以，魏则西之死反映出的是人性的泯灭、医务人员道德的沦丧。这也提醒我国各级医院，必须端正医院的经营理念，全心全意地为人民服务，而不是为金钱服务；加强医院管理，加强对医务人员的医德教育，千方百计地急病人所想，视病人为亲人，认真负责，合理诊治，让医生真正成为“人民的医生”，让医院真正成为“人民的医院”。这样，医患矛盾才不至于这样尖锐。

至于百度，在我看来，也不可否认塞责，认真整改、加强管理是其应该做到的。

忆往昔，峥嵘岁月。转眼间，我从医已经50余年。医生的工作，我没体会到什么“高尚”，更多的感悟是一生的责任。

2016-08-16

我为什么要做农民

张志敏　天福园有机农庄主、高级国际商务师，
中国国际城市化发展战略研究委员会委员

我是北京市东城区人，原本做国际贸易，高级国际商务师，现在在房山区良乡镇江村务农，我在那里建设了一个名叫天福园的有机农庄。很多人可能不解，为什么一个高级国际商务师跑去务农呢？

为了健康食物，我两次去农村租地

1995 年以前有相当长一段时间，我常常头痛、眼痛、心慌、胃不舒服，晚上不吐干净不能入睡，我不得不经常去医院看病。1995 年我发现自己总是在吃完午饭后反应更大，所以我确信不是我的身体有问题，而是所吃的食物有问题。为什么确信这一点呢？我注意到自 1990 年以来与生命相关的五大行业的巨变让我们的食物发生了巨变，那就是：种植业的化学化和工业化，养殖业集约工业化和生物工程化，食品加工业和饮料加工业的添加剂仿真化，餐饮业的连锁快餐化，流通领域的超市化。农业是生活，食物是生命。为了民族的富强，有责任感的人都应该反省“我为什么要做……”。

尽管如此，我认为自己是幸运的，因为我的排异功能让我有所知觉。每个有行为能力的人都应该自己管理自己的生命，对自己负责。我需要小心寻找安全食物。但是，不容易。到了 1997 年，我想到我婆婆的老家还有一些农民亲戚，如果把他们各家承包的土地集中在一起搞真正的联产，不仅能帮我生产出很多种我可以放心吃的粮谷蔬菜水果，而且他们的生活也会得到改善。于是我跑到 300 公里外的河北农村，跟亲戚们商量。他们找了村领导后告诉我政策不允许（2004

年才允许土地流转）。这意味着我必须承担更多、付出更多才能获得安全食物。

20 世纪 90 年代，城市兴起买车、买房、买股票的热潮中，我不得不把自己的积蓄用来换取安全的食物。正好当时我婆婆的姐姐所在的村庄有 100 亩集体所有土地招租，我拿出了十年的地租，请当地农民亲戚代租土地并代为耕种。他们与我年纪相仿，在村里也算是能人，很想做事，但没有钱，做不成，我把这 100 亩地交给他们耕种，我负责一切开支，他们很高兴，也很努力。但是，半年后，他们告诉我，不使用农药、化肥，地根本种不了。我很惊讶，现在的农民离开农药、化肥不会种地了？！在往返途中，几座上千米长的大桥下面干涸的河床再次让我惊讶不已。农民的巨变和生态的巨变都让我震惊，让我感觉沉重。没有会管理土地的农民，没有良好的生态，怎么能有健康的食物呢？农民只因他们出生在农村而成为农民，但实际上很多农民不愿意干农业。我算是幸运的，还能有几个农民亲戚想干、肯干。这让我感到对他们有责任。于是，我请专家来教他们如何种地，没想到请的几个专家都只懂现代农业科技。

这次租地的结果很不理想，那十年的地租没有给我换来一粒安全的粮食或一颗安全的果子，却让我了解了现代农民，了解了专家，让我知道农民很难，搞农业很难，要获得安全的食物很难。农民有土地没钱做不了农业，有钱人（包括自然人和法人）没土地、没农民做不了农业，有钱有土地的人（包括自然人和法人）没有农民也做不了农业。我需要安全食物，但怎样才能有呢？

2000 年中国加入 WTO 的谈判陷入僵局，因为中国没有履行开放农产品市场的承诺。而我恰在此时进口了美国柑橘，对中国加入 WTO 起到了积极作用，但这却让国内响起一片“这回狼真的来了”的惊呼声，因为开放农产品市场意味着中国农民将受到巨大打击。在河北农村租地的经历让我感到我对中国农民负有责任，一种强烈的使命感让我决心做农民，因为如果能有受过良好教育、有责任心的人做农民，改变“生而为农民”的无奈现状，也许可以走出一条新农民之路，而我才有更多可能获得安全食物。于是，我决定在北京郊区找地。

2001年，城市居民到农村租农地是很冒险的事，甚至是违法的事，因为法律规定，农村土地归村民集体所有，城市居民租种农地是侵害村民集体利益的，是不受法律保护的。我之所以可以承租到土地是因为当时多余的土地对村庄来说是个负担，如果租给本村村民，每亩地年租金只有几十元，最多60元，租给外来人员租金高多了。当时村里只有20年签约权限，我租了20年。我之所以能租到土地完全是因为政府鼓励"帮农民创收"。十几年来，我不仅在"帮农民创收"，还以不同视角感受"三农"，思考"三农"。我感觉我一直在还债，还人类欠生态的债，还社会欠农民的债，还政策欠农业的债，还历史欠债和教育欠债。

从兼职农民转向专职农民

最初，我一边坚持本职工作，一边建设农庄。为了避免与村民发生纠纷、为了尽量减少受周边化学农品的污染，我请农民工建筑队在承租土地四周建一道围墙。围墙花费很多，但是有必要，不然，今天这个村民要在地里放羊、明天那个村民要在地里抓野兔、后天另一个村民要在地里抓鸟，也许哪个村民会被狗咬伤……这些我都惹不起。为了建围墙，我要在每个周末把两个建筑队一周所需的建筑材料备足。为了省钱，我买了一辆小卡车，自己拉沙子、拉砖。因为如果请人运输，一车沙子要花费100多块；如果自己运输，沙坑那边有铲车，只需要付10块铲车费。那时候，早上五点钟我就独自开车去运沙子。沙坑从没有过一个女人自己开车来拉沙子的，更何况是长发飘飘的城市丽人。所以，铲车师傅格外照顾我，总先给我装车。最多的一天，我运了8趟，晚上十点多才离开工地，又累又饿又困，回城的路上，一边开车一边瞌睡。此外，农庄基础设施建设，像通电、通水、埋设管道等等让我忙乎了几个月，农庄才算有了模样。原以为可以把农庄的活儿委托给农民干，自己业余时间看一下就好了。没想到，企业管理那些套路对农民不好使。这让我意识到，我太小看农业了，农业不是这么简单的事。

当时我还有工作，而农庄的事情又没法交下去，不工作的话，又没有钱给农民发工资，怎么办呢？2003 年的“非典”推了我一把。“非典”期间，为避免疾病传播，大家都放假在家。这让我明白城里的那些工作不是非做不可的，生命比工作更重要，而农耕就是管理生命，需要“春争日，夏争时”，“不违农时，谷不可胜食”。在春季农忙之时，“非典”使我第一次不必来去匆匆，使我第一次有时间踏踏实实住在农庄日出而作、日落而息。这让我感到了大自然奇妙的召唤，我发现农业是一种与自然合作的艺术，而雇工只是劳动力小商贩。此外，面对没有足够的人工以及很少有人愿意务农的现状，我觉得农庄需要我，大自然需要我。生命都需要管理，但愿意管理生命、会管理生命的人太少了。我应该全身心务农，否则结果会像我在河北租地时一样，因为远离农田，失去观察，失去机会。“非典”之后，我留在了农庄。

每天在田地中劳作，我干得比乡村农民还多。幸而我们上学时每学期都去农村学农，干过很多农活，更重要的是，那时候感觉干活很快乐。我常常自己一个人干活，很少与乡村农民一起干活，因为我知道他们闲散惯了，跟我一块儿干活太累太紧张，受不了。有一千多年历史的《齐民要术》说，要让农民高兴，现在更是如此。独自干活不仅有助于我专注于认识自然、与自然合作，还有助于思考。

比如，村民各家收玉米时雇不到人，一两个人要掰完自家种的两三亩地的玉米，对于现代化的农民来说，想想都害怕。再说，现在家家都忙着盖房、期盼着拆迁补偿使他们很快成为百万富翁，谁还有心思干活挣那点儿钱？去年秋后有人雇来了玉米收割机，一家用机器收，谁家愿意让人看不起呢？所以，今年就都用收割机了。今年农民多支出了玉米收割机费用，玉米的价格却每斤下降 4 角左右，种玉米的就都赔钱了。

这让我感到，现代化使农民从耕地播种到收获都是机械化，依赖外力帮助，产品定价自然无权独立完成。我的农庄虽然人手少，但是靠与自然合作，依靠植物、动物的自然生长，成为一个种养结合的生物多样性农庄，物产丰富，可以不受外部市场波动的影响。更重要的是，我对农庄产品有定价权。尽管有人埋怨我的产品价格高，但我认为这是我用十几年的生命精心培育的生命体——建立并维持这样一个生态系统使之生产出滋养生命的食物的成本是无法核算的。

走出一条新农民之路

投身农业十几年，我努力摒弃一切社会关系，只做一个农民。实际上，城市农民要比乡村农民付出更多、困难更多，而且更没保障。我想我走出的路应该是每一个新农民——无论出身何地，都可以走的农耕生活之路。在这个过程中，我有几点体会。

第一，要为农民争取社会认同。我们轻农的历史比较悠久，轻农的现实也比较冷酷。在刚务农的几年中，我深有体会。自从我把自己变成农民后，偶尔回到城里的家，在楼下碰到从前共事20多年的老同事，他们最初看见我会像躲瘋子一样躲着我走。几年后，当初躲着我走的人看了有关食品安全的报道，对我说："你真有先见之明。"而在我看来，是我定义的农民与别人不同罢了，那就是：农民是与自然合作通过农田管理生命的人，农民的天职是养育民族。

第二，要为劳动正名。由于历史原因，农耕智慧越来越被分解或遮盖，最后农民变成了简单的劳力。古代有"劳心者治人，劳力者治于人"，近代有把农耕劳动当作给犯人的处罚。面对好逸恶劳蔚然成风，近些年政府一再推崇劳动光荣，但社会仍强力追捧休闲。城市人不解我为何务农，农村人不解我为何苦干。天福园农庄的产品给了他们答案：生命在于劳动，"不劳动者不得食"。劳动是人最初始的快乐；与自然合作的劳动，是人幸福的源泉。

第三，要构建和谐与诚信体系。最开始，我农庄中的产品都是送给亲朋好友，因为我认为食物是生命，不是商品。但亲友们觉得总是白拿我的东西不合适，给钱我又不要，于是他们提出预交伙食费在农庄"入伙"。这就形成了天福园生活俱乐部的雏形。在我看来，城市和农村是人为区别的，而生命是自然形成的，不分城市和农村。所以，天福园俱乐部以"尊重自然、与自然合作、自律地生活"

为宗旨，“不是一家人，不进一家门”，大家一起过日子，“入伙”者“非诚勿扰”。

第四，良好的生态环境是民族富强的基础，健康是民族富强的表现。现代农业是生态污染的原因之一；不安全食品是健康问题的原因之一。新农民要以尊重自然，与自然合作、自律地生活的农耕生活方式使生态恢复生机。所以，新农民不仅要有健康的身心，而且要生产健康的食物，养育健康的民族。

我的担忧

农庄是个生命体，是我辛勤耕种与自然合作十多年培育出的一个有生态系统功能的、生机勃勃的生命体。在农庄，没有浪费，没有垃圾。如今的天福园已经成长为一个具有良好生态系统功能的生物多样性的农庄，有各种各样的物种，产出各种各样的农产品。我在农庄生活十多年，每天劳作近二十个小时，农耕笔耕。如果没有农庄，没有安全食物，我恐怕活不到今天。农庄就是我的命。

可是十几年来，我从没有踏实过，因为法律规定农村土地归村民集体所有，如果我稍有不慎，村庄中任何一个村民都有可能、有理由把我轰走。我们知道，肌体由细胞组成。农庄是土地肌体的细胞。大自然是多种多样的，农业形式也应该是多种多样的，只有这样才有利于和谐稳定。

为了食物，为了生命，为了走出一条新农民之路，我愿意用我的生命做实践，以我的实践给出建议，为可持续的未来多找出一条路，一条富国强民之路。

2016-04-06

回首创业路：我的二十年，历史一螺旋

彭祥林　北京均友信科技有限公司董事长、高级工程师，
中国国际城市化发展战略研究委员会委员

20 世纪 90 年代初，当第一批离开体制的年轻人踏上创业之路时，他们不曾想到，20 年后的今天，“创业”热潮再现。马克思说，“历史总是螺旋上升”；隔着时代看回去，我们总能看到相似的起伏。无论 20 年前还是 20 年后，投身创业浪潮的年轻人无一例外被时代裹挟，同时也推动着时代的走向。

工作稳定，我为何辞职创业？

1992 年，我从南京航空航天大学测试工程系仪表自动化专业毕业，被分配至航空部测控技术研究所从事自动化测控系统研究工作。4 年后，我毅然决定离开研究所，走上了自主创业之路。回想当年，为何我要放弃稳定的工作，选择独立创业？

20 世纪 90 年代初期，正值我国第一次国企人才流失期，这是当时国内的大环境：国企工作清闲、发展前景可见，而年轻人希望发挥价值、实现理想。我所在的单位并非航空部主机所，从事的工作是辅助性的测控技术研究，国家对此支持力度有限、科研课题较少，我不愿在终日碌碌中耗费青春。与我同期被分配至研究所的年轻人数量不少，后来多数都离开了。

那时，年轻人要想离开体制谋发展，可选的路有三条：第一，出国；第二，进外企；第三，创业——因为创业风险偏大，所以走这条路的人相对较少。事实上，自主创业并非我的第一选择，而只是当时的三种选择之一：我曾去外企面试过，外企虽然薪资较高，然而我想，人不应仅仅为赚钱而活着，给外企打

工无异于“为他人作嫁衣”，这是我最不愿意做的事，也是我最先否定的一条路；与此同时，我也通过朋友介绍接触过一些大型的民营企业，在面试一家证券公司时，我谈了很多自己的想法，对方反馈给我的信息是，他认为我并非想去该公司工作，也不会安于一直为公司打工——从这位面试官的眼中，我看到了自己心中的真正所想：我要“折腾”出一片自己的天地！无论成功还是失败，总要试一下才知道。

1996 年，我与几位同事一起离开单位，走上了独立的创业之路。那时，我们不了解社会、不了解市场、没有启动资金，更不曾想过前方会遇到怎样的艰难坎坷。我们所凭借的，只有自身的技术与“初生牛犊不怕虎”的勇气。

创业：在平稳中起步

20 世纪 90 年代时兴“攒机器”。1995 年，单位用成本价为我们每个人装了一台台式机，相当于给我们的福利——这台计算机后来成了我们的创业工具。那时，我的一位同事曾对接到一家民营企业，这家企业愿为我们提供 10 万元启动资金，与我们合作。后来，资金的事不了了之。我们几位合伙人都是刚工作不久的年轻人，手上积蓄不多，一台计算机、一个测试仪表，这便是我们创业之初的全部“家当”。

创业方向的选定，也如同最初决定创业时一样，我们并未考虑太多：有一位合伙人之前一直从事石油石化测控技术方向的工作，我们便决定以此为方向。由于我们有在研究所的工作经验，做事相对严谨专业，所以接手的第一个项目就得到了甲方的认可；加之提供给我们场地的企业也与我们建立了业务上的长期合作，所以我们创业初期并未遭遇过多波折，从脱离研究所到拿到首个项目，中间只有两三个月的“空窗期”。

创业起步期相对平稳的原因，我想关键还是在于技术：在自动化系统领域，我们的起步虽然相对较早，但市场上并不是只有我们一家在做。客户在与我们沟通的同时，往往也在与别家沟通。在合作过程中，我们要根据客户需求提出设计方案，客户会综合考虑我们对工艺的理解、过往的经验等，并通过与别家的对比最终决定是否采用我们的设计。为客观了解自己在业内的真实水准，我们也会就设计图纸的逻辑性、规范性等与设计院进行对比，不客气地说，我们画出来的图不比设计院差，有些比设计院画得还好！

我们最开始找到的客户都是研究院时期接触过的合作伙伴，伴随着认可我们的客户越来越多，我们接到的项目也越来越大。得到客户的认可就等于得到了市场的肯定，就这样，客户从一个到多个，我们逐渐地打开了市场、站稳了脚跟。

在清华创业广场的日子

拥有了相对固定的客户、接到了较大的项目，这些都是我们创业 3 年以后的事。大概也是在这一时期（1999 或 2000 年），我们得到了进入清华创业广场的机会。

创业广场在当年属于“新兴事物”，类似于今天的创业孵化器。那时我们的想法是，与我们同类的企业都集中在中关村，我们也应该去中关村待着。刚好我们有一个股东与清华有联系，就向我们推荐了这里。当时的清华创业广场不仅可以为创业者提供创业指导、经营管理指导，还能帮助创业企业进行各方面的评估，并投资发展势头不错的项目。我们觉得这是更加适合我们的创业环境，于是提交了入驻申请。在通过技术、项目等方面的考核后，我们顺利地进入了创业广场。

入驻清华创业广场，等于在新的环境中重新开始。在这里，我们共同推动了公司的发展壮大，也经历了因经营理念不合等原因而产生的分歧。作为创业孵化器，清华创业广场对于创业企业的接纳是有时间限制的，通常以 3 年为期；此外，为扶持创业企业，创业广场会为入驻企业提供一定的租金优惠，第一年优惠最多，之后每年优惠递减。到第 3 年时，由于公司内部的分歧与较大的租金压力，我们决定搬离创业广场。

时隔十几年，今天涌现出的各类创业基地总能让我想起当年在清华创业广场的日子。当时的大环境不比今天，国家加大了对创业创新的政策扶持力度，信息流通也更为迅捷，年轻的创业者更容易获得各种社会资源；我们创业时，国家对此并无额外的政策支持，风险投资也未兴起，受各方条件的制约，我们只能靠自己整合各方资源、筹措创业所需的资金，逐步向前。

自立门户：创业中的迷茫与转折

几个年轻人一起做企业，过程中出现分歧是必然：公司如何运营？如何管理？朝哪个方向发展？在我看来，无论公司是大是小，都应当规范，明确每个人的职责，大家分工合作、共同努力才能最大限度地集中力量。如果管理层意见总是不能达成一致，公司是很难走下去的。2000 年底，我的创业之路走到了第一个转折点——我们几个合伙人分家了。

分家前后是公司管理比较混乱的阶段，那时我曾想回学校读书。我报考了清华的 MBA，总分过线了，但有一门单科成绩不够，加之读书需要花钱，我想，既然已经从家庭、单位中独立出来，以后的一切就只能靠自己去争取，还是应该在保障经济的前提下去读书。而不去读书，未来的路又该如何走呢？我又回到了创业前的岔路口：出国？去外企？还是去新兴的、大型的民营企业？

21 世纪初期，外企办事处正在兴起。有朋友建议我说，或许可以试一试做外企办事处的管理层。然而，无论出国、去外企还是做其他的事，都不是我真正愿意追求的。在我的内心深处，想做的事从未改变！我想，既然我已在创业路上有了这么多年的积累，为什么不继续走下去呢？2001 年，我与原本的合伙人之一重组了一家新公司——北京均友信科技有限公司，依旧立足于以前的行业，延续过往的业务模式。

那时，无论对于过去几年的创业经历，还是对于新公司的发展走向，我都没有过多地反思与考量。分家以后，公司的力量减弱了很多，我想到的只是，我们要先存活下来。

反思，是为了更好地前行

由于年轻、经验不足，在创业过程中，我们也曾上当受骗：2000年，我们做出了国内第一套完全运行起来的油品优化调和系统，另一家公司看到相关信息后，表示愿与我们合作。由于我们的长项在技术，所以我们负责技术，对方负责市场。当时我们没有知识产权保护意识，也没有想到要申请专利、签署协议，结果市场有了眉目后，这件事就和我们再无关系了。我们的团队多为技术人员出身，在做企业的过程中，难免会因市场经验不足而遇到各种问题。还有一些问题的产生，源于技术人员的思维方式难以匹配市场需求，比如：现在非常热门的智能家居系统，在多年前都是别墅中才能用到的，那时的产品有电动门、电动窗帘、家庭监控系统、空气检测系统等，我们早已研究过，而问题在于：我们拥有做集成系统的技术，也可以研发出相关的产品，却很难将这些产品推向市场。

其实在1999—2000年的创业早期，我们就已经意识到了这一问题：过去研究所的生活方式局限了我们做公司的思维，在创业之后的很多年时间里，我们只是遵循自己的兴趣在做事情，很少考虑我们能做到什么程度、研究成果能否转化为市场价值；而做企业是一种经营行为，我们创业的目的也不是单纯地为了研发某种产品，我们需要对员工、对家庭、对自己负责。

我想，这些问题的出现，既与我们的思维方式有关，也与我们的知识结构有关。意识到问题之后，我们开始慢慢地转变思路，我也到北京大学马克思主义学院研究生进修班较系统地学习了经济方面的相关知识。系统的理论学习带给我很大的帮助，使我在之后几年的实践中常有豁然开朗之感。2008—2009年，我经营企业的思路、做事情的方法已经与过去截然不同。现在，我决定一件事是否可做，会综合考虑几个可行性：第一，市场可行性；第二，技术可行性；第三，是否有足够的资源匹配——三者全部满足，我们才会着手去做。

以实力立足，在合作中谋发展

如今，公司的业务已经拓展到多个技术领域：从最开始的石油石化测控系统到环保设备与服务，目前已延伸至智慧城市专网建设。

我想，企业能够在市场中立足、发展、壮大，技术实力是最重要的作用力——我个人对技术有较强的兴趣，喜欢研究方方面面的技术，也会关注较新的技术发展方向。此外，我们拥有的技术一直是行业内相对超前的。记得我们开始做自动化系统的时候，“自动化”的概念还没有在社会中普及，有一些国有企业甚至会质疑我们：如果使用自动化系统，我们企业的这么多员工还要不要了？在随后涉足的石油石化环保领域，我们的油罐清洗设备、对特殊水处理的研究等都是业内领先的；现在尝试的智慧城市与智慧园区 4G 专网建设，国家的试点也才刚刚开始……“超前”固然意味着较少的竞争对手，同时也意味着，我们要更辛苦地改变固有的社会观念、更艰难地开拓市场。

在十多年的创业过程中，伴随着经验的积累，我的思维模式、公司的经营理念都比以前更为开放：从市场的角度看，市场需求多种多样，而我们自身能力有限，所以我们愿意尝试与外部机构的各种合作模式，也愿意创新经营模式以适应市场变化；从技术角度看，我们有自己的强项（如自动化、通信、机械等领域），也有相对薄弱的环节（如特殊工艺领域），若仅靠自身，能够研发的产品有限，所以，如果有需要，我们愿意与经验丰富的机构合作共赢，这也是我们拓展自身技术的一种方式；在资金筹措方面，有一些项目的资金需求量不是我们能够承担的，因此，如何整合社会各方资源、实现与外部机构的资金合作，这也是我们目前在努力的重要内容之一。

总结来时路，致年轻创业者

创业之路如海上行舟，舵手的判断力固然重要，外部环境也是不容忽视的因素。20 年前，当我萌生创业想法时，未曾考虑过这许多——或许考虑到这些，我就无法迈出最初的那一步了。今天，国家的各项优惠政策使越来越多的年轻人投身创业浪潮中，20 年一螺旋，此刻的他们与当年的我有着同样的激情与困惑，同样面对着未来的不可预知，也同样在力图用自己的双手开拓出只属于自己的路。

创业需要激情，更需要理性。如我当年一样，年轻创业者若在创业之前思虑过多，或许手脚会被忧虑束缚；而全无思虑的莽撞，也不是一个负责任的创业者应有的态度。我想，年轻创业者在创业之前，首先应对自己有足够的了解：我具备怎样的能力？拥有怎样的资源？缺乏怎样的条件？若期望朝某个方向发展，对此方向做足够的研究也是必需的：其发展趋势如何？市场需要什么？客户在哪里？我能占据哪部分的市场份额？应如何做？在了解自己的基础上去做事情。

其次，如今的社会，只凭个人之力是很难成事的。无论建立长期的事业合伙人关系，还是与外部机构松散合作，我们需要寻找各种合作伙伴，建立各种合作模式。在合作共赢的过程中，我们要学会换位思考，站在对方的角度想：客户有怎样的需求？合作者希望从此次合作中获得什么？以这样的思维方式与外部合作，过程中我们或许会付出较多，但是最终，我们也能获得同等的回报。

我的创业之路多的是坎坷和磨砺，从未有过一帆风顺之感；我想，任何人的创业路也都不会平直顺畅，而年轻人的最大优势在于年轻，允许失败。独立创业在很大程度上凭的是一股“闯劲儿”——先闯出去再说！在闯的过程中，慢慢地就走出了一条路。在未知的路上，遇到困难、遭受磨难都是必然。回想创业 20 年来经历的种种，其间固然有收获与喜悦，更多的则是艰难与奋进；我深切地感到，正是这些磨炼滋养了我，使我从过去那个经验不足、遇事不够冷静的年轻人，成长为今天沉稳的自己。没有一种选择不导向结果，没有一种历练不充实生命。我经过 20 年的“折腾”最终积淀成了宝贵的人生财富，我希望，今天投身创业潮的新一代年轻人，也都能无悔自己的选择、不辜负自己的努力！

2016-10-03

一个普通农民的创业史

王秀兰

全家人吃罢晚饭在一起看电视，看到李克强总理提出的“大众创业、万众创新”，孩子们都说我是全家创业创新的“劳模”。我说我连啥叫创业啥叫创新都不知道，你们还把我封为劳模，这劳模也太不值钱了。二儿子说自打改革开放国家允许做生意，家里没钱供我们上学，您就去做小买卖挣钱，这就是创业；做生意很艰难，做不成就想办法换作别的，这就是创新。我们兄弟姊妹几个从小都跟着您学创业创新，您还不就是全家人创业创新的“劳模”吗？

虽然是孩子们的玩笑话，却勾起了我的辛酸泪。回想起当年为了孩子们能顺利完成学业走出农村，自己吃苦受罪地做小生意的经历，就像过电影一样出现在眼前。

第一次创业：卖塑料盆

改革开放以前，国家政策不让做生意，家家连饭都吃不饱，我们全家六口人挤在一个不到 20 平方米的土瓦房里。爱人在乡玉器厂上班，拿到的工资还不够家里日常开支，更不用说供四个孩子上学了。一开始改革开放，我就和爱人说你别在厂里干了，现在已经改革开放了，咱家地里活也不多，我们自己做点小生意，多少还能挣点钱吧！爱人说你脑子好使，你看我们能做点啥你就当家吧。于是我就常去集市上，留心看有没有适合自己做的生意。

有一天去县医院给孩子看病，看到了医院门口小卖部里摆放着好几种颜色的塑料盆，我忽然就想不如自己也来卖塑料盆试试。有了这个念头后，立马回家和爱人商量：现在十里八乡的集市上卖塑料盆的很少，咱们到集市上卖塑料盆吧。

爱人听了很高兴，非常支持。可说起来容易，做起来难，当时家里全部家当也就 30 多元钱，况且去哪里批发塑料盆呢？于是，我又跑到县医院小卖部问他们从哪儿批发的，可小卖部的人死活不说。爱人说，不说算了，听说贾宋镇是小商品批发地，咱们不如去那里看看。第二天，我们早上四五点就上路了，（当时没有自行车，贾宋镇离我家有 40 多里路）到贾宋镇已经十点多了。我们刚进市场，就看到五颜六色、品种齐全的各种塑料盆，当时心里有种说不出的兴奋。兴奋之余，心里也有点丧气，身上仅有的三十多元能批发多少呢？经过一番番的讨价还价，最终我们批发了大中小各色十几个盆子，又批发了 20 包火柴，这成了我们第一笔生意的货源。

也许是老天爷的照顾吧，第二天赶到附近一个乡镇的集市，生意出奇的好，打好地摊摆下没多久，这十几个大中小号的塑料盆和 20 包火柴就被抢购一空。我和爱人回家一盘点，妈呀，整整赚了 12 元！这在当时可是一笔不小的收入啊，也仅仅是两天时间呀，我们别提有多高兴了。这样持续了十几天，我对爱人说，我们天天跑来跑去，累不说，也耽误时间，不如咱们买个自行车吧。于是，我们到自行车二手市场，花了 80 元买了一辆二手二八加重自行车。有了自行车，当天去批发，当天就能到附近集市和城里去卖。当时觉得这辈子生活有指望了。

但好景不长，没过几个月，县城里、各个集市卖塑料盆的逐渐多起来，利润也越来越低，有时跑一天也赚不到几元钱。冬天到了，有几个集镇必须要过河，那时都没有桥，过河都是赤脚趟着过的，寒冬腊月刮着刺骨的风，飘着雪花，赤着脚从河里趟着走时，冰冷的水冻得心里都是疼的，但想着能让孩子们过个好年，来年能为孩子们攒足学费，也就不觉得那么冷了。

走乡串镇卖蒸馍

到乡镇卖塑料盆没持续几个月，卖家越来越多了，加上各种税费，生意越来越难做了，一天到晚根本挣不了几个钱。我和爱人商量得想其他门路了，光靠这可不行。说来也巧，一次在赶集的路上碰见一个卖馍的，我眼前一亮，问人家卖的馍是自己家蒸的还是批发别人的，他说是批发别人的，自己蒸馍得有一整套设备，万一不挣钱可咋办。我说我们也想卖，能不能帮我们介绍下，卖馍人很爽快地就介绍我去县粮油中心看看。

于是我直接到县粮油公司找到领导，说我帮你们卖馍好不好。公司领导说，行是行，不过没工资，从我们这批发出去自己卖，卖得多，挣得多。我心里一合计，这活能干。回来后把这经过和爱人说了，他一听很高兴，不过马上又担忧起来：卖馍得有三轮车呀，可从哪儿弄三轮车呢？一辆三轮车得好几百块钱呢。

不过，穷有穷的办法，爱人从邻居家找些铁皮，请人焊接了个三轮架子，又把家里旧的人力车轱辘当车轮，就这样，一个三轮车诞生了，虽然外表看起来很难看，推起来也很沉重，但我们俩人心里别提有多高兴了。随后，我们又自置保温的小白棉被、馍箩等等，总算把卖馍的全套装备置齐了。

第一次到县粮油公司批馍，不敢批多，生怕卖不了，仅批了 80 斤，谁知不到半天就卖完了。于是第二次批了 150 斤，下午不到两点又卖完了。就这样一发不可收拾，我们从每天 200 斤卖到 300 斤，最多一天卖到 500 斤。粮油公司的领导干部和一起卖馍的纷纷称我爱人为“馍王”郭。后来，卖馍的人越来越多了，早上去晚的话，馍就被抢光了，我们不得不每天早上不到五点就起床赶到粮油公司。就这样，早出晚归、风雨无阻地干了两年多，虽然每天累得要命，心里却甜蜜蜜的，因为每天有十几元的收入，全家的生活费和孩子们的学费就有保证了。

说起来高兴，但在这过程中，也有许多让人心酸的事儿。有次我爱人推着 300 多斤馍过一个沟时，由于他高度近视，眼神不好，不小心连车带人栽进沟里，一车馍倒一沟，胳膊和腿都擦破好几处血口子。幸好附近庄子上好心人出来帮忙，最终损失了 50 多斤馍，他回来把这事和我说，我噙着眼泪说，50 多斤馍不算什么，人没事就好，也幸亏了那些好心人帮忙。

单骑跨省换大米

随着个体蒸馍店越来越多，县粮油公司馍店也倒闭了，我们再次失业了。后来听说有人去湖北襄樊用黄豆换大米，我爱人就找他们说，想跟他们一起去。湖北襄樊离我们河南镇平县单趟100多公里，来回就200多公里，去时驮200斤黄豆，回来驮240斤大米，有时是300斤。200斤一个来回能赚11.2元。通常凌晨一两点起床，骑自行车到襄樊是早上10点多钟，然后到集市上换成大米，晚上9点多回来。第二天再到我们县把大米卖掉，换成黄豆。现在想来，当时不知咋撑下来的，一个五十多岁的人，骑着自行车驮200多斤粮食一天来回要走200多里路！

就这样，去襄樊换大米半年过去了，我看着老伴一天比一天消瘦，有时累得饭都不想吃，心疼极了，可又没更好的办法。突然有一天，我们在县城卖大米的时候，有个中年人过来问大米从哪儿进的，多少钱一斤，我们照实说了。他说，这样吧，你们给我卖，我也按襄樊的价给你们，咋样？我和老伴一合算，一包米200斤，至少也能赚六七块钱，还就在县城，不用去襄樊那么远，第二天老伴就从他那儿进大米了。起初在县城大街小巷卖，生意也不错，一包一天就卖完了，但老伴不甘心，为了能多卖点，早上五点多起床去进大米，上午在县城卖，下午在乡下卖，这样下来，他每天能卖到两三包大米。看着一天能有20多元的收入，我俩别提有多高兴了。

但总是好景不长，我们发现每天卖得越多，不但不挣钱，有时反而会赔钱。我马上警觉起来，对老伴说会不会批发大米的骗咱们，分量不够啊？老伴说，不可能，一包200斤都是这样。我知道，老伴憨厚实在，决定去卖大米的那儿问个究竟。因为这不是第一次上当受骗了，当年卖蒸馍时，也出现过斤两不够现象，当时也是卖得越多越赔钱，为此事，我们在粮油公司还大闹一场。当我到米店问老板一包大米多少斤时，他理直气壮地说200斤。我说，那好，咱们现场称一下，如果是200斤，我扭头走人，如果不到的话，我卖的这十几包大米你得赔。可他说死也不称，说批来就 200 斤不用称。我只好从外面借来磅秤，当场把他现有的成包大米称了 4 包，结果包包都是 180 斤。当时，老伴气得话都说不出来。就那样，米店老板还是坚持他们批来就按 200 斤算的。我知道他是狡辩，幸好那时这十几包米的价钱还没给他结，后来硬是把 200 多斤 100 多块钱扣了下来。在那时候，100 多块钱能办多少事啊。

提心吊胆贩粮票

自从与那家米店生气后，我们不再固定给一家卖了。那时候米店有好几家，谁家的态度好、服务好，我们给谁卖。在卖大米的过程中发现，县城总有人问要不要粮票。我在粮票上开始留心了，慢慢地，我发现全国通用粮票有多少都能卖出去。当时大约是 1986 年，镇平市场上全国通用粮票是 2 毛 8 分 5 厘。于是我就给在郑州上大学的大儿子通信，问郑州市场上粮票是多少，可能我也没说清是全国通用粮票还是郑州粮券，儿子回话说郑州是两毛五分，于是我就贷了 800 元款匆匆上郑州去买粮票了。

由于第一次出远门，我把钱塞进皮带夹缝里。到儿子学校后，儿子把我带到粮油市场，我问了好几次都是最低两毛 5 分。我心想，既然来了，和当时打听的价一样，就决定买。谁知商家说店里没现票，得去家里拿，没办法，只好跟他一起走。当时儿子要上课先走了，我一人跟在他后面，走进胡同，七拐八拐，心里怕极了，生怕他是坏人，来抢我钱咋办？后来终于到他家了，总共 3200 斤粮票，800 元钱，一手交钱一手交票。然而就在交钱交票的过程中，我发现他给我的不是全国通用粮票，而是郑州粮券，我说，那不行，我要的是全国通用粮票，郑州粮券拿回去卖不掉。那人很生气地说，你也不说清楚，害我瞎折腾。虽然粮票没买成，我也很庆幸，幸亏我上了半年学，要是不认识郑州粮券，这么多粮券压在我手里可咋办啊！

我们这些没文化没啥特长的人，在农村做小生意做啥都做不长，因为你一做，别人都能跟着做，随后就一窝蜂地上。要想做得好，就得不停地找新门路。除了以上的小生意，我和我爱人还贩红薯种苗、换白糖、做童装卖童装、开过砖窑、开过杂货店、开过玉器店。只要是听到、看到、我们能做到的，再艰难，只要能挣钱，我们都敢试，不行了就换别的再试。

为了让孩子们长大后都能有事干、有饭吃，无论是上中学、上大学，寒暑假期我都要让他们一起学着打短工、做生意。人一辈子不可能总是一帆风顺，走上坡路的时候一好百好，走下坡路的时候，不管再艰难只要有事可做，就是一个活得有价值的人。

想办法找事做，这是我活了一辈子的总结，也是我逼着孩子们一定要做到的。

2016-11-07

跟着母亲学创业

郭其峰　郑州大学综合设计研究院可再生能源应用设计所所长，
中国国际城市化发展战略研究委员会委员

小时候从记事起，母亲就告诉我，她找过算命仙给我算过命，说我命好，将来一辈子都不缺钱。为了不让我骄傲，尤其是怕坏人抢我的钱，她还特地交代我不要给别人说起。因此，从小体弱多病的我，对我的未来人生却是很自信的，不管做什么，我都坚信我一定能做好，从来都不怕会失败。

说是不缺钱，可似乎钱从来都没有现成的。上小学的时候，一到假期母亲就很放心地让我把家里的红薯苗、麦麸、鸡蛋等东西拿到集市上卖。卖鸡蛋可不简单，一路上小心翼翼怕摔烂鸡蛋不说，算账是最难为我的。比如母亲交代我最低卖一元钱 8 个鸡蛋，可是偏偏有人非要降价到一元钱 8 个半鸡蛋。我总共才有 13 个鸡蛋，你说我能卖多少钱？遇到这样的高难度计算题，往往我是涨红着脸，稀里糊涂地就按照对方的思路卖了，回来自然会被母亲一阵埋怨和数落。奇怪的是，埋怨归埋怨，从小学到大学，除了高三冲刺复习阶段，一到假期从来就没有让我闲过，总要让我去干点什么能赚钱的事。在我记忆中，暑假卖西瓜、贩西红柿、红薯换大米、卖白糖；寒假卖甘蔗、卖春联、卖糖果瓜子。养成习惯了，我在大学里也没闲着过，四年本科阶段做过五个家教，毕业实习阶段和毕业论文准备阶段还在一家广州酒楼兼职打工。

1990 年大学本科毕业后，我留校当了教师。当时一个月工资和津贴全部下来只有 97 元。给家里一些补贴家用，我每个月只有 40 元左右的生活费。考虑到将来结婚置办家具等费用开支，我觉得单靠工资是远远不够的，于是我就用 40 元作为启动资金，到郑州市小商品市场以批发价购买小型电器，星期天和晚上到跳蚤市场或街边摆摊出售，一个月下来居然有一年工资的收入。后来的日子里，利用业余时间，做过电视节目播音员、晚会活动主持人、婚礼司仪、纪录片制作人、销售中介等各种零零碎碎的事，虽然一直在清贫的工作岗位上，但是，正如我母亲算命说的，总是不缺钱。

2000年我所在的郑州工业大学和郑州大学、河南医科大学合并为新郑州大学，我当时在学校机关做后勤管理工作。考虑到三个学校合并最不缺干部，我就主动要求调到郑州大学综合设计研究院，与其他几位同事成立节能所，利用研究院宽松的经营政策，从意大利引进绿色低碳的水地源热泵清洁能源技术，取代燃煤锅炉和燃油锅炉解决供热供冷问题。刚开始我们做代理、做工程，后来在其产品基础上做改良研发，最后变成我们自有知识产权的产品。有了产品以后，刚开始找广州的工厂代工，后来资金充裕以后我们就购置土地建厂房，终于有了自己的生产企业和遍布全国的销售渠道。

然而，好景不长，随着国家对水地源热泵这种清洁可再生能源技术的补贴和大力提倡，我们工厂成立后的短短三年左右，全国就涌现出大大小小四百多家同类企业。残酷的竞争使我们的市场拓展效果和产品利润率都逐渐下降，为了收回之前的投资，我们趁着企业尚能正常运营，很快就寻找机会将工厂出售给了国外的投资机构。

工厂出售之后，我们将原来的节能所改组为可再生能源应用设计所，针对国家的绿色低碳环保政策，面向社会提供各种可再生能源技术的研发、设计和技术服务工作。为了能够大力推广应用各种可再生能源技术和绿色建筑技术，我于2013年加盟了一家已成立近20年的国家壹级资质的机电设备安装总承包企业——鸿大工程有限公司，担任执行董事总经理，将企业传统的中央空调安装业务，调整为绿色建筑技术集成业务，涵盖装配式绿色房屋、清洁能源投资运营、低碳工业清洁生产和机电设备安装工程四个板块。为了解决企业技术团队人员不足问题，我们采取专项技术外包的方式，通过外聘专业团队为客户提供优质服务；

为了解决业务信息不足的问题，我们联合一大批中小微工程企业，采取工程项目股份化众筹的方式，通过不同专业之间的信息共享和“项目首功”利益分配机制，使上下游合作企业的资源和项目资源都能得到最大程度的价值最大化。由联合自然而形成了一个绿色建筑工程领域的资源对接平台—绿建会（微信公众号）。绿建会以国务院 2013 年颁布的《绿色建筑行动方案》为指南，正力图成为政府的智囊团、企业的加油站、民众的科普园。

我们正处在旧境临破未破、新境欲立未立之时，蛮干与实干共存、泡沫与理想齐飞。明是纷乱不堪，暗是生机勃勃。我母亲总结自己一辈子的生存之道是“想办法找事做”，中央政府提出“大众创新、万众创业”，我看其实都是一码事。只要全中国的老百姓都能想办法找事做，发挥自己的聪明才智和咱中国人的吃苦耐劳精神，家家户户都过上富足、安康的幸福生活应该能成为指日可待的现实。

2016-11-07

面对女儿，我很愧疚

张海建

我的家乡

我的家乡在青海省海北州门源回族自治县，门源是海北州最大的一个县，全县人口15万，1994年以前是州府所在地，以种植小油菜青稞为主，是一个小油菜基地。与其他地方相比，这里比较落后。小的时候，生活很艰苦，马路很窄，汽车很少、人们穿着简朴，没有高楼大厦，没有路灯，晚上出门用手电筒来照明。那时候，我们住在父亲单位的家属院，全都是平房，吃饭、取暖都是火炉，家里没有自来水，用水要去家属院小水房去挑。所以，我很小就会挑水了，不过只能挑半桶水。放水时间是规定好的。到了时间，人们会聚集在水房周围，大人们聊天，小孩们玩耍，很热闹，彼此之间互相谦让、互相帮助。生活很简单，但很美好。我们除了在水房、院子里玩耍，还去河边玩。家乡有条河叫浩门河，河里的鱼叫浩门鱼，有点像青海湖的湟鱼，味美。不过我们捉不到大鱼，只能捉很小的，捉回来养在瓶子里玩。童年的时光短暂而美好，终生难忘。

这里的夏天很美，气温相对其他省市较低，最高温度达不到20℃。夏天唯一能吃到的零食是冰棍，5分钱一个，偶尔也会吃1毛钱一个的雪糕，感觉那是天下最好吃的东西了。每年的压岁钱也就几毛钱，总是攒着留到夏天吃冰棍，有时会和姊妹几个凑一起买糖吃，1毛钱可以买9颗糖。每年父亲会带着我们兄妹下几次馆子，吃一碗面片或者一碗粉汤，一碗大概七八毛钱，但不会炒菜，所以，总觉得下馆子就是这种吃法。下一次馆子能回味好几天，至于下次什么时候下馆子就不知道是哪年哪月了。

当时吃的是供应粮，中学生供应31斤，8元一袋面（50斤），买什么都得要票，肉票、粮票、糖票、布票。吃得很单调，没有油水，所以虽然大家饭量都很大却看不到大胖子。

上高中后，县里发生了翻天覆地的变化：吃饭不再是以前的白菜、萝卜、土豆了，开始有肉和新鲜蔬菜。夏天的天气也逐渐变暖了。有一年还有过夜市，很热闹，不过也就那么一年，但烤羊肉摊一直持续到现在。

人们出行主要靠自行车、步行，通信工具主要是写信，有急事就打电报。去西宁的班车一天一趟，150 多公里的路程要走八九个小时，票价 4 元多，没有特殊情况一般不会去西宁。

从“铁饭碗”到被抛弃

1994 年我参加了工作，当时叫代培，单位是粮油加工厂，属于国有企业。我们厂共有职工 90 人，我工资一月 80 元。厂里效益不错，工资按时发放，还有劳保、月度奖、季度奖、年终奖。每月工资花不完，都交给家里。1995 年我转为正式工，工资调整为 145 元，终于有了铁饭碗了，很知足，感觉一辈子都不用愁了。我在榨油车间、面粉车间各干了半年，后来成为一名采购员，没干多久又去车队学开车。按当时的生活水平，我觉得很富足，生活无忧无虑。

1997 年香港回归，作为一个中国人，我感到很骄傲，我的祖国强大了，我们的生活一天比一天好了。但同时国家对部分企业实行改制入股，自愿分批下岗。我自愿成为第一批下岗者，优惠条件是单位给予 6000 元的创业基金，（当时我的工资是 190 元），发三年的生活费（每月 95 元），我们选择入股，每人 5000 元。入股后，单位运转还不错，能正常发工资。到了 2000 年，我转到古城台粮站后几个月，粮食企业纷纷停产、倒闭，我的经济来源也没有了，只好靠父母的接济勉强维持生活。当时，面粉一袋 50 元（50 斤），牛羊肉一斤 5 元左右，汽油一升 2 元左右。总靠父母也不是办法，于是我和朋友合计做点小买卖。我出资 2000 元，朋友出资 500 元，我们去西宁进了点服装和生活用品等来卖，一天下来挣不到 2

元。有天晚上，朋友叫我去他家喝酒，酒过三巡，朋友感慨：“生活真难！孩子出生才几个月，每天要喝 3 斤牛奶（每斤 8 毛钱），入股的 500 元还是向岳父母借的，如果做生意赔了怎么向老婆交代？现在挣的这点钱实在无法养家。”说着说着，他就哭了。我安慰他说会好的，我们再过几天看看情况怎样再说，如果还是这样的话，我就退出，把生意交给他。一个月下来，我们挣了 90 元。我是单身，和父母一起住，吃喝父母开支，90 元对我而言还是绰绰有余的，但对朋友来说很吃力，所以我决定退出，朋友说挣了钱就还我。在那段日子里，朋友情在我心里很重很重，我只希望他们能过好。

县城在变化，铺上了柏油马路，十字路口安上了红绿灯，路上的车也多起来了，有了私人小汽车。交通也便利了，从县城到青石嘴只要 2 元，到西宁 4 个多小时只要 14 元，县城有摩的，2 元钱，很方便。

2000 年 8 月，经朋友介绍，我在浩门农场找了些修围墙的活。除掉一切开支挣了 1 万多元（当时大工一天 15 元，小工一天 10 元，一天伙食 3 元），这是我下岗以来第一次挣的钱，很欣慰。

2001 年，我儿时的伙伴从西宁回来告诉我他辞职了，想做蜂蜜生意。他以前的单位就是做蜂产品的，有熟人、在行。于是，我们三个朋友凑了些钱，租了一辆大车，除了一天 200 元的车费，其他没什么开支，如果挣了钱大伙平分。我们在青石嘴、县城各设了一个点收蜂蜜，每吨 2300 元，蜂蜜桶 80 元，收得很顺利。没想到的是，7 月 16 日，我朋友在晚上骑摩托车回家的路上发生了车祸。医院说，如果不及时动手术，腿就会残疾。他老婆刚生完孩子，还在坐月子，家里没钱，住院费还是我垫付了 3000 元。我们本想将收蜂蜜的 1 万多元给他做手术，可是，后来不但没有挣钱反而赔了 2 万，朋友的腿也因此一瘸一拐的。这让我很愧疚，很想补偿，可补偿换不了健康。我只能在心里默默祝福他平安、快乐。

生活对我来说是公平的，经人介绍我认识了我老婆。她是家里的独生女，父亲是煤矿工人，母亲是家属，后来才知道她是抱养的。我们没有惊天动地的爱情，从认识到结婚短短8个月，当时双方父母都反对，但我们坚持走到一起。2002年1月5日我们结婚了，婚礼很简单。婚后我慢慢感到生活的压力和家庭的责任：我不再是一个人，但没有稳定的收入，以后的生活会很艰辛。

不久，老婆怀孕了。住进医院待产的那天，下着小雨，病房里有点凉。望着窗外的雨，想着即将出生的孩子，没有稳定的职业和固定的收入，我能给她们什么样的生活和未来呢？下岗后，我几乎没挣到过钱，我感到我们被这个社会抛弃了，没有未来。

孩子出生带来的喜悦暂时冲淡了我的担忧和苦恼。老婆说想吃面片，我出去买，感觉那天的面片做得好慢好慢。回去后，看到妹妹手里抱着的孩子，我很激动、很兴奋。抱孩子的那一刻，我感觉既高兴又害怕。看着女儿红扑扑的小脸蛋，我觉得幸福极了。雨一直下着，病房就剩下我们三个大人，我的心情逐渐平静下来，但仍旧思考着我们的未来。

为生活下煤矿

岳父介绍我去他的单位刚察县热水煤矿拉煤，工资一月600元，管吃管住。看着来到这个世界只有5天的女儿，我心情很复杂：一方面放不下女儿和老婆，另一方面我又不能不去挣钱。老婆生产的费用有400多元，都是爷爷奶奶出的钱。我走后，老婆也需要爷爷奶奶照顾。

第二天早上5点钟，我跟着岳父出发了。一路上岳父都在告诉我那里的生活、工作有多坚苦，让我做好吃苦的准备。我心里想：为了老婆孩子，什么苦我都不怕。一路上都是土路，很颠簸，中途我们在一个叫默勒的煤矿歇脚。山上没有一棵树，草也是黑的，因为草丛里也有很多煤，人很少。岳父笑着对我说："你们家就你一个儿子，长这么大没吃过多少苦，这次到煤矿，别没几天就跑回家了啊。"这里只有3个饭馆，我们随便走进一家，里面黑黑的，只有面食卖。我和岳父各要了一碗面片。虽然肚子很饿，可是当面片端上来的时候，我不想吃了，因为面也几乎是黑色的，里面飘着几片已经发黄的甘蓝菜和碎肉。岳父看出我的心情，对我说："这可是这里最好吃的饭了。赶紧吃，吃完了还要赶路，到铁迈就晚上了，吃不上饭，那边生活比这还要坚苦。"我只好硬着头皮吃了几口。

接下来的路越来越窄、越来越不好走了，车也开得越来越慢了。翻过几座大山，我们终于到了铁迈煤矿。这时，天已经很黑了，远远望去，只看见几盏灯，这就是岳父的单位。进入房间，只有一张床、一个小柜子、一个火炉。虽然是9月份，外面却一直吹着刺骨的寒风，像冬天一样。房间里很脏，也很冷。岳父生着炉子，烧了一壶开水，拿出两个已经干透了的馒头说："今晚就喝开水，吃干馒头。"可我却怎么也吃不下。吃完饭，岳父很快睡着了，我久久不能入睡，心里还在想着老婆、女儿。

煤矿上挖的是井下煤，所以要下到井下很深的地方，那里有一种声音听起来很恐怖，工友说是煤裂缝发出的。在井下走，感觉头上要塌下来似的。上井后，鼻子、嘴里全都是煤，甚至肚子里都好像被煤塞满了。工友们很难分清谁是谁，因为大家只有眼睛是亮的，牙齿是白的，其他都是黑的……这里的冬天很冷，风雪也很大，基本上每天都刮风。风一吹，满脸都是煤。做饭时，手洗得再干净，做出来的饭也都带有一点黑色。我们常开玩笑地说，这儿的麻雀都是黑的。平时的饭多半是面条、馒头，肉很少。

拉煤一天最多拉3、4车，装煤也是人工在装，很慢。每吨运费24元，一车13吨左右，每趟油钱是140多元，拉一车只能赚100多元。在这里跑车，工资不能按时发，因为一般情况下3个月算一次运费，有时半年算一次。加油是按拉的油票兑换，每公里比市场价高3毛5分。因为拉的煤多，再加上山路不好走，很费轮胎，每月修车费就要3000千多。

通常，跑车回来就子夜一点多了，有的工友喝酒喝到两点多。喝醉了，最想的就是家。在这里，除了拉煤的车，没有其他车辆，交通很不方便。在这里，除了上班，就是喝酒，也没有电话。如果有事和家人联系，要到36公里外的热水矿部去打。所以，对外面的世界，我们都了解的很少很少，家里的情况，也只有岳父回家才能带来点消息。每天我们面对的就是大山、草原和煤，没有娱乐，没有繁荣，有的只是寂寞。

后来，我们从铁迈煤矿搬到了热水煤矿。这里的条件比铁迈煤矿好一些，离矿部也只有 3 公里。矿部里有几个小卖部和饭馆，最多的还是修车的和卖零部件的。热水镇有个小学，学生很少。镇上没有医院。通到省会西宁的班车也只有一辆，绵延 300 多公里的路，大部分是土石路。这里主要的经济来源是煤矿，原来的火电厂也倒闭了。由于气候不好，除了夏天，冬天很少有人来，来的也主要是一些放牧的。

2003 年 1 月 22 日，老婆带着出生四个月的女儿跟我来到了这里。刚来时，我们没地方住，还是岳父活动关系让我们住进了煤矿公司的羊圈里。大大的羊圈没有一只羊。记得有次下大雪，山上的狼跑到羊圈外，嗷嗷叫了一晚上，我们吓得整晚没睡。岳父岳母知道后，有时会来陪陪我们。虽然条件艰苦，但有家人陪伴，我觉得就够了。女儿一天天长大了，很懂事，无论风多大，每天都会等我拉煤回家。日子也好过了一些，我们从羊圈搬到了一间草坯房，离岳父家很近，他们也能照应我们一点。

2004 年，煤矿效益不好，开始走下坡路，有些人领了工资就走了，尤其是装车工。拉的煤越来越少，公司在江仓开了一个露天煤矿，离矿部有 99 公里，一天只能拉一趟，路很差，开车来回要 12 个小时，每次拉煤，外胎都会有好几个洞。中午吃不上饭，路上除了几个牧民的帐房外什么都没有。

有时候我们拉的煤也往县城里送，但我最怕的就是往西海镇送，因为不超载就挣不到钱，超载就被罚，少的 200 元，多的几千元，直到现在我见到交警都发怵。

2004 年最后一次到江仓拉煤，好多牧民骑着马在矿部转悠，不让拉。他们把矿上的挖掘机砸坏了，还打了人。刚察县县长也来了，说挖露天煤矿破坏了草原，让我们回去，如果要坚持拉煤，车、人出事情，不负责任。我们只好空车回去，老板说运费没领上,工资发不了,3个月的工资只给了500元。这时,老婆又怀孕了,这点钱怎么办啊。那天晚上，我和一个司机朋友喝了好多酒，他母亲病了也在等着钱用。无奈之下，我们跑到矿部偷了铁，卖了将近1000多元。那是我第一次偷东西，可是为了家人，我不后悔。

2004年7月28日，二女儿出生了，在医院总共花了2000多元，生活的压力越来越重了。我父母去了省城，以前的房子也卖了，我们一家只好暂住在岳父家，三间房60多平方米，生活开支也基本靠他们的工资。

2005年我找到了去天骏煤矿拉煤送到甘肃九泉的活，工资一月900元，全程700多公里，拉一趟煤，一路不休息，要走2天2夜。每吨煤的运费是195元，油价每公升3.8元。刚开始的时候，到天骏木里煤矿基本上没有路，两条河也没有桥，遇到下雨，河水涨水，车就过不去。一次，车子在河中间卡住了，我们只好在河边站了一夜。庆幸的是，河水没有把车冲走。第二天早晨，我步行了60多公里，找到装载机，才把车从河里捞出来。这时已经是第三天下午了。

冬天拉煤最苦。最怕的是矿上下雪，因为一下雪就好几天不能拉，而且山上很滑、很危险。到了矿上，我们基本上都睡在车上。天冷的时候，常常半夜就冻醒了。矿上没有招待所，只有一个饭馆，饭菜也贵，吃一顿饭，两个人简单些也要60多元。

拉煤生涯中，让我这辈子最忘不了的事情是，青海到甘肃交界有个大坂山，从山底一个小时左右就到山顶了，而到山顶之后下大坂山要走6个多时，全都是下山路，这里很高也是最容易出车祸的地方。有一次，我前面一辆车滑下去之后，车上三个人都没了，最小的只有16岁，最大的也就30几岁。从山顶上往下看，车摔成一块一块的。我见过的车祸也不少,那次是我见过最恐怖的:人抬上来之后,基本上没有完整的。冬天，车要是坏了或者发不着车，司机往往把车扔在那里走掉，因为留在车里晚上会冻死人，所以，路边常常会看见扔下的车。

渐渐地，去天骏拉煤的车从刚开始的几辆变成几百辆，运费也从刚开始的一吨 195 元下降到一吨 150 元，再加上修理费等，根本赚不着钱。2006 年，我又一次失去了工作回了家。

再次失业

没有了经济来源，日子自然过得不太好，吃住都在岳父家，也不是个滋味，我就去申请最低保障金。可是跑了两个月，申请写了不少还是没批下来。

这时的县城，虽然还是很小，但马路宽了，路灯多了，街上的人也多了。当第一批住宅楼出现时，好多人都去争。公务员有优惠，一套 90 多平方米的楼房，自己花钱只需要 4 万元。

一天，一个牧区的朋友来找我，说他需要一个去草原放牧的伙伴，管吃管住，按羊的数量给钱，我就跟着去了。草原夏天放牧的日子很清闲，放牧的世界也很安静。这里，没有城市的热闹，没有生活压力，有的只是蓝天白云，这让我喜欢上了草原。偶尔也会碰到惊险的一刻。一次，在回羊圈的路上，我看到两只狼。抱着小羊羔，我在石头后面趴了半个多小时，当时心里害怕极了，生怕狼过来。还好，没有发生危险。朋友听说后笑着说："狼没有你想象的那样可怕。在草原上，还没有发生过狼吃人的事。"很快，冬天到了，羊赶回冬圈了，我的工作也完成了，挣了 3000 多元和一只羊。

2007 年，我们一家开始在外面租房住。房里有电，但用水要到水房去挑，这是我们在县城的第一个家。每月电费八九元，房钱 60 元。最让老婆害怕的是房里的老鼠，这里的老鼠很多，最多一次用老鼠药毒死了十几只。由于没有固定的收入，我们的日子也越来越紧，好几次都是借钱给女儿买的牛奶。有一次小女儿发高烧，没钱看病，半夜去岳母家借钱。后来，岳母就把两个女儿接到了她们家住。大女儿幼儿园毕业的时候，家长们都给老师送礼物，我们由于经济原因，既没有给老师送礼物，也没让女儿参加六一活动。那件事让我们到现在都很自责。

冬天很快到了，因为买不起蜂窝煤，只好烧邻居给的牛粪。过年的时候，家里的粮食也快没了。不得已，我去找老板要拖欠的工资。可是，老板说一直都没钱，他也没办法过年，只给了我 200 元，让我体谅。还掉一部分借款，手里所剩不多了。没办法，我们商量去爷爷家过年。

2008 年 4 月，我经人介绍去天骏县开车，虽然离家有 700 多公里，但工资也给的高，每月 1200 元。老板人很好，说干好了还有奖金。

雪上加霜

也就在这一年，岳父母都生了病，岳父是静脉曲张，岳母叫我们先带岳父去西安看病。我们第一次坐上了去西安的火车。在陆军医院看了一个多星期，静脉曲张转成静脉炎了。医院看不好，让我们回去。这次看病花了近一万元，我们拿了 4000 多元。因为经济拮据，岳母的病没能做全面检查。

2009 年，我去牧区修路，干了四个多月却没拿到一分钱，老板也跑了。我们几个民工去交通局要钱也没要到。就在这时候，岳母的病越来越重了。我们商量后决定，我去要钱，老婆带岳母去省城看病。期间，老婆打电话告诉我岳母的病情不太稳定。由于一直没要到钱，我也没有去医院看岳母，这让我特别愧疚。就在我和岳父准备动身去看岳母的时候，老婆打电话说，岳母正在抢救，晚上 9 点多岳母去世了，那年她只有 54 岁，医院给的结论是尘肺病。

刚刚料理完岳母的后事，岳父的房子被告知要拆，只给了 3 万元的补偿款。于是，我们把岳父接到了我们租的房子一起住。房子太小住不下，我们决定在城边买一栋平房。6 万多元的房款，借了 3 万，不过，我们终于有了自己的家。岳母去世后一年，岳父也因为尘肺病去世。两位老人的离去，不仅让老婆病倒了，也让我们的外债高达 9 万元。她是独生女，这件事也让我们觉得还是子女多点好，可以分担些，我也终于理解老婆为什么非要两个孩子了。

转机与伤痛

2010 年腊月二十七，我终于拿到了拖欠的工资，虽然只给 60%，才有 1000 多元，但能领到钱，我已经很高兴了。

2011 年，在朋友的帮助下，我们在县城开了个内衣店，小店只有 12 平方米，当时投资 3 万多元，房租每月 500 元，其他就靠贷款了。有了自己的生意，我们很兴奋。有时，孩子中午放学后，吃不上饭，只能喝点开水吃个馒头。也就在这个时候，对我们帮助很大的一个朋友宋文出现了。看到我们的小店太小，对孩子不好，她在附近给我们找了个房子，30 多平方米，还帮我们付了一年 18000 元的房租。这让我们对未来充满了希望。

2012 年。一天，在学校组织放风筝活动后，女儿回家哭着说耳朵被同学刺伤了，听不到声音。去附近医院检查后，大夫告诉我们要到大医院检查。带着女儿去了西宁的医院看过之后，给出的结果是耳膜穿孔，耳膜关节损失，听力丧失。医生说，有条件最好在西宁打针住院。后来我们还是在县城医院打了两个星期的针，可是到西宁的医院再次检查后，结果还是一样。医生说，最好自己恢复，至于能不能恢复，不好说。

为此，老婆去学校找老师和学校领导，但他们说是女儿自己把耳朵弄坏的，学校没有责任。不得已，我们去教育局找，但结果是，再找就不让女儿上学了，我们只好不了了之。面对女儿，我很愧疚，作为父亲，我给不了她一个公正的结果。我能做的只是期待女儿能恢复听力，而留在女儿内心的伤痛和不公平的感觉却是我永远抹不去的……

现在，我们仍然继续着我们的生活。对于未来，我没有太多的祈求，只希望一家人能够平平安安，孩子们健健康康……

2013-02-26

我的进城与创业之路

韩鹏　北京玖月发艺专业美发店美发师

我是一个地地道道的农家孩子，1990年，我出生在陕西省商洛市洛南县三要镇沙河川村一个普通的农民家庭，家中还有一个哥哥、一个妹妹。和大多数生于20世纪90年代的孩子一样，我并未经历过上一代人那种困顿和贫苦的生活，但我的经历又与城市中的“90后”有着质的区别。我相信许多农家孩子和我一样，都渴望走入城市、融入城市，然而，这也意味着我们要付出更多努力。

中考失利 就读技校

小时候，我的体质非常差，经常生病，因此请假看病成了“家常便饭”，也正是因为这样，虽然小学时的成绩名列前茅，但进入初中后，耽误的课程实在太多，成绩不可避免地出现了下滑。虽然仍保持在中等偏上水平，中考时却发挥失常，与重点高中失之交臂，只考取了一所普通高中。

普通高中的师资力量和教育水准与重点高中有很大差距，升学率也非常低，学生们考取“好大学”的概率更十分有限。在我家乡的小县城里，人们普遍认为，考不上“好大学”，即使毕了业也不会有出路，我自己也不想在这样的学校里浪费时间和精力，不由地对就读普通高中产生了抵触情绪。这时，父亲的一位朋友提醒道“为何不到西安去读技校”。“读技校可以掌握一门技术，终生受用”，这是人们尤其是农村人的意识中对技校的理解和认知，就这样，在父亲朋友的介绍下，我来到位于西安市的陕西精工数码技术学校就读电子专业。技校的专业课里既包括诸如组装收音机、电子元件等的实践活动，也包括文化知识课，由于我学习的底子不错，在技校读书的这段时间里，我的成绩在全年级中一直是数一数二的。

从流水线普工到物流业文员

技校的学制与普通大学和大专不同，只有两年半时间，前两年在学校里学习专业知识，后半年则到与学校有合作关系的工厂中实习。其实名为“实习”，实则是打工。2008 年，我被分配到东莞一家生产汽车配件的企业中工作，在生产汽车感应器的流水线上做起了一名普工。有人说，流水线的生产方式与人追求自由、需要满足好奇心的天性相悖，庆幸的是，我对这份枯燥与孤寂并没有太深刻的体会。由于我对工作上手很快，效率非常高，企业领导看到我的成绩还算出色，就破格将我提升为仓管员。这时，距离我入厂只有两个月时间。

我所在的企业是一家外贸型加工企业，2008 年，国际金融危机席卷全球，在外贸环境持续萧条的情况下，企业减产、生产线开工不足，工人们没有加班的机会。要知道，在类似的加工企业中，除底薪之外，工人的绝大部分工资都是依靠加班取得的，没有加班机会，就意味着只能拿不足千元的底薪。虽然作为仓管员的我比流水线普工的情况稍好一些，但微薄的工资同样难以支撑我自己的日常开销。坚持了一年后，我离开了这家工厂，也离开了东莞。据我的工友们说，我离开后不久，这家企业就倒闭了。

离开东莞后的 2009 年，我和朋友一起来到深圳，打算继续找一家工厂做工。但这时我遇到了一个难题：由于以前做的是仓管，虽有一年的经验，但在深圳却无法找到类似的工作。从事普工岗位，上一家企业的工作经验同样起不到多少作用，因为在流水线上工人只需负责一道工序，技术并不全面，再加之产品不同，以往的经验只能作废，根本无法朝技工的方向继续发展。无奈，我只能在深圳宝安机场附近的物流企业中找了一份操作员的工作，所谓操作员，就是搬运货物。工作一段时间后，企业负责人了解了我的经历，对我平日的工作也非常满意，就将我调到办公室做文员——在电脑上登陆货单、跟进物流动向。

北上首都 从事美发行业

虽然摆脱了繁重的体力劳动，但我一直在思考：以后的路究竟该怎样走。因为在物流公司里，我的发展空间并不大，更无法达成“学一门技术”的愿望。面对这样的困惑，2010年春节，我离开了深圳来到北京。之所以会从事美发行业，是因为一位亲戚在北京开了多年的理发店，当他得知我已从深圳辞职后，就带我到他的店中帮忙。

理发是一门“技术活”，在理发这个行业里，理发师有自己的成长规则，例如，若不是外聘的“大工”（对理发师、造型师的尊称），就只能从基础的为顾客洗头发的“小工”开始做起，并拜“大工”为师，学习理发技术。我也是从“小工”开始做起的，同时还在位于北京市通州区的一家美发艺术学校学习详尽的专业知识。美发技艺讲究的是剪刀与梳子的完美配合，需要理发师有悟性，全身心投入，在老师的指点下，在不断的学习和实践中，半年后我终于可以独立操刀为顾客剪头发了。在美发行业里，我的学习速度确属于比较快的一类，我想，这大概是因为我在技校和工厂中都曾操作过机器的缘故吧！

在亲戚的理发店里，我工作了三年多，在这期间，我头脑中经常思考的问题除了怎样为顾客理出适合的发型外，还对如何经营管理一家店面，如何提升顾客的满意度有很多设想。但苦于没有实践机会，这些想法只能处在“假想”阶段。2014年初，我终于有机会实践这些设想，由于亲戚家中有事，无法管理店面，只好将理发店的经营、管理权交给我，并和我签订了一年期的合同。在这一年时间中，店面所有的经营、管理工作全由我负责，正是因为如此，我才得以将自己的经营设想一一实现，当然，经营的效果也很理想。这一年时间算得上是我创业的“实习”期，有了这段经历后，原本想继续打工的念头动摇了，我琢磨着，一定要自己开一家理发店。

在美发行业里，从学徒开始做起的人，如果持续在一家理发店工作，会遇到非常实际的困难，因为熟客都知道你曾是一名学徒，十分忌讳你为他打理头发。

因此，工作两三年后再跳槽，是很多人的选择，也是这个行业不成文的“铁律”。如此一来，重新找到工作后才能以“大工”的身份在新的理发店开展工作。若没有这一年的“实习”，我也会去其他理发店继续找工作、做“大工”，但积累了一些经营、管理经验和资金后，我决定创业，自己开店。

利用互联网，我查询到西四环的一家理发店（也就是我现在经营的门店）正在出租，经过对周围客源、消费水平等方面的考察，我认为这里各方面都非常符合我的要求，于是就租了下来。

独立创业、买房

创业中的许多艰辛是我没有料想到的，除了每天都要考虑房租、水电费、生活费等问题外，还要在产品搭配以及如何吸引、留住客源上花费心思。时下，理发店同时经营美容项目已经成为行业惯例，但由于我的店面太小，无法拓展美容项目，于是我就与附近的一家美容院合作，我做“中介”，为美容院争取客源，收取一点介绍费或提成。同时，我们的理发店也采用了惯常的“办卡”消费，但很多消费者却对办卡存在疑虑，尤其是我的客人很多都是老人和租住在小区附近的人群，他们害怕办卡后，我会携款逃跑。为了打消顾客们的疑虑，我们为顾客办卡的金额非常小，最多也不超过一千元，有时甚至会将租约的期限明白地告诉顾客，以此来打消他们的顾虑。

虽然会遇到这样或那样的困难，但创业的乐趣在于，自己在经营中有任何想法，都能通过努力一一实现，例如，怎样为顾客服务、怎样让店面发展壮大等等，甚至与客人说什么样的话，都要考虑后果。这非常耗费体力甚至脑力，但对自己的能力有极大的提升。目前，我的店面已经营了一年多的时间，经营业绩虽算不上可观，但也十分顺利。为了扩大经营，我正在附近寻找门面房，打算开第二家店。

事业稍有着落后，我开始考虑安家的问题。2015 年底，我和女友在河北廊坊永清买下了一套 90 平方米的住房，之所以将家安在那里，一是因为北京的房价确实是我所无法负担的，因此暂时并未打算在北京定居；二是永清距我现在开店的地点只有约 80 公里，在大都市的周边，已算是十分近便；三是永清是承接北京动物园批发市场和大红门批发市场商户转移的承载地，未来，永清的发展前景会持续向好，即使我们最后无法在那里定居，那么房屋也可以作为投资获得回报。况且，我目前并未打算离开北京，因为城市的发展离不开服务业的支持，美发行业也是服务业中的一项重要内容，只要有人在，就会有需求。

回首来路 机会只垂青有准备的人

从农村走出来时的两手空空，到如今在大城市里有了虽然规模很小却完全属于自己的事业，又在大城市的周边有了自己的住房，即使仍面临着房贷和店面开销的巨大压力，但我非常满足，因为年轻时不拼搏又等待何时呢？况且，我们所处的时代环境给了我们如此多的机遇。

回顾自己从东莞到北京这一路兜兜转转的过程，我这样一个农民的孩子，一路走来，其中不乏偶然的成分，遇到的各种机会使我得到了锻炼和提高，因此我确实感觉到机会的重要，例如，接手了亲戚的理发店，就让我为自己开店打了基础、做了准备，但同时更重要的是如何正确地认识到机会并有抓住机遇的准备。当机遇没有来临时，我们要为机遇做好准备，当机遇来临时，我们要以自己做好的准备去抓住机遇。假如今天我有选择的机会，我仍会选择现在这条道路。

2017-05-06

四、公益·人生

公益之路，幸福之路

李凤玲　中国国际城市化发展战略研究委员会副主任、
北京修实公益基金会理事长、清华大学教授

我之所以从事公益事业，并将教育作为修实公益基金会开展工作的主导方向，既与我个人的成长经历有关，也与许多社会现实因素有关。这些经历和体验正是我的教育情结与公益情结的由来。

我的成长经历

1948 年，我出生在吉林通化一个贫困的农民家庭，那里地处长白山脚下，作为大山里的孩子，我从小就开始与大山打交道、与土地打交道、与贫穷打交道。由于家庭贫困，我曾数次经历过辍学又复学的过程，除“文革”时期的特殊情况外，多次辍学的原因都是由于经济条件。最令我刻骨铭心的是，初中时曾经只读了两个星期就被迫离开了课堂，作为“编外社员”返乡参加劳动。这样的经历让我尤其理解贫困地区的孩子们对求学以及希望受到良好教育的强烈渴望。

“文革”期间大学停办，没有机会继续上大学，作为回乡青年，我再次回到老家，并在家乡的学校里担任过小学和中学教师。1972 年，大部分高校恢复招生，我得以以工农兵学员的身份到清华大学读书，并在毕业后留校任教，直到 1994 年调任北京市海淀区副区长前，我在清华度过了 22 年的时光。这些经历使我更加关注教育问题。调任海淀区副区长后，我主管的是教育与文化工作。海淀区极富教育资源，社会上下对教育的关注程度很高，在此期间，我走访了包括小学、中学、大学在内的上百所学校。了解了教育现状，也从校长的角度、从教师的角度、从家长的角度探访过他们对教育的需求，从中体会到我们的教育确实存在很多现实问题。

对教育的思考

近年来，尤其是改革开放后，随着经济的发展，各地政府对教育的投入均在逐年增加，学校的硬件设施及师资队伍建设也有明显提升。然而，教育中存在的问题只靠这两方面的提升就能得以改善吗？教育面临的更大问题是我们并没有认清教育的本质。教育的核心功能应是启迪灵魂、开拓智慧。尤其是对孩子而言，他们的梦想和未来都需要通过教育打好基础，基础教育对孩子思维方式的培养、创新能力的培养、科学态度的培养以及求知能力与兴趣的培养都有着举足轻重的作用。但近些年来，我们的教育在解决了教育饥渴后却逐步走向了竞争。教育竞争又被称为“千军万马过独木桥”，所有人都在分数上见高低，应试教育模式因此而形成。好学校在如何提高升学率上下功夫，好老师在如何提高学生应试能力上下功夫，家长则更普遍要求甚至不惜一切代价让孩子上所谓的好学校，课后补习已是家常便饭。高压之下，孩子们不堪重负。人们常说“不能让孩子输在起跑线上”，但起跑线却被越定越低。以往小学被看作是起跑线，后来发展到幼儿园是起跑线，最后甚至发展到连胎教都被认为是起跑线。从社会到学校，这种对教育的认知已经形成一种社会氛围，也改变了教育本身的启发性与培养学生科学头脑的初衷。

评价教育好坏的标准到底是什么？所谓好学生、好老师和好学校的标准又是什么？这些实际问题虽早有探讨，但却无补于一味追求分数的现状。这些问题的存在既不能归咎于老师，也不能归咎于学校，它是我们的教育评价体系以及教育制度的问题，是整个社会的问题。谁都无法跳出这个圈子，因为谁跳出来谁就会吃亏。

这些体会使我对教育问题有了更深切的认知，也让我对教育情有独钟，并促使我在从事公益事业时将教育作为了主导方向。

我的公益情结

2004 年，我就任京能集团董事长，因投资能源项目的缘故，我到过内蒙古、青海、甘肃、新疆、西藏等许多资源富集的地区，这些区域虽然自然资源丰富，却往往都十分贫困。这里的教育资源与大城市的差距之大令人震惊，例如，首都北京的孩子们也许正在为上更好的学校而忙碌，西藏牧区的首要任务却是要动员家长把孩子们送去上学，不要留在家中放牛、放羊。同样极其重视教育，但经济发展的不平衡造成了两地教育上存在的巨大差距。为什么家长不愿送孩子上学？一方面是家庭经济条件有限，另一方面则是认识问题。家长们觉得孩子长大了也是放牛、放羊，有没有文化无关紧要，但对于孩子们来说，无疑耽误了他们的未来。看到这样的情形后，我心中既感到十分酸楚，也觉得责无旁贷应该帮助他们。因此，我在退休后最想从事的就是公益事业。这是积累已久的想法，并非一时兴起。

退休前，在 1994 年到 2008 年这一时期，我也曾做过一些与公益相关的工作。在担任海淀区副区长期间，我曾在分管的工作范围内对革命老区西柏坡的医疗卫生、文化建设、教育等工作做出过支持；在担任北京市朝阳区区长时，也帮助过西柏坡地区进行校舍改造。此外，由于我个人的家乡情结很重，也曾主动为家乡的建设尽过绵薄之力——以社会募集资金的形式为老家修建了第一条水泥路，帮助乡亲们把水泥路从县道公路上接到了村里。后来，一位村里的邻居告诉我，我小时候就认识的一位在新中国成立前从事过地下工作的老党员姜彦明，在修路时就已经病到卧床不起，但听说我正在帮家乡修路，就念叨："我一定要多活几天，等路修好后，即使是抬，也要把我抬到柏油路上去看一看。"路修好后，他的家人用担架把他抬到马路上，他用手摸着路面，流着泪说："我的家乡终于通了柏油路。"

听到这样的情形，我自己也很受感动。作为一个从大山里走出来的孩子，能够到北京上大学并留京工作，尽管自己的力量薄弱甚至微不足道，但只要有条件能在帮助别人的道路上尽自己的一份力，我们的贫困现状和教育问题必然就会得到改善。

我有浓重的家乡情结，虽然老家已没什么亲属，但也会不时利用假期回去看看。一年冬天，再次回到家乡的小学校。这里已经过重建，并非我读书时的校舍，但看到教室的墙体开裂、屋子里堆满了劈柴、孩子们就在烟熏火燎的环境中上课时，又似乎与我读书时的境况没有太大差别。东北的冬天十分寒冷，我至今仍记得，上学时同学们要轮流值日，生火取暖，轮到谁值日，早上就得提前到校，找一些易燃的废纸或小树枝，点着了放在劈柴上，再拿着书本扇或用嘴把火吹旺，生火的值日生脸上一定是黑乎乎的。往往是要上课了屋里的烟还没有散尽，但因为太冷又不敢开窗，老师和孩子们只能坚持上课。让我没有想到的是，几十年过去了，孩子们仍在用劈柴取暖，不帮助孩子们改变这样的现状，我又于心何忍！我再次通过募资的方式帮助老家的学校翻新了校舍。新学校采用自设锅炉房的形式集中供热，教室十分敞亮，孩子们也不必再受烟熏之苦。在为家乡翻建了中小学校、买了校车后，我又通过筹资的形式为老家新建了敬老院，为村里安装了路灯……

公益中的幸福

退休后，我于2009年正式成立了修实公益基金会，在基金会成立至今的七年多时间里，虽然有所付出，但收获却更多，我也因此体会到，公益之路就是幸福之路。公益不仅仅是在照顾和方便别人，也在照亮自己、幸福自己，帮助别人后，于自己留下的是收获，积淀的是激情，这种幸福感是无法用数字来衡量的。

这些年，我因做公益到西藏、青海、内蒙古的次数非常多，在这一过程中我感到公益并不孤单，很多人在修实的号召下参与各种公益活动，他们献计献策、捐款捐物。这使我不免思考，公益的作用到底是什么？一方面，公益给人以力量和信心。它是社会文明、进步的象征，是推动社会发展、社会正义、社会进步的力量，这种力量势不可挡。另一方面，我们也能从捐赠对象身上汲取营养。例如，

2015年修实援建的第二所小学——修实希望小学在青海省化隆县查甫乡正式落成，在启用仪式上，虽没有太多语言的交流，但却不难从孩子和家长们那欢欣鼓舞的表情与眼神里读出他们对公益组织的感激、对这个社会的感激。作为支持他们的公益人，我自然更感觉到心里热乎乎的，也更坚定了只要我有精力、有能力，就要做更多公益的信心。

从事了多年的公益让我看到和体会到，只要这个社会中有更多的人能够参与到公益事业中来并持之以恒，那么我们的教育、我们的国家、我们的民族必然会越来越好。

2016-07-11

我为什么要成立友成基金会

王平友　成基金会创始人、理事长

很多人对我为何要创办友成基金会、为何要发起成立一个社会价值投资联盟感到好奇，对此，我个人亦有一段心路历程可以与大家分享。

我曾先后在学校、国家机关和投资银行工作过，既做过政策研究，又做过商业投资，也在国外学习和工作过。现在，我寻找的是怎样通过实现社会价值来实现个人价值，而不像有些人说的，是通过实现个人价值来实现社会价值，这两者是完全不同的驱动力和内心体验。也许这就是所谓的君子“不以利为利，以义为利”吧。

成立友成基金会之前，我有过两次重要的反思。

第一次反思的结果就是走出对欧美模式的崇拜，重新发现中国文化的价值和尊严。

1992 年是许多机关干部纷纷下海创业的一年，他们当中很多人成了中国改革开放时代的标志性成功人士。这一年我也下海了——经过艰苦的考试，拿到了美国大学的研究生奖学金，离开舒适安逸的中央机关研究机构来到大洋彼岸的美国求学。我带着对美国的崇拜而去，满载思考而归。

在美国为了方便出行，我很快学会了开车，每每行进在宽敞、笔直而一望无尽的乡间大道上，都像是在享受“生命自由绽放”的喜悦。一次周末放着爵士音乐飙车，不知不觉开上了高速公路，那时候我在国内没有见过高速，只见大小车辆从我身边嗖嗖驶过，我也紧张地加速向前，一心想找个地方掉头回去，却沿着无尽的隔离带直线开了一个多钟头，开到了另外一个城市，最后被警察引下高速路来，不料返回时却迷路了。以为遇到了好心的带路人，结果要付几十美金带路费，我拒绝了他们，一路不停问路总算找回家，此时才发现油箱已经见底，真是后怕，差一点就在高速上抛锚了！还有一次麻烦的经历，我把那部300美元买来的二手车开翻了，随后的几分钟之内，警车、救护车、消防车迅速赶到，还没等我明白到底发生了什么情况时，已经有消防队将车锯开把我抬上了担架，救护车直接把我送到了医院，这一系列无微不至的关怀让我非常感动。但经过体检后发现我什么毛病都没有，瞬间，只留下我一个人在医院的大堂里，此时，我就像从温暖的天堂堕入地狱，拿着手中不菲的账单，突然想到，上不着天、下不着地，什么都没有了，只剩下我孤零零的一个人。没有了车就像没有腿，我开始留恋国内一出门就可以在路边买菜那种安全、方便的生活。这样的事情也许每天都会在美国发生，因为这是一个人人可以追求个人价值的国度。然而生命的绽放和生命的代价是结合在一起的，我随时可能因为在高速路上开车而丧生——实际上，速度、发展和个人价值就是由这样的代价来实现的。

很多去过美国的中国人，都对社区的垃圾中有很多值钱的家具、电器、食品等有很深的印象，我过去后也看不习惯，甚至有种负罪感，我生活在那样一个充满欲望的城市，每天消耗着大量的资源，产生着各种不可消解的垃圾，与此同时，远在祖国的我的同胞们，却还有几千万人生活在贫困线以下，这让我觉得痛心不已。然而想不到十几二十年后的今天，我所在的城市已经对此类浪费麻木不仁了。

此外，还有对中国传统文化尊严的唤醒。一次周末我偶然打开电视机，恰好听到一个基督教的牧师正在布道，他竟然在讲中国古代《塞翁失马》的故事，讲“祸兮福所倚，福兮祸所伏”的道理，一种文化自豪感油然而生。我蓦然发现中国传统文化竟是如此充满智慧，当我对中国的文化感到自卑、不屑而崇洋媚外之时，西方人却已经开始向中国看了，他们发现了中国文化的价值。这是我重拾中国传统文化的开始。

后来，我在欧洲的经历同样是怀着崇拜而去，带着反思而归。和历史文化悠久的欧洲人在一起时，我会感到比在美国更自在，因为与财富相比他们似乎更看重文化背景与社会地位。骨子里高傲不逊的欧洲人甚至毫不掩饰他们对所谓没有历史、没有文化、不会享受、工作狂式的美国人和日本人的不屑。欧洲的确让我看到了唯美的艺术、深远的文化和世界上最好的社会福利与生活水准。可是我发现他们的上流社会有太多的别墅和遗产需要照顾，有太多高朋满座的沙龙和以不同身份而聚集在一起的社交 PARTY 需要参加，起初我不理解许多人为什么如此优越却依然内心孤独，后来我发现他们所有的忙碌都不是在创造，而是在消费。是啊，作为上帝的宠儿，他们应有尽有为什么还要披荆斩棘地去开拓、创造呢？我的一个号称是成功人士的朋友，身为跨国大投行区域总裁和咨询公司老板，却被严重的抑郁症所困扰，总是抑制不住想要自杀的念头。他们的成功、富裕、美丽的国度与他们的空虚、抑郁和无意义感形成了鲜明的对比。

也就是在这个时候，在 20 世纪 90 年代初的欧洲，我第一次听到了中国“威胁论”，他们说中国在改革开放，如果中国人也要享受和我们一样的生活方式，像我们一样有汽车、彩电、冰箱、别墅，像我们一样消耗资源，这个世界的资源如何承载得了？我多么希望祖国人民也过上这样的生活啊，可是我也禁不住思考：欧美的生活方式能够在全球复制吗？他们在工业化初期靠掠夺殖民地的廉价资源和劳动力而急速扩张，我们能复制这种发展模式吗？我们付得起环境的代价吗？值得这样去付出吗？这是很多年前，在成立基金会之前，我的第一次思考，正是这样的深刻思考，使我走出了对欧美模式的崇拜。

我的第二次反思是关于究竟为什么要发展。

回国以后我在投资领域目睹了一个个上市公司的造富神话。中国改革开放 30 多年，经济发展速度之快，让我们的许多城市建设迅速赶上甚至超过了欧美，许多先富人群的生活方式对资源的浪费甚至比发达国家有过之而无不及。我们的社会几乎同时拥有了资本主义原始积累时的堕落、发达资本主义的奢靡以及后工业化时代带给人们的空虚感，然而我们却没有美国人的创新精神，也没有欧洲人的社会福利和公共保障系统。更可怕的是我们丢掉了自己的传统美德和文化自信。

所有的中国人，富裕了的以及没有富裕的中国人都在抱怨，抱怨我们的环境、医疗、食品安全、养老以及我们的社会风气；贫富差别在扩大，普通人都有无价值感、无幸福感；连社会精英也把道德感、崇高感这些人类最美好的追求当作笑柄。

在全球化浪潮之下以及互联网技术和新技术革命之后，更多的选择、诱惑纷至沓来，同时亦伴随着更大的金融危机与社会危机，譬如生产过剩与贫困并存、环境污染、暴力、恐怖和战争。

我不禁要问，这样的发展到底是为了什么？发展的目的是什么？我们内心有怎样的价值选择？我们是要不断地向外攫取还是回归我们的初心？我不禁要问，发展带来了我们需要的东西吗？好像没有。我们现在的危机不是因为匮乏，而是因为公平正义、道德良心正在遭受践踏。如果没有体现每一个人尊严与价值感的社会价值，没有把改革开放的成果让全社会共享，我们的内心何以安宁？我们的发展何以持续？我们的幸福何以实现？所以我不断地问自己，我们究竟从哪里来，要到哪里去？

100 多年前，我们的先烈为之奋斗的社会究竟是什么样的？ 60 多年前，我们究竟是为什么而建立了新中国？ 30 多年前，我们又是为什么要进行改革开放发展经济？什么才是我们想要的那个美好社会？古人曾说“大道之行天下为公”，“天下为公”是人尽其力、货尽其用、公平正义、永续发展，这是古今中外人们的共同追求，这个追求过时了吗？我们现代社会的美好追求是共建、共享、共赢的社会价值，我们追求的是国家富强、人民民主、文化昌盛，是环境生态的美好。这就是我们的社会价值，而这些不是仅仅靠经济的增长和物质财富的增长就能实现的。

为了让人民更幸福，让我们的中国向着更美好的社会改变，我们国家经历了从 1949 年开始的三个阶段，我认为这三个阶段都是十分必要的。第一个阶段，新中国的成立为我们打下了独立自主的政治基础；第二阶段，改革开放为我们打下了良好的经济基础。我们的理想远没有实现，我们必须继续努力。现在我们进入了第三个阶段，我们应该把公平和效率结合起来，回归到“以人为本”，富强、民主、文明、和谐这样一种经济、社会和环境的可持续发展的轨道上来，实现社会价值最大化才是硬道理。

带着多年来的跨界经历，追随我内心的强烈呼唤，我于2007年和一些著名企业家发起成立了友成企业家扶贫基金会，简称“友成”，英文简写为“YouChange”——新公益因友而成，心世界因你而变。友成要为推动人类社会向着一个更公平、更集约、更可持续的发展目标而努力，成为社会价值的倡导者、社会创新的孵化者和跨界合作平台的搭建者。八年来，我们用2.09亿元自主研发、创立或支持了11个平台型项目（包括扶贫志愿者行动计划、小鹰计划、常青义教、创业咖啡、社创之星、新公益学院、“路人甲”、社会价值投资联盟、《社创客》等），支持各类创新型的社会组织和社会企业161个，受益人群遍布全国21个省市和农村地区。

经过八年的探索，友成和新公益伙伴更加充满信心地前进在社会创新的大路上。

2015-07-17

老兵怀表记

李钰炜　生机构建公共艺术设计（武汉）有限公司副总经理、总工程师

我 16 岁出国，直到 2014 年回国，竟然全然不知抗战过程中也有国军的参与。仿佛一夜之间，各种信息忽地冲到眼前，我才发现原来这场总共历时 14 年的战争里，竟有 22 场会战，1000 多次重大战役。于是知道了史迪威、于是知道了滇缅公路、于是知道了许多曾经的抗战英雄就地解散拒绝内战，也知道后来由于历史原因他们所受的待遇；开始了解到这些民族的脊梁在一次次的运动中，妻离子散、家破人亡；开始知道在这个一杯咖啡要 40 块钱的时代，一些老兵一个月只有 56 块左右的补助金……越是感到自己的无知，越发现原来不少知识就在身边，只是被心里一些根深蒂固的观念蒙上了双眼。

2014 年底，我受到“关爱抗战老兵公益基金”发起人应宪先生的邀约，随“为老兵送冬衣”活动的队伍去探望老兵。“关爱抗战老兵公益基金”是一个由民间发起的公益组织，是唯一一个以助养参加抗日战争且每月生活费低于低保的老兵们为核心主张的公益机构。接到邀约，我感到不好空手前去，好在当时刚刚开始接手一个军表企业，便从仓库里调了几块部队退伍时发放的纪念怀表，紧急刻了字给老人家们带去。

走了一天，待到傍晚时我们来到了一位“只有”80 多岁的老兵房前，老人家曾经是一位军医，做过情报工作，会 7 种语言。志愿者们为爷爷披上了大衣，我把怀表链别在爷爷的大衣上，表揣在他前胸口袋里。这时候爷爷做出了我恐怕一辈子也忘不了的动作：只见他熟练地掏出怀表，按下开盖键，随着清脆的弹簧声，表盘在眼前一晃，他熟练地用手指压下表盖，将表放回口袋。他用赞许的口吻对我说：“做得不错！”那一瞬间，我看到的是一位老人在把玩一件他年轻时的玩物，

这是属于他们那个年代的硬通货，就像20世纪60年代的军大衣、70年代的凤凰自行车、80年代的录音机一样。

回来的路上，应宪先生告诉我，对于他们资助的绝大多数老兵来说，抗战胜利70周年庆典可能是他们最后一个十年大庆。无论如何，要给老兵们一份拿得出手的礼物。一个朦胧的想法在我脑海中慢慢酝酿成了方案：在抗战胜利70周年之际，与“关爱抗战老兵公益基金”一起开发一款怀表，作为公益产品，捐赠者自己认购一块的同时，为老兵也认购一块，所有零售利润作为特困老兵助养金。我们预测，如果项目圆满成功，可以为1500名特困老兵提供一年的生活补助。于是，以由我方提供设计并垫付所有前期费用并协助销售，“关爱抗战老兵公益基金”提供所有授权的方式，联合开发“抗战胜利七十周年纪念怀表”公益产品。

为了让设计更加贴近老兵的那个时代，我动用了私人珍藏的7块不同年代的古董怀表和5件百年以上的古董铜质、银质器皿来研究当时的工艺、钣金的弧率、怀表的厚度以及磨损的特质。我们研究了不下20种表层处理方式，经过多次磨损试验、做旧试验、腐蚀测试，最终选择黏着性最强的白金镀层。我请来了设计师好朋友“老莫”，占用了他超过300小时的时间，5次更改设计稿。

这块怀表分成4个主题，首面：五星是胜利的标志，在胜利的光环下草木生长，藤蔓上盛开14朵花象征着民族抗战走过14个年头，寓意“民族的胜利”；按下顶端开盖按键，翻盖背面亚光砂面，镌刻老兵部队番号、姓名及怀表编号，寓意“个人的牺牲”；表盘上的八角徽章是参考了十余块抗战勋章后的综合图形，八颗五星象征8年抗战，与1945年所颁的“抗战八年胜利勋章”异曲同工，寓意“国家的荣誉”；背面橄榄枝簇拥金文大篆“和平”二字，由51颗乳钉环绕，象征签署《联合国宪章》之51国，寓意“世界的和平”。我们采用真丝锦盒——老兵那个时代最华丽的包装，将怀表呈现在他们面前。

怀表整个制作过程超过200道工序，每块怀表都对应一位老兵的姓名和部队番号，分别刷新了3个工艺礼品怀表的制作精度记录。

2015 年 7 月 7 日，怀表随着湖南卫视芒果 V 基金作为礼品探访了长沙、芷江、太原、遵义等地的 70 余名老兵；8 月 16 日，随着“行走远方，知道家乡”活动在深圳越众历史影像馆小范围发布。9 月 4 日，“致敬老兵，同沐荣光”抗战公益分享会在深圳图书馆正式启动，受到各界的关注和积极参与。发布会上，我介绍说，这个公益基金具有三个特质：第一，没有一个公益项目有这么急切的需要，因为去年冬天就有 500 位老兵陨落归队；第二，没有一个公益项目有这么持久而沉重的压力，因为助养金的提供必需准时到位；第三，没有一个公益项目如此关乎中华民族的气节。所以，这是值得我们付出一切的事业。9 月 4 日当晚，怀表作为礼物被赠予前来参加阅兵的三位俄罗斯老兵（瓦西里 - 伊凡诺夫 - 格涅兹季洛夫；叶普盖尼 - 康斯坦丁洛维奇 - 奥巴索夫；尼古拉弗拉基米罗维奇 - 崔可夫）和三位中国老兵（中国远征军第五军二百师田庆平；十六军预三师九团一营三连张君国；宪兵司令部楼友水）。在刚刚闭幕的“深圳 2015 慈展会”上，关爱抗战老兵公益基金展示了大量怀表赠送老兵的图片记录资料。

这件历时近一年的项目，是我第一次不计后果、全心投入的事情，付出的是一年中一小半的工作时间以及一些资金。然而，自怀表问世后，我惊喜地看到身边的家人、朋友集体出动，声援、推广、认购。欣慰的是，越来越多的朋友们开始了解老兵的境况，关注特困抗战老兵这个群体。

比如，罗湖区地税局一位朋友在认购怀表时不解地问，为什么怀表材质是黄铜不是纯银？我告诉他，在策划初期，我们曾经专门讨论过纯银材质，但是基金会提出来，许多老兵的家人与老兵关系非常紧张，甚至发生过儿媳去抢老人卖破烂的钱的情况。如果用贵重的材质，怀表易于出售，结果可想而知。我可以听到电话那边原本平稳的声音突然激动起来，从难以置信到痛心疾首，最后变成对我们的赞扬。

北京大学建筑与景观设计学院的李迪华副院长，只在十几年前与我有一面之缘。他得知此事后，不但慷慨解囊认购了两块怀表，而且专门备注只给他寄一块，另一对怀表一起捐出，转赠老兵的后人、家属。落款处一句“微薄之力，切切”让我感叹先生的谦恭。

……

就这件公益项目，很多朋友都对我表示赞赏，于我而言，真正从事公益活动的是“关爱抗战老兵公益基金”的团队成员和全国近两万名志愿者，我只是用心地做了一次代工。

2015-10-22

一个在公益界行走的追梦农民工

刘志祥　长沙市工之友服务中心负责人

一个农民工的公益梦想

2006年，一个农民工怀揣着“心灵之约-蓝吧”工友俱乐部项目的建议书，做了人生发展方向的抉择，离职了酒店管理的高薪职位，走向了追寻公益梦想之路，走向了建设工友精神文化家园之路。

而这一走，就是一直走到现在的持续追梦之旅。心灵之约，寓意一切交流从心灵沟通开始；吧，如同书吧、网吧、酒吧、清吧、咖啡吧等等心灵放松的休闲之地；蓝，更多的寓意着蓝领工人阶层，再就是蓝色本属于梦想之色，心灵轻松的蓝天之色。这个农民工在决心追梦的时候，给自己起了个理想之名——刘明。对“明”的理解是：明天、明白、明理、明确、光明。但求自己的生活能有这样的状态，做好自己。这就是来自湖南桃源的农村伢子刘志祥。

最初1994年南下广东在工厂流水线工作时，当时的刘明没有感觉到乏味，而是对打工充满着好奇与期望。当发现流水线的工人一堆一堆的，起得很早，吃得不好，睡觉在集体宿舍，生活环境较为恶劣，模模糊糊地感觉这样工作下去总不是长久之计。后来就转到服务业，自以为工作会轻松一些，工资会高些，还会有更好的出路，说不定还有可能被哪个有实力有眼光的老板看上，就更有发展机会了。那时候，连会模仿着说广东话，也能证明自己有能力一些……但到做服务员做酒店经理的时候，理解的服务第一，顾客是上帝，眼睁睁地看着部分有钱人怎么奢华消费，看着几个服务生在笑容中等待或者接受着那些富人给予施舍一样的小费，当某个服务员在工作小小失误时就得给客人赔着笑脸，偶尔有些暴发户还会火暴三丈，更恶劣的对服务员拳脚相向，还有很多的打工小妹，若干原因选择了陪酒陪唱陪睡的生计，更是在某些变态的客人面前无任何的尊严可见……刘明思考了：难道这就是外来打工梦想群体需要面对的社会现实？

看到部分先富起来的人们，在肆意地践踏，在奢侈地消费，而默默地在底层工作的人们，却只能在工厂食堂吃着发霉的米煮出来的饭，只能下班后疲倦地拖着躯体回到宿舍，只能是因为无法去那些所谓的高档优雅的地方放松心情而凑在一起打牌赌钱，或者沉浸在电子赌博室，或者被当下的消费文化腐蚀心灵，麻木心灵，逐渐消失的劳动价值文化，却在让真正的劳动者自己看不起自己，这一切让刘明的心在痛。

社会能多一点关注这个群体吗？辛勤的劳动者还能找回自身的价值吗？外来流动人员如何与目前暂住的城市生活幸福融入？不关注，长期在现在这样极端的物质文化腐蚀的环境下，会有所谓的那些素质提升吗？会有继续成长学习的机会吗？任由这个群体的发展，对社会的迷惑不理解，对社会的冷漠，对个人发展的不择手段，对邪恶的发财之路的偏斜，对劳动价值的彻底否定，这个群体的未来在哪里……

2004 年，刘明任职的酒店发生一起打架斗殴案件。一群到广东来寻找发财梦想的四川人，因为涉黄事件和酒店里来自湖南的保安发生斗殴，结果两败俱伤，最后还成了刑事案件。为什么都是来到广东为了梦想而漂泊来此的外来人员，最后却是如此的结局？一件一件耳闻目睹的事情，让刘明做出新的抉择。

2005 年，刘明拿出了自己的三万元，在鹤山市共和镇工业园区银雨灯饰企业的附近租下了场地，买来了设备，开始以便宜收费维持俱乐部运营的模式创建了“心灵之约—蓝吧”试验店，面对广大的工友开放。心灵之约—蓝吧，工友俱乐部，给外来务工人员一个下班后健康休闲娱乐的地方，刘明开始在这个地方与工友群体一起探寻出路，探寻能改善目前打工生活现状的出路。

这时候的刘明，还不知道自己想走什么路，还只是在随着自己的心灵，琢磨着做点什么。但也就是这样的第一次对于公益梦想朦胧的追求，让刘明进入了另一个人生抉择。

五年的“草根之家”公益践行

2006 年，在经过心灵之约—蓝吧的实践过程中，刘明接触到了更多的社会组织关注农民工群体的相关事件。同时也通过网络发现了有相同梦想的人。“民工网”的张亚军老师，“新农门网”的肖克文老师，打工青年艺术团的孙恒老师，都在指引着一条走向关注农民工群体的路。但在此时，一个叫“草根之家”的网站，一个叫徐文财的普通农民工，更吸引了刘明的注意。因为在此时此刻，唯有“草根之家”喊出了一个关键的词语：我们。我们农民工的自助互助，自强不息精神，共同的家园，共同的梦想。

2006 年底，通过与徐文财的网上交流，相同的声音很多，但也发现一个问题，那就是相互之间，好像都在各自为了这样的梦想而奋斗。2007 年，在这一年，刘明做出了果断的抉择，毅然辞掉了高薪酒店管理职位，离开了奋斗 10 多年的广东，直奔杭州。刘明的目标很明确：把有相同梦想的两个出发点接合，在杭州，聚集共同力量，做好“草根之家”。

经过草根团队四年时间的努力，“草根之家”已打造成为全国具有影响力的品牌公益机构，并塑造出独具特色的发展历程文化，为促进整个农民工群体生存现状改善起到了一定的推动作用。

与此同时，刘明也受到了各界的关注，获得了社会给予的各种荣誉：2010 年，刘明受聘为浙江省首家工会新杭州人志愿者服务站事务管理志愿者，年底被评为“杭州市江干区十佳优秀志愿者”；同年成为共青团湖南省驻浙江团工委首批委员并任职宣传部长；2011 年，刘明多年公益之路得到湖南省政府的肯定，被评为“湖南十大杰出青年农民工”，并得到时任湖南省委书记周强的亲切接见；2012 年被评选为湖南省学雷锋优秀志愿者，被共青团中央评为全国优秀青年志愿者；2014

年，在第七届中国城市化国际峰会上，中国国际城市化发展战略研究委员会将刘明评为“中国城市化优秀农民工”。

创建“长沙工之友家园”

2011 年，在时任湖南省委书记周强接见时，周强书记提出，全社会需要帮助农民工群体更好更快地融入城市社会，并努力解决他们在工作生活中遇到的困难和问题，积极营造全社会尊重、关爱农民工的良好氛围。而“丰富青年农民工的精神文化生活，构建青年农民工情感交流的家园”这句话也更明确了刘明返回家乡长沙继续公益梦想追求的方向。

2011 年 9 月，在做好杭州“草根之家”相关工作交接后，通过对长沙市外来人员密集区域社区的走访调研，刘明毅然选择了回到湖南开创公益追梦事业，组建长沙工友精神文化家园。10 月，刘明用自己的两万元奖金，在长沙星沙工业园附近的泉塘社区租下场地，按照之前在杭州的工作手法，开始了草根之家长沙区的“长沙工之友家园”组建实践。

起初的爱心助力是必不可少的。红网爱心家园、仁乐义工、湖南公益联盟、湖南商学院青年志愿者协会、中南林业科技大学三农学会、湖南大学读者学会等大学生社团和志愿组织成为最初给予志愿支持的力量。而左邻右舍来自不同地方的外来务工创业人员也都加入到了支持工之友家园建设的爱心行动中。

此外，在工之友家园发展初期，“长沙工之友家园”还得到了许多资金方面的支持。在浏阳志愿者队伍结缘的张好记，不但自己支持家园初期的房租费用，还将刘明安排在自己公司做兼职，解决了刘明个人的生活问题。杭州“草根之家”的团队伙伴也纷纷支持。

就这样，在“长沙工之友家园”，互助交流平台逐渐在泉塘社区建立起来。到 2013 年为止，“长沙市工之友服务中心”正式成为湖南省首家源于工友自发创建的公益机构，长沙市社会组织孵化基地首批扶持机构，长沙市民政局首批直接登记社会组织，长沙市文明办 2013 年优秀志愿服务组织。刘明持续两年的努力行动，再次有力地注入到了长沙这座城市的公益天地。

关注弱势群体，提升城市归属感

“长沙工之友家园”建立至今，在关注工友的同时，农民工子女、流动妇女等弱势群体也成为“长沙工之友家园”关注的对象。

柳彪，浏阳市永安镇人，13 岁。父亲重病于 2012 年离开人世。后来，母亲带着柳彪来到星沙泉塘谋生。因为家庭变故，母亲患上了抑郁症，此外还患有甲状腺肿瘤 10 多年，做过两次大手术，花费不少。得知柳彪的情况后，工之友的老师和志愿者主动帮助他，教他画画、唱歌，辅导他完成家庭作业……柳彪不仅在工之友学到了很多东西，学习成绩也有很大进步，并且在工之友家园，他感受到了这里叔叔阿姨发自内心的热情和关心。为了解决母子二人没有生活来源的问题，工之友的领导和义工还从四面八方筹集爱心款，一年多时间总共筹集近 4 万元。这让柳彪的学费、母亲的药费等等有了着落。

由于柳彪的母亲患有精神抑郁症，她最担心的是，柳彪的学业是否能继续，若她不在人世，柳彪怎么读书，怎么成长？得知这个情况后，工之友的志愿者不定期去给她做思想工作，安慰她，开导她。现在，柳彪母亲情绪稳定了下来。她不仅能种菜满足自己的生活需要，有时还能将多余的菜拿到菜场卖。工之友的志愿者纷纷前去购买，还发动周围的人去买，共同帮助这个困难的家庭。在工之友志愿者的爱心帮助下，柳彪母亲变得开朗起来，还经常来工之友陪着柳彪学习、唱歌、画画……

这样的事情在“长沙工之友家园”还有很多很多。2013 年，为了让更多人关注到流动妈妈这个群体，由“工之友家园”拍摄的《我是流妈》微电影迅速蹿红，引起社会广泛的关注。在农民工子女帮扶上，通过对接基金会谈项目合作，建立了儿童图书室，收集儿童专业书籍 3000 余册，举办主题志愿服务活动 20 余次；

给需要资助的孩子做课后补习，开展夏令营活动等。2013 年，“长沙工之友家园”开展各类爱心活动 12 次。

当城市中大多数人都在享受着温暖、幸福的同时，我们不应该忘记那些生活依然困苦的弱势群体，我们想让更多工友感受到社会的温暖，提升他们在城市生活的归属感和认同感。现在固定的志愿者已有 50 多人，越来越多的人参与其中，将更好地为工友群体服务。

2014-08-06

骑进大浪，拥抱活力

——我和自行车有关的公益之路

范志明　好人好事 TFC & 好青年 KIDO 机构创办人、
中国国际城市化发展战略研究委员会委员

在我很小的时候就有一个梦想：拥有一辆属于自己的自行车，驰骋天地间。每天看着身边的大人们骑着自行车自如地穿梭在城市之间，我总是由衷地向往。那时候，中国还是一个自行车大国，人们普遍以自行车作为代步工具，但我知道一辆自行车并不便宜。后来，我终于有了一辆属于自己的永久牌自行车，而当时的我并没有意识到一辆自行车能带我走多远，也不知道经过这些年自行车能和我以及我所在的这所城市发生这么多的关系。

经过这些年，不断地成长，也不断地转换身份，不变的是我对自行车运动的热爱。在商业领域取得了一点点小成绩之后，我开始反思人在社会中的作用，他应该承担怎样的社会责任，以及最终走向哪里。带着这些思考和困惑，在 2007 年，辞去了公司职务的我骑自行车在法国环绕了一圈，大概用了 30 天，3000 公里，当时我并不会讲法语，但在那样一个过程中，我并没有遇到任何障碍，反而得到了很多当地人的帮助，就连露宿街头都不用担心任何安全问题。这个体验对我来说是非常深刻而难忘的。我回国以后请教过一些老师，他们告诉我这是一个社会发展到一定程度需要构建的社会资本。

在这位老师的启发下，在家人的支持下，我决心投身公益事业，并于 2007 年创办了好人好事公益服务中心（以下简称好人好事 TFC），希望结合我在商业领域的经验，以社会组织的力量，以公益教育的方式，达到“成教育之美，升国民素质，厚社会资本”的目的，推动社会的发展。当我跟我在万科的老板王石先生说“以后我将退出商业界，全身心投入到公益教育事业”的时候，他非常支持我的决定，还说公益行业在很多发达国家已经是一个很重要的产业。这无疑给了我很大的鼓舞。

2010 年，我们在广东省河源市和平县开展公益项目的时候，结识了一个长期受地中海贫血症困扰的家庭。这个家庭中年龄不到 10 岁的孩子涛涛（化名）患了地中海贫血症，每个月都要定期去医院输血。高额的医疗费用给这个本来就不富裕的家庭造成了极大的困难。得知这个情况之后，我决定一个月内放弃开车，选择骑自行车上下班，把省下来的油费和交通费捐给孩子做医疗费用。同时，在 2011 年，我还发起了“为爱而行”的微公益活动，和媒体界以及公益界的朋友一起从深圳骑车到河源市去看望这个家庭，在给予他们一些资金支持的同时，也呼吁社会关注这个孩子和家庭。但这终究不是长久之计，于是我便指导涛涛的父亲黄繁铭借鉴香港慈善商店的做法，在当地开设慈善商店，把各地爱心人士捐赠的物资义卖，所得收入用来支持整个和平县受地中海贫血症困扰的家庭。如今，两年多的时间过去了，不仅慈善商店运营正常，而且在黄繁铭的带领下，成立了当地第一个志愿者服务队，这其中的骨干成员大多是地中海贫血症家庭的家长，他们一方面在当地负责宣传地中海贫血症的预防知识，倡导婚前检查，另一方面也定期举行一些义工服务活动，包括清扫街道、教学《弟子规》、看望孤寡老人等。2012 年末，黄繁铭还应邀前往北京，在第六届中国城市化国际峰会中分享他的案例。2013 年初，他们成功申请到广东省妇女联合会和李嘉诚基金会 5 万元的项目费用，在和平县开展一系列的公益活动。如今的黄繁铭，已经从一个被动接受帮助的父亲成长成了一个能够主动奉献社会、推动社会进步的好人。这是我将自行车运动爱好与公益结合的一个成功案例，它让我发现了人身上的无限潜能，也更坚定了我的公益之路。

2013 年 4 月，我和几个朋友参加“铁马家庭”——台湾一家很好的环岛骑行俱乐部，花了10天左右的时间骑车环绕台湾岛。在这个过程中，“铁马家庭”优质的服务和它时刻渗入其中的教育实践，给了我一次很好的学习机会。短短10天左右的时间给我带来的震撼和思考，并不亚于当年骑行法国的经历。因为“铁马家庭”在指导我们70多人骑行的时候，处处都融入路权、环保、团队、纪律、责任、“处处为他人着想”等等教育，他们也时刻把他们对台湾的热爱呈现在每一个细节上。举个例子，当大家都骑累了在路边休息的时候，他们就默默地在海边捡垃圾。这场由“铁马家庭”主导的环岛旅行，让我看到了一辆自行车在提升人的综合素质、培养人类的归宿感和责任感、推动城市有序运行等方面发挥的巨大作用。回到深圳后，我在一直思考能不能把“铁马家庭”一些好的理念和做法引入到内地来。正好这时好人好事TFC和大浪政府在运作一个叫“青年梦中心”的项目。

大浪位于深圳龙华新区，原先是一个新兴工业区，在仅15平方公里的建成区里容纳了50万的外来青工在这里工作、居住、生活。他们大部分是来自祖国各地18—30岁的青年工作者，在为深圳城市建设和发展默默做出贡献的同时，却往往面临着工作时间长、收入低、工作不稳定等问题。生活艰辛、家庭矛盾、子女教育、身份歧视等问题严重地困扰这些流动的建设者们，他们在辛勤付出的同时，也在积极地融入城市。他们有强烈需求，希望能在工作之余通过学习提升自己，从而改善自己和家人的生活状况。但现有的社会资源并没有很好的覆盖到这部分人群的需求，他们中只有极少数一部分人可以享受到改革开放的红利，而无法获取能帮助他们提高发展能力的知识储备和实践技能。

正是在这个背景下，“青年梦中心”项目应运而生，那是一个富含活力的公共空间。它由香港大学建筑系教授朱涛老师团队设计，朱涛老师的设计把整个封闭的空间完全打通，使它从原来酷似监狱的宿舍被划分成紧密联系的若干板块：文体中心王艳霞的图书馆、青春家园、公益联盟、大浪大学堂、公众剧场、法律超市等。图书馆将承担青工阅读、学习、休闲、文化、获取资讯等功能；青春家园将承担计生服务、法律咨询等政府服务性质的项目；公益联盟将打造成大浪内外各公益组织联合办公的区域，起到资源共享、相互协作的作用；大浪大学堂区域将会有一系列惠及青工的公益课程、培训和讲座。公众剧场将会有一系列青工自发组织的文化娱乐类节目上演……我们希望整个“青年梦中心”能让更多的年轻人有机会站到一个地方向世界去宣讲他的梦想……

而恰在此时，我得知大浪文体中心去年也和当地的自行车俱乐部一起举办过一场自行车比赛，但群众的参与度并不是很高。大浪街道办希望这次能举办一个更有时效性、更有广泛意义的自行车活动，不只限于比赛形式。于是，我邀请了和我一起参与台湾环岛骑行的香港青年钟卓宏，和大浪文体中心一起策划了“自行车活力周”项目，希望通过一系列和自行车相关的活动，释放大浪青工的活力，提升青工素质，展现“生态大浪、活力大浪、时尚大浪”的理念，让更多的人关注大浪、深入大浪、热爱大浪，同时推动城市的合理规划，促进城市化进程的良性发展。

在自行车活力周中，我们一共开展了8个项目。“悦骑天下影像展”，在一些公共广场播放与自行车运动视频和纪录片，提升大浪青工对自行车的兴趣，扩展青工们的视野。“自行车乐聚大浪”，邀请各个自行车俱乐部一起，为大浪青工开展一系列教学课程、自行车的维护保养教程、花式自行车表演以及一些简单、初级的自行车活动，旨在引起当地青工小伙伴们对自行车的兴趣，普及自行车运动，让所有会骑、不会骑自行车的人都能参与其中。“夜骑大浪”，组织大浪青工以夜骑的方式，从另一个侧面了解大浪、深入大浪，增强他们对大浪的归属感。“悦骑天下分享会”，邀请数名有自行车旅行经验的嘉宾来跟大家分享他们的自行车旅行经验，希望能拓宽大浪青工们的视野，共同体验、憧憬自行车创造的无限可能。在这场分享会上，我也以“一辆自行车能带你走多远”为题，分享了我的环法旅行、台湾环岛之行以及自行车运动和我从事公益事业的关系，并启发年轻人要带着梦想前行。“青工带你游大浪”，这场活动首先在大浪区内设置多个租借自行车的点，并由熟悉大浪和自行车运动的大浪青工带领大浪之友，用自行车骑行的方式在大浪游览，了解、体验大浪的文化古迹、工商业发展、社会人文……“自行车环保文化展”，在一些公共广场，开展与自行车环保主题相关的路演和宣传，鼓励大浪市民和青工爱护环境，并用拾矿泉水瓶换取纪念品的方式，达到净化环境的效果。

“城市规划论坛”，邀请包括欧盟、大浪政府、企业、城市化规划专家、社会组织等在内的国内外官、商、学、民四方力量，开展论坛，共同关注大浪、了解大浪青工文化与城镇化进程的关系，结合发达国家的经验和各方的力量，为大浪城市化过程中呈现的问题提供指导。“‘时尚骑士’自行车大赛”在大浪服装基地举办。和往届大赛不同的是，我们将大赛分为专业组、普通组和团体组等组别，旨在让普通的市民也能参与进来，甚至以家庭的形式参与其中，希望以此推动全民骑车的热潮。

整个自行车活力周结束后，我们收获到一系列的成果。

（一）辐射人群数量大：项目参与人员层面广阔，外来人员、本地居民、义工总计达 3100 人，令当地居民能感受到自行车文化，开阔视野。

（二）项目内容多样：不同形式的项目内容，由一个单纯的文体项目，升级成各方人士都能参与，从中感受不同的自行车文化。

（三）官商民合作模式的试行：项目成功令大浪区内官商民达成合作，为大浪企业提供宣传推广机会，促进三方合作关系。

（四）志愿者的培训与实践：项目中多个项目需要由志愿者充当领队、讲解员角色，在培训服务过程中，志愿者获得了提升、学习的机会，也增加了对大浪的归属感。

（五）城市规划的讨论：项目中成功带领各方人士参与城市化规划论坛，官、商、民、学四方参与，都提出不同意见，引起了对于城市规划的讨论气氛，并确定未来的建设需各方力量才能完善，以此邀请各团体机构共同参与大浪的建设，共建一个真正的城市。

最近，美国国家公共电台（NPR）公布了一组调查结果。数据显示，2012 年，欧洲至少 23 个国家自行车销量超过了汽车销量。这说明在发达国家，汽车已经不再是地位或金钱的象征，而环保的自行车出行将成为一种时尚和潮流。这些变化无疑在提示我们：一场新的和能源危机、气候变化、低碳生活、素质提升等关键词紧密联系在一起的社会变革正在悄悄发生。

大浪、深圳乃至全国，在城市化的过程中，如何和社会变革、世界潮流紧密联系在一起，完成一场关乎国运民生的裂变？一辆自行车到底能带领一个人走向哪里，带领一个城市甚至一个国家走向哪里？我们希望在大浪开展的自行车活力周能够充分释放大浪青工们的活力，并依靠社会组织的力量，借助这份凝聚正能量的活力，推动城市的文明进程。

2014-06-16

我的公益之路

王梅燕　北京大学景观设计学院学生

以前总以为做公益是有钱人才能做的事，而我没钱没势，没有做公益的资本，到了深圳才明白，我所理解的公益太狭隘了，每个人都可以参与到公益事业中，公益与金钱无关。深圳有句口号：来了就是深圳人，来了就做志愿者。在深圳的半年，我对 NGO 有了一定了解，借助在综合开发研究院实习的机会，接触了好人好事公益组织，用自己的方式开始做公益。

初次接触公益项目

跟好人好事公益组织的相识是很戏剧化的。有一次跟李津逵老师调研途中，他问我，我们这个专业有没有出国考察学习的机会，我说有，九月份要去丹麦哥本哈根考察学习，但是我没报名。他问为什么，我说我们出国是自费，家里条件不好，所以没报名。他接着询问了我的家庭情况，我简单说了一下。原以为这事不了了之了，没想到李老师放在心里了。两天之后的一个晚上，李老师给我打电话说，帮我联系了一个公益组织，向他们介绍了我的情况，他们有意向资助我，叫我第二天去见见他们的创办人——好人好事公益组织的范志明先生。

第二天我去见了范老师，我们简单聊了会儿，他问我，你知道公益跟慈善的区别吗？我说好像都是帮助人。他笑了，说二者的区别是，慈善机构是你需要什么他们就给你什么，但是公益组织不一样，作为公益组织的创办人，我希望每一笔钱都花得有意义。他说："我给你两个选择，我可以直接给你 15000 元（当时去哥本哈根的预算是 12000—15000 元）。第二种是你帮我们做个项目，我们作为报酬给你。"我说我选择第二种。毕竟，白拿钱总不踏实，正好当时跟着李老师在深圳大浪做青工第三个八小时的课题研究，结识了很多年轻打工者，了解到他们中有很多人家庭条件不好，没读什么书就到深圳打工，做一线普工，工资不高，还从工资中挤出一部分钱去培训学校参加技能培训（英语、会计、美容美发、大专文凭……）。由于我也来自农村，家里条件也不好，特别能了解他们的心情，我就将这个情况跟范老师说了，他说正好他们一直在策划“进步银行”项目，但是没有找到合适的机会落实，就借这个机会把项目落实。“进步银行”是参考格莱美银行（Grameen Bank）和为美国而教（Teach for America）模式结合产生的社会建设型项目，为帮助当代青年锻炼青年领导力、提升能力建设、培养社会责任感等方面提供了有效的服务。

于是我开始写项目策划书、宣传册（针对申请人和捐款人）、贷款合同（申请者）、捐款协议，这件事对我来说挺有挑战的，从策划书、合同、资助者初步筛选都是我自己负责，还要给青工讲如何有效学习。不过，在这个过程中，我自己学到了很多，也结识了很多朋友，范老师及他的团队也都给了我很多的帮助，尽管在写策划书及筹款过程中碰到了难题，但最后总算都解决了。

筹款经过

由于我到深圳不久，人生地不熟，为这个项目筹款就有了一定难度。范老师知道后，给我联系了三位跟他们打交道较多的人，让我去介绍项目，顺便筹款。陈红女士就是其中的一位。

见陈红女士之前，我很紧张，虽然我知道范老师已经打过招呼，应该没问题，但是我要向她介绍这件事情，之前谈的两位老师都有同事陪着一起去，我基本不说话，这次是我独自面对，并且我从没见过她，不知道她到底是一个怎样的人，所以，心里忐忑不安。

那天，我提前半小时到达约定的地方，由于紧张，等待也是件不安的事。我一遍遍在心里考虑该如何开口、如何介绍项目。七点钟，陈红老师准时到达。她给我的第一印象很好，感觉是个很 Nice、很温和的人，短发加一身得体的休闲装，让人觉得很亲切。我这才发现之前的种种担忧都是多余的。

由于陈红老师刚出差回来，还没吃晚饭，碰面的地方正好有个大型超市，我们就去超市买了两份快餐，边吃边聊。当我开口要向她介绍项目时，她说："不急，先吃饭。"吃饭过程中，陈红老师问我现在的学习和生活情况，我向她介绍了我的求学经历，我说在人生很关键的时刻，我总会碰到贵人。她问我："你觉得这些人为什么愿意帮助你？你身上有什么特质吸引他们？"我说我也不知道。她笑了，说一定要明白你的优势是什么，特质是什么，并保持下去。她还问我毕业后有什么打算，我说先工作，早点工作可以减轻家庭负担，同时我也表达了自己对于未来找工作的困惑，并问她公司招人最看重应聘者的什么能力。陈红老师说每个公司不一样，但态度很重要，年轻人一定要有好奇心，敢做敢想。针对我的困惑，她说："这个社会有很多面，前辈给的忠告要有所取舍地去听，要有自己的判断，最好有一个明确的人生规划。"她还给我讲了为什么做公益："人到一定阶段后，物质方面没什么可求，想提高一下精神层面的东西。认识范老师（好人好事公益组织发起人）是在工作中，后来范老师一门心思做公益，我也加入这个行列。范老师有好的项目都会告诉我，我会根据情况捐些钱。做公益让我觉得很幸福，能获得正能量，觉得生活除了挣钱还有其他事情可做。"

饭吃得差不多的时候，陈红老师说："我们说说项目吧。"我就把之前写好的策划书拿给她看并简要介绍了这个项目的来源、目的。听后，她问我："你希望我给这个项目捐多少钱？"我说："我来的目的就是告诉您有这个项目，具体捐多少，范总已经跟您协商好了。"陈红老师说："不是的，范老师电话只跟我说，会有人具体给我介绍讲这个项目。所以，你可以想想，需要我捐多少钱。你想一下，我去趟洗手间。"陈红老师离开后，我一边等她，一边想该怎么说。想到刚刚跟她聊天的时候，她提到做公益会获得正能量、有幸福感，我大概知道怎么说了。等陈老师回来后，我说："最后捐多少钱，决定权在您。您刚刚说，做公益可以让您获得正能量、有幸福感，我想这个正能量的多少和幸福感的强弱跟您捐的钱有一定关系。您捐得多，帮助的人就多，获得的正能量就会多，幸福感也会强。”听后，陈老师笑了，她说：“钱我一定会捐。但是，捐3000元还是5000元，我还要再想想。”我说：“那您决定后，就直接把钱汇到好人好事的银行账号。”陈红老师说：“可以，没问题。”整个筹款过程一个半小时左右，但是真正涉及筹款的时间不到半小时。

回家的路上，我给好人好事负责该项目的干事通电话，汇报了我和陈红老师谈的结果。三天之后，负责该项目的干事告诉我，陈红老师捐了5000元，还表扬了我，说我很真诚。对于陈红老师捐5000元，我是有点意外的，一方面我觉得自己也没做什么，另外我觉得陈红老师可能是看在范老师的面子象征性地捐款，最多捐3000元，没想到她捐了5000元！

这次筹款经历让我收获颇多，就像陈红老师说的：有时候我们是被自己设定的条条框框束缚了，还没踏入社会就被那些已经在社会活了很多年的人的“经验”套住了，所以，我们做事情总是畏首畏尾。

总结一下这次筹款给我的感受：首先，当觉得某件事有意义时就要勇敢地去做，要有信心，要肯定自己做的事情；与别人交流的过程中，真心，就会打动对方；真诚不是卑微，向别人筹款不是乞讨，要把项目的意义以及捐款人做这件事能够得到的回报表达清楚，剩下的就看对方了。

我的人生经历

想想我的整个求学过程，得到过很多人的帮助。初中班主任曾跟我说，我身上有一种特质，使得别人愿意跟我亲近。我一直不明白自己的特质是什么，不过，这种不知道的特质确实帮了我不少忙。

上高中的时候，因为家里穷，交不起学费，班主任不仅帮我交学费，还负担了我的生活费，那时候我只是觉得是因为我学习努力，成绩好，而且听话。

上大学的时候，由于有奖学金（当然学费是贷款），生活费是够用了，但自己会利用业余时间做家教挣点钱，遇到的家长对我都很好。

读研究生一年级的时候，一次师兄跟我说，土人景观研修班需要助教，问我愿不愿意去。他说，可能没有报酬，但是可以免费听课，外面报这个班学费好几千，你借当助教的机会可以听课，还可以免费去考察项目。我说，好啊，我不在乎报酬，只要能学到东西就行。当时需要两个人，室友听说没报酬都不愿意去。后来，我找了一个同班的、跟我想法一样的男生。当助教的过程中，我们全程参与，每天跟着上课，帮忙录音、拍照以便后期写新闻，还去了秦皇岛考察导师做的项目。

在秦皇岛住宿时，我跟其中一个学员分到了一起。之前我们没什么交流。那天晚上，互相介绍了各自的情况后，我们聊起天来。她给我讲她的家庭、事业、生活，询问我的情况。第二天考察完，课程就结束了。分别时，她说，想考北大的在职研究生，我说有什么需要帮忙的可以找我。一星期之后，她给我发了一条短信，说和我聊天觉得我是个很善良、有孝心、很努力的孩子，相信我以后会有出息，想资助我读书。她说，因为自己以前也过过苦日子，读书那会儿做过很多兼职，但是她觉得学生还是应该把精力放在学习上，尤其对我来说，考上北大不容易，三年时间也不长，不要被生活所累。

刚开始，我婉言谢绝了她的好意，毕竟以前没有碰到过这种事情，怎么能接受别人的资助呢？她可能察觉到我的担忧，劝说我不要有任何负担，只是纯粹的帮助而已。她还说："如果不放心，可以把我的电话给你父母，我跟他们说，或者向老师了解下我。"面对她的坦诚以及家里一些事、弟弟上大学要钱，学校宿舍费也着急要交，我接受了。这让我想起当助教时，有位老师跟我开玩笑说，说不定你会碰到贵人哦！我想，这位想资助我读书的人应该就是我的贵人吧！

在当助教的过程中，因为表现好，土人景观的老师说我做事靠谱，事后送了几本景观设计学杂志（市场价 48 元 / 本）和一些本子。在那之后，有什么需要帮忙的，她都会找我。2011 年 5 月份，有一个去法国考察的项目，她跟我说，希望从专业的角度对他们要参观的项目做个简要介绍和评价，相当于一本小读物。这确实花了我不少时间，因为他们参观项目里面包括建筑等许多内容，我对建筑不是很了解，对法国的景观也不了解，需要查阅很多资料。当时有同学说，不给钱，随便弄弄就行了。我想，既然答应了人家，就要认真去做，毕竟在做的过程中自己也能学到很多东西。事后，老师给了我 1000 元作为报酬，那算是我读研挣到的第一笔资金。我开始不要，但老师坚持让我拿着。后来，这位老师还特地给我打电话，告诉我他们领导对我做的册子很满意，去考察的人员对它的反响也很好，她还给我带了礼物。由于我当时在深圳，只能回北京再说了。付出的努力得到了肯定，我高兴极了，我觉得这是最大的回报。

去年暑假去深圳也是很偶然。当时李津逵老师在信阳接了个项目，需要找两个同学帮忙，当时正好需要找个单位实习，我就报名了。后来，师兄听说我要去李老师的所里实习，说李老师是个特别博学、有魅力、很 Nice 的一个人，跟着他好好学吧。果不其然，李老师给我的印象是：精力充沛，很祥和，口才很好，主持能力很强。回想在深圳实习的这半年，在李老师的指导下，不论是知识方面，还是社会经历方面，都收获很大。

我一直觉得自己很傻，也许真是傻人有傻福吧，感谢所有帮助过我的人！

2013-10-29

为梦想，破茧成蝶

——记录我在深圳的成长与蜕变

陈梦鸽　好人好事公益教育发展中心项目官员、
公益联盟负责人、志愿者服务站负责人

小时候，总是幻想着，自己有一天会成为一个特别了不起的英雄，比如一个警察，比如一个律师，仗着我那坚忍不拔的毅力和略带天赋的语言能力，给了自己特别大的希望；慢慢长大，我想做一名老师，每次给弟弟讲课的时候觉得老师是一件特别光荣了不起的事情；再后来初中毕业，因为没有考上重点中学，我放弃高中，走上了中专学校，觉得自己有一天成为一个女强人也不错……就这样带着我的幻想也好梦想也罢，开始了我人生的行程。

2011 年 4 月 8 日，我第一次离开我的故乡河南驻马店，跟随学校毕业的大队伍来到了深圳大浪的一家日企工作。在我以前的认知里，并不懂得什么叫流水线，什么叫车间，对我而言，我的工作就是为了养活我自己，独立生活，更好地了解社会，有一天成为一个了不起的人。所以我创造梦想的第一步，就是从流水线开始……

2011 年 4 月份，大地震刚刚结束，对于我们这家依靠外企为客户群的工厂来说，这场地震无疑削弱了我们的订单，也为我们创造了充足的双休时间，也就是在这段无聊到逛街都看不到新鲜事物的时候，我因同事结缘了小草义工队，开始了我的志愿者生涯。刚加入的初期，我是非常满足并且快乐的，结识到一个全新的交际圈，并且可以让我去发展自己的特长。关于特长，不得不提起，中专时期，我专业知识基本一塌糊涂，却在各大社团风生水起，广播站、话剧社、运动会、校园晚会等等，可是这一年的工厂工作，埋没了我所有的才华。而小草，给了我绽放自己的舞台，也是这个时候，我第一次学习手语，并且在一个月的时间成为小草义工队广场活动中心的领舞人之一，也是在这个时候，发生了一件改变我一生的事情一。

2011 年 6 月 2 日，我的爸爸，在我回家休假的某天早上，再也没有醒来……一瞬间，我的世界崩溃了，爸爸是我这辈子最爱的人，我曾经发誓一定要让爸爸过上好日子，可是就在我刚刚踏入社会起步的时候，他消失在我的世界。没有等到我的十八岁，没有亲手为我披上婚纱，没有等到让他为我骄傲，没有看到女儿实现誓言，甚至没有亲耳听到女儿告诉他，我有多爱他……他就这样从我的身边离开了，再也没有机会让女儿为他尽孝。我一度觉得自己在做梦，仿佛梦醒了，睁开眼睛，爸爸还在。可是事实是我不仅失去了爸爸，还要撑起一个家，几次昏厥的妈妈，未长大的弟弟，我第一次知道自己身上背着一个家的责任，第一次知道即使你脆弱到下一秒就会倒下，这一秒也必须坚强到哪怕天塌下来也要屹立不倒。从爸爸去世到入土，前后经历了八天，这八天，每天只吃一个馒头，一碗粥，有时候咽不下去就偷偷吐掉；每天只睡两个小时，为爸爸守夜，我终于还是撑下来了。有时候我常常觉得人的意志力是足以战胜一切困难的，所以我才可以在自己没有退路的时候创造巨大的可能性。

我开始意识到，我的存在究竟为了什么？我追求的梦想到底是什么？在我还没有找到答案，在我的爸爸刚过了头七的时候，我就一个人踏上了返深的行程。终于，我不再强颜欢笑，如果说在家不能哭是为了不让家人倒下，那么在深圳，我就可以把我所有的苦和泪统统发泄出来。所以我常常一个人抱着爸爸的照片，哭着睡着，梦中惊醒。我也同样明白，自己必须努力，更加坚强！我开始过自己奇葩的一段时间：一个人打手语歌，打到自己泪流满面；聊天聊到一半，就突然开始发呆；凌晨 4 点去登羊台山，看破土而出的第一丝曙光……终于，我给了自己巨大的力量，让自己下定决心，放弃一切现有的安逸生活开始改变！

这时候又有一件事让我彻底明白什么叫"福无双至，祸不单行"。2011年12月，在我回到老家的第三天，我在妈妈的面前被一辆大卡车撞到，生死一瞬间，我听到妈妈疯子般的叫骂，模糊看到妈妈绝望的泪水，我算是彻底找到答案。如果说我还有任何梦想的话，这个梦想不是挣多少钱，而是保护这个破碎的家，有一天能让所有认识我的人感谢我的妈妈，让妈妈骄傲地告诉所有人，陈梦鸽是她的女儿，是她最值得骄傲的女儿！

我开始相信轮回，相信积福报，在小草义工队，我参与交通劝导、敬老院、U站服务、广场服务等，组织策划暑期少儿宝贝秀，手语舞教学等，主持一系列大小活动，参与各类舞台表演，最后创办缘梦聚乐班手语舞队，开展各类手语教学和公益汇演。从一个前台小妹到董事长秘书，再在一个偶然的机会结识好人好事公益服务中心（以下简称好人好事我的城市化 Urbanizationandme TFC），开始全职公益人的生涯，我一直都没有后悔过我的选择。公益到底是什么，我很荣幸，我到了一个特别的机构，给了我特别的答案：公益不是服务，是教育！

我开始去学习项目策划、项目管理、项目运营、公共关系、团队领导等等一切所能接触到的社会管理。我很自豪，从一个志愿者到今天的大浪青年梦中心公益联盟和志愿者服务站的负责人，我一直都很快乐，在经历别人一生都不愿经历的事情的同时，命运赋予了我巨大的财富，让我跟最优秀的老师、最明确方向的团队、最积极向上的伙伴们在一起，我在用命运给我的金矿创造我最大的价值。从一个手语舞学员，到创建手语舞队《缘梦聚乐班》，我的身边有着像家人一样的伙伴，支持我的成长，永远站在我的背后成为我最坚实的后盾，给了我一个最温暖的港湾；而我也同时带领他们在教授手语舞的同时，参与青工带你游大浪的志愿服务，带动身边更多人加入志愿者行列，为社会贡献自己的力量。

从一名普通志愿者，到创建三个志愿者学习小组，培养出好几个运作社会公益项目的志愿者，支持他们的成长，让他们有一个意识去实现自己的价值，提升自己的综合能力，带动身边更多人的成长。引导他们知道，社会不缺钱，缺的是会用钱创造最大价值的人。看到他们台前台后快乐地付出着，看到有人因为我而产生巨大的改变，更加坚定我继续公益事业的决心。

在好人好事的一年里，我们 4 人工作团队组织大小活动 267 场，辐射人数 8860 余人次，累计时长 1071 小时，发展近 200 名青年榜样参与社会建设，服务社会。我一直牢记我们总干事范志明老师说：从心出发，做自己能做的事，我们做的不是服务，而是教育！我也一直在跟着自己的心走，实现自己的价值最大化。李津逵老师告诉我，我生活在一片丰厚的富矿中，在这个激荡的时代里命运给了我大起大落，大悲大喜，让我俯仰向背地感受人生，这是命运对我的格外垂爱。是的，我相信，我珍惜我生命中每一段经历，不管是喜是悲，我都把它当成我人生巨大的财富。我也相信，我今天失去的都将在未来以另外一种形式还给我，至于什么时候还回来，那是未来的事情，我期待着……

现在我可以很骄傲地告诉全世界，我很快乐，很自豪，做着自己喜欢并且对社会有价值的事情，去帮助大浪乃至深圳像我一样的青年提供成长的平台，可以看到不断有人因为我或者我们而改变，在城市化进程中做出自己或大或小的贡献。我相信：现在我已经是妈妈的骄傲，而总有一天所有认识我的人都会感谢我的妈妈，感谢二十年前的夏天妈妈九死一生给了我全新的生命。我也更愿意相信：心有多大，舞台就有多大。在深圳，在大浪，在我们热爱的青年梦中心，一定还会有源源不断的青年人，从农村走向城市，为了梦想与责任，甘愿奋力拼搏，破茧成蝶，成就自己更成就他人！而我——陈梦鸽，只是这个大时代中的一员！但是，这“一员”愿意为更多人的梦想与成长付出努力，因为我身在这座城市中，是这座城市给了我实现梦想的机会，现在正是我在新的起点重新出发，为千千万万寻梦者贡献更多力量的时候了，我将好好利用青年梦中心这个公益平台，支持更多有志青年去成就他们的梦想。

2014-07-10

感恩公益，让我能够活在幸福之中

刘青花　东莞市好人好事公益服务中心项目专员

我是一个湘妹子，因儿子参加好青年 KIDO“1533 夏令营”的公益活动从此变得乖巧、懂事——他的如此改变，我这个做母亲的深深感到欣慰！怀着感恩的心，我和父母一起来到深圳大浪做志愿者。有幸在范志明老师的耐心介绍和指导下，我们感受到了公益所散发出的满满正能量和带给我们心田的温暖。听到爸爸妈妈都说要是我们一家能够通过公益活动去帮助别人是这辈子最大的幸福时，我顿时热泪盈眶。我可以和我的父母一起做点好事！

好青年 KIDO 公益机构就像理想中的素质学校。这里让年轻人奋发图强、懂得孝敬父母，让老人得到了一份快乐与年轻人的悉心照顾，让老幼都对生活充满了热情。他们脸上总是充满着自信，从来没看到过这么有活力、热爱着生活的一群人。与他们在一起时我很快乐！在这里我还看到了一些残疾人连走路都困难，但仍在力所能及地帮助着别人，这些都让我无比感动。

开始我不大理解他们怎么能拥有这么大的正能量与奉献精神，直到我和爸爸妈妈去参加“幸福家庭”的学习，我才深深地感受到了传统文化的力量是如此巨大，对我们生活的帮助是那么的有力。这次学习让我感觉到我们帮助别人、给予别人温暖时自己亦得到了更多的温暖。帮助别人不仅是在事件上给予帮助，有时候还能在思想上给予引导帮助。我想我和爸爸妈妈长期在这么阳光的环境下生活，是上天赐给我们的幸福，要好好珍惜。

在帮助别人之余我发觉现在的人都偏胖，而胖的人产生疾病的概率要远远高于一般人。我们觉得能让大家都经常吃上健康可口的素食将能大大提高身体的体质，降低肥胖率。于是在众多公益老师们的帮助下，我成功实现了自己的一大心愿——在大浪青年梦中心启动了“好厨房和好驿站”项目。这是以前想都不敢想的事情，现在居然实现了。接着在世邦互助会以及众多朋友的帮助下，我们帮助了众多社会人士，并且带动了他们一起出来做公益。一直在用心去做这些饭菜，终究还是有成果有回报的：用餐人数近万，住房人数好几千，总计产值能达到20多万元，平时的捐赠有五六万元。看到这些我都不敢相信自己的眼睛，从来不敢想自己和父母的付出竟然能帮助这么多来自五湖四海的人：有刚来深圳没有地方住的，有每天在为吃不到健康食物而体质变差的……在这里，他们都得到了帮助，我也感受到了人与人之间心的拉近。那么真切美好，那么幸福！感慨之余我不禁想到，能帮到这么多社会上的朋友，多亏了范老师、世邦爱心互助会和众多朋友对“好厨房好驿站”的帮助与支持，我才能发挥自身能力去创造这些价值！

看到我们的“好厨房好驿站”的项目能帮到这么多人，我和父母更坚定把这个项目一直做下去的决心。我们提供免费的素食午餐和临时的居住场所，推崇健康素食的饮食文化，鼓励受益的群众参与志愿者维护该项目，锻炼大家自强自立、孝敬父母、乐于助人、无私奉献的美好品德。“好厨房好驿站”项目的主要内容是：凡是来到大浪找工作的人士有资金困难者可申请1～7天的短期免费食宿，鼓励假期帮父母接来团聚，可以免费食宿10天，而且提供服务给项目组在青年梦中心开展活动，同时开放于公益组织。受到我们帮助的人都不敢相信深圳还有这样的好事，都在感谢着我们。我告诉他们，不用谢谢我，只要你们把这份爱传播出去，帮助他人，就是我做这些事最大的价值！在运营“好厨房好驿站”的过程中，我发现还有好多可循环利用的物品被丢弃了，于是带领大家把二手旧物保存下来捐赠给公益集市，发挥物品的最大价值，把温暖送给一些需要帮助的人，自己也得到一份温暖。为了能帮助更多的人，我们在提倡文明、环保、低碳、免费洗车等许多活动中，不断做出努力，希望这些好的公益活动能让更多的人体验到。所以衷心希望大家能伸出援助之手一起帮助困难的人，让他们感受到社会的温暖，也让我们活在幸福之中！

做公益这么久，我们的幸福不仅仅停留在帮助人上，学习也是让我们充满自信的来源。我们学习的项目有："我要去看海"、"1533 暑假夏令营""幸福家庭""义工培训""同情心课程""亲子活动""公益人才班""暖冬计划""俭约生活"等。

这些学习让我们许多人走出了迷惑，走出了自己心里的困境，走出了犹豫徘徊，好似大梦初醒的感觉。我想我们提供的各种学习交流、公益实践都是不可缺失的机会。而我们学习后也要把这些好的思想带给社会大众。从我们的龙华新区好青年公益文化交流促进中心的性质来看，它属非营利性，它全力推动青年成长，在社会创新和公益实践上让许多青年人学会了自强自立、诚实守信，它让大家知道了社会责任感，知道了孝敬父母、爱护孩子。搭建这样的思想互动平台，这种默默付出不求回报、这样舍己为人的公益机构是多么的伟大啊！我为在这样的机构从事工作感到无比骄傲！

回顾在公益机构的种种暖心活动中，运营"好厨房好驿站"项目的梦想由实现至超越，我不仅找到了自己的价值，也升华了自己的人生。最重要的是，我们找到了许多人都找不到的东西——幸福。

感谢公益，让我能够活在幸福之中！

2017-06-08

公益，我的大学

张玲燕　深圳市萤火虫信息咨询中心总干事

命运的两极：上学还是打工？

我来自湖北黄冈的一个小村庄。自小我一直是重点班里的差生，在当时的农村，作为女孩，如果上不了重点高中然后考重点大学，就只有打工这一条出路。

1999 年，我没有考上重点高中。那年我 15 岁，只有 37 公斤，骨瘦如柴。父母觉得这样的我出去打工会被人欺负，于是将我送到远房亲戚任职的一所中专，学了我至今都弄不明白的电子专业。半年后，学校就将我们全班同学送到深圳一家电子厂"实习"。所谓"实习"，其实就是打工。

2000 年，新世纪的曙光照耀着中国，但在工厂的生活，让我深刻感受到什么叫"命运"、什么叫"身不由己"。在流水线上辛辛苦苦工作，每个月也只有 400 元钱，除了留一点点用来维持自己最简单的生活，剩下的钱就给爸妈补贴家用，供弟弟上学。

那时的我，非常痛恨没有自由、没有梦想、失去自我的状态，也在心底埋怨父母不给我机会上大学。我一直想，上了大学，就不会这么辛苦，不会受这么多的委屈。

公益机构让我上了大学

2002 年的一天，我在宝安工业区逛街，偶然遇到一家公益机构的车载流动图书馆，才知道原来还有一群人在做着"公益"这样陌生但又很有意思的事。在这个图书馆里，我接触到了《平凡的世界》等让我备受激励的书，认识了这里的工作人员和打工的姐妹。我成为义工，经常与一些姐妹一起讨论如果受到了欺负怎么办、如何为这个社会的改善贡献力量……

两年后，我第一次做了自己想做的事——成为深圳公益机构“小小草工友家园”的全职工作人员，为来深圳打工的兄弟姐妹服务！这个决定，彻底改变了我的命运。

小小草是一个旨在丰富工友业余生活、宣传法律知识、培养外来务工者友爱互助的民间公益组织。我清晰地记得，当时的机构负责人老王说，希望身边的同事是可以放心交代工作的人。我把这个要求暗暗当作目标努力做到。我天资不高，只有笨鸟先飞，用勤奋坚持的态度面对每一件事。我珍惜所有学习练习的机会，做女工小组、做文学刊物、组织工友郊游、出演戏剧……

与公益接触久了，很多想法逐渐改变了。我开始走出了自己的狭隘，对父母报以理解与感恩之心。对公益的认知，也从简单的“做好人好事”，变成了从社会的角度看待问题，并找出解决办法。但最大的改变，是从急于脱离打工群体，变成回到工人怀抱，与TA们同命运、共呼吸，从千千万万工友身上，找到明亮的力量。

印象最深的一件事，是2006年底，一位叫小敏的年轻女工友，在深圳横岗一家电路厂里，因为工作压力太大，精神失常，几乎流落街头。小敏病情极其严重，必须尽快治疗，但治疗费用高昂，一个疗程就要数千元，小敏家里非常贫困，难以承担。这个消息在工友中传开，大家在难过之余，开始想办法帮她渡过难关。最后，我们决定举办一场义演帮小敏募捐。虽然过程中遇到一些困难，但经过工友们一起努力，义演最终如期举办。

那天的情景依然历历在目：武馆师傅卖力表演功夫、工友乐队用不专业的歌喉演唱最打动人心的歌曲、文学小组表演手语……围观的人群由开始看热闹到纷纷伸出援助之手，最后清点捐款，一共有1400多元。这笔钱相对于很多慈善募捐，真的很少很少。但这些钱都是收入不高的工友一元一元凑起来的，分量却比什么都重。在之后的分享中，大家相拥而泣，既为小敏的遭遇而痛心，也为工友之间的情谊而感动。

就这样，我们连着演了三次。几个月后，经过治疗的小敏病情大为好转，已经出院，来到了小小草。我见到她，一个文静的女孩，脸上带着笑容。那一刻，我也开始理解了，虽然我们大部分的工作普普通通，看起来毫不起眼，但我们真的能够让无数的打工兄弟姐妹凝聚起来，形成一个大家庭，互相依靠互相帮助，我们这一群看起来一无所有的人，让深圳这个传说中冷漠的城市变得温暖如火。

数不清的欢笑与泪水，让我一点点成长。记不清接待过多少需要帮助的工友，记不清曾发放过多少张劳动法资料，与多少位工友成为朋友……几年后，我已经能够熟练地带小组、接个案、主导内部会议、帮助新同事学习。到了新的机构“萤火虫工友服务中心”，几年的历练，也让我从一个自卑、迷茫的小女孩，变成自信、找到自己价值的“女汉子”。

这些年里，我遇到各种形形色色的人和事。幸运的是，我仍旧坚持着向善的初心，坚持着为千千万万平凡普通的工友服务的理念，一步步在前行。

谁说没有改变？

曾经有那么一段时间，我也困惑过。很多人说：做这些有什么用？能改变什么？

这个真的难以回答。从最直观的角度来看，真的很难说我们为社会的进步贡献了哪些力量。

我们所做的，无非是我们认为最需要做的——“让无力者有力，让悲观者前行”，让沉默的工友明白自身的价值，与大家一起在城市中努力寻找尊严。

无数的工友放弃难得的休息时间，来做他们觉得有意义的事，他们找到“自己”，去帮助另外一些素不相识的人。他们在“小小草”需要帮助的时候站了出来。他们从三点一线的无名氏，变成乐观、自信、乐于助人的正能量小伙伴，这就是我看到最真切的改变！

最难改变的是人心。这，是我的回答，也是我的价值！

2016-07-11